DUOWENHUA SHIJIAO XIA DE
DAXUE WAIYU JIAOXUE YANJIU

多文化视角下的大学外语教学研究

刘静 郑红瑾 陈贝贝 ◎著

English

中国出版集团
中译出版社

U0686506

图书在版编目（CIP）数据

多文化视角下的大学外语教学研究／刘静，郑红瑾，陈贝贝著.-- 北京：中译出版社，2024.5

ISBN 978-7-5001-7935-1

Ⅰ.①多… Ⅱ.①刘… ②郑… ③陈… Ⅲ.①外语教学-教学研究-高等学校 Ⅳ.①H09

中国国家版本馆 CIP 数据核字（2024）第 104575 号

多文化视角下的大学外语教学研究

DUOWENHUA SHIJIAOXIA DE DAXUE WAIYU JIAOXUE YANJIU

著　　者：刘　静　郑红瑾　陈贝贝
策划编辑：于　宇
责任编辑：于　宇
文字编辑：田玉肖
营销编辑：马　萱　钟筱童
出版发行：中译出版社
地　　址：北京市西城区新街口外大街 28 号 102 号楼 4 层
电　　话：（010）68002494（编辑部）
邮　　编：100088
电子邮箱：book@ctph.com.cn
网　　址：http://www.ctph.com.cn

印　　刷：北京四海锦诚印刷技术有限公司
经　　销：新华书店
规　　格：710 mm×1000 mm　1/16
印　　张：17.5
字　　数：280 千字
版　　次：2025 年 1 月第 1 版
印　　次：2025 年 1 月第 1 次印刷

ISBN 978-7-5001-7935-1　　定价：68.00 元

前　言

语言与文化密不可分，相互影响，相互作用。因此，现代外语教学中学习语言就必须先了解文化，使文化意识的培养成为外语教学的重要组成部分。通过文化的导入，增强外语教学的趣味性和生动性，提高教学效率。语言和文化的关系密不可分，同时也是诸多领域的研究对象。语言蕴含着一个民族丰富的文化内涵，所以，跨文化交际不仅是语言的交际，更是文化的交际。

伴随中国国际地位的不断提高，高校的跨文化教育变得更加重要。高校外语教学不仅需要传授学生语言知识，同时还需要培养学生的跨文化意识。本文对外语学习中的跨文化交际能力进行理论性分析，进而探讨如何在英语课堂中对学生进行跨文化交际能力的培养。在外语教学过程中，通过正确的文化态度、规范的文化教学方法实现对学生跨文化交际能力的培养，同时树立充分的文化自信心。大学外语教学课堂作为重要的跨语言与跨文化教学一线阵地，肩负着构建大学生文化自信心、树立大学生民族精神的重要责任。

本书是外语教学方向的书籍，主要研究多文化视角下的大学外语教学。首先，本书从大学外语教学理论介绍入手，对语言习得和学习、教学理念与语言教学、语言能力与外语教学做了简单说明，并结合信息技术阐述了大学外语教学方法的前沿与发展；其次，对外语教学与文化交融进行了分析，探讨了多文化教育、外语中的文化教学、跨文化交际能力等内容，结合英语阐释了多文化视角下大学英语教学的转型、方向探索以及基本语言能力教学；最后，基于当下环境，对外语教学中文化自信教育与建设提出了一些建议。本书对大学外语教学的应用创新有一定的借鉴意义。

本书在写作的过程中参考了大量的文献资料，不能一一列出，作者在此向文末参考文献列出的作者表示崇高的敬意。由于作者水平有限，书中难免存在很多不足之处，恳请各位专家和读者能够提出宝贵意见，以便进一步改正，使之更加完善。

作　者

2024 年 3 月

目　录

第一章 大学外语教学理论

第一节 语言习得和学习

语言是人类交际的重要工具。语言负载着言语社团的思维模式和价值取向，是人类储存世界认知和传承文化的媒介。所以，母语习得和第二语言习得是我们必须获得的与人交际的工具和认识世界的技能，它们使得语言教学的实践和研究自从人类进入文明社会以来就从来没有中断过。

一、第一语言和第二语言

随着现代交通运输业的大力发展和信息技术的突飞猛进，人们在社会中的交流日益频繁，全球化的进程势不可当。人们的交流范围也在不断扩大，不再局限于当地、本国，而是可以与全世界各地的人建立联系。因此，当今社会对能够掌握多种国际语言的人才的需求量越来越大。为了更好地满足全球化社会对人才的需求，为了提升本国的综合竞争力，越来越多的国家开始注重第二语言的学习，一些国家甚至从小学就开始进行外语教学。对个人而言，掌握一门外语能提升我们在工作中的竞争力，同时也能够让我们更顺畅地进行国际的交流，获取更多的信息。正是由于外语具有重要性，第二语言学习成了学习者和研究者都非常重视的问题。

（一）第一语言

第一语言（first language，L1），又称"本族语""母语"，是指一个人出生后最早接触、学习并掌握的一种语言。这个概念有两个关键点，即"最早接触"和"掌握"。最早接触一般指从幼儿开始，绝大多数人所受的家庭或正规学校教育都是通过母语进行的。"掌握"是指一个人最终形成了本族语者语感，当使用这种语言时感到最舒服、最有信心。

通常绝大多数人一生中只有可能获得一种第一语言。但也有一种比较特殊的情况，那就是如果一个人出生在一个双语或多语家庭，而且长期生活在这样的家庭中，那么这个人完全有可能习得两种或两种以上的第一语言，这种情况一般被称为是双语第一语言或多语第一语言。

一般而言，一个人的第一语言往往是他的母语。由于在本民族内，人们使用母语或第一语言通常具有较高的熟练程度，所以母语或第一语言又常常内称为本族语。第一语言也标志着语言使用者使用的熟练程度比较高，以至达到了本能、像母语、能充分表达或完美的境界，此时一个人的第一语言不一定是他的母语。比如有人会说："我的母语曾是匈牙利语，但我现在的第一语言是英语。"（My native language was Hungarian，but now I use English as my first language）简而言之，第一语言通常是一个人的母语（mother tongue/mother language），但也有可能是他主要使用的语言（primary language），应视具体情景而加以区别。

中国把母语定义为"一个民族的本族语"，就是针对中国多民族的国情和少数民族的实际情况而理解的。在此基础上，当一个人从小就不在自己的本族语言环境中长大时，就不一定或不甚懂自己的母语（母语的丢失，语言学中称其为"失语"），却懂其成长环境中的他族语（有的可能不止一种）。这时，他族语就成了他的第一语言。概括而言，"母语"（mother tongue/mother language）或"本族语"（native language），是一个人在婴孩和儿童早期，通常在家庭环境中习得的语言，往往是个体所属民族的语言。可见，"母语"与"本族语"是区别于他族语与外国语的概念。其实，"母语"与"本族语"不仅是隶属语言学范畴的概念，同时也是隶属民族学范畴的概念，是民族认同的重要依据。总之，绝大多数情况下，个体习得的第一语言就是"母语"或"本族语"，但也有个别人习得的第一语言并非"母语"或"本族语"。比如，在一个国家或民族家庭中出生的人，在会说话以前就被寄养在另一个国家或民族的家庭中，那个人所习得的第一语言自然不会是自己的"母语"或"本族语"。人们用"本族语"替代"母语"，以突出语言的民族特色，而用"母语"会感觉更为亲切一些。因此，我们认为"母语"与"本族语"可以通用。

在欧美国家中也有一些比较常见的复杂情况。比如，一个在英国出生长大的孩子，父亲说法语，母亲说德语，此时父亲的语言、母亲的语言和教育语言都不同。虽然他最早接触的是法语和德语，但由于教育环境的影响，他最终完全掌握的可能只有英语，未完全习得法语和德语。如果他完全掌握了三种语言，他就是多语者。双语现象和多语现象也属于第二语言习得研究范畴，当然，也有第一语言被完全遗忘的情况。比如，一个在中国出生的孩子，最早接触的是汉语，但幼年时被人领养，之后家庭环境和学校教育使用的都是另一种语言，导致汉语能力全面丧失。汉语虽是他的第一语言，但其最终掌握的是另一种语言。

上面几种情况说明，仅凭最早接触这一点不能确定一个人是否具备某种语言能力，决定一个人的语言是否达到了本族语者水平的是他的语感。语感是语言能力的综合反映，是觉得语言合适不合适的能力，又是反省与修订语言的能力。衡量一个人是否完全具备某种语言能力，主要看他是否形成了本族语者的语感。但是，语感不是绝对的，也有一个发展渐进的过程，也存在个体差异。

一个没受过多少正规语言教育的人的语感与一个受过良好语言教育的人的语感可能存有差异，前者往往缺少判断的敏锐性。一个受过良好语言教育的第二语言学习者，可能比一个没受过多少教育的母语者的语感还要好。了解这一点对第二语言习得的研究非常重要，特别是量化研究。量化研究往往需要母语控制组，而控制组被试选择就应该有一定的标准，既不能选取受过专门语言训练的人，如语言学专业的学生，也不能选取教育程度很低的人。前者的问题是，专业训练会让一个人的判断更多地从理性出发而缺少直觉性；后者的问题是，由于缺少训练可能尚未形成敏锐的语感。在中国，语感差异产生的原因更为复杂，古汉语特征遗留、方言差异、语境变化等都可能造成语感差异。

（二）第二语言

所谓"第二语言"（second language，简称 L2），有广义与狭义之分。狭义的第二语言特指个体在非母语或非本族语国家里所要面对的非本族语言。比如，从非外语国家或地区移民到外语国家的人，外语对他们而言就是第二语言。而广义的第二语言泛指个体母语（本族语）或第一语言以外的任何一种语言。比如，对美国的土著少数民族而言，英语就是他们的第二语言。一般人们习惯于把在习得第一语言的基础上再习得与使用的另一种语言称为第二语言，这显然是按人们习得一种语言的先后次序来划分的一个概念，据此还可以有第三语言和第四语言等多种说法。但是，第二语言与外语有本质上的区别。其最大的区别在于第二语言可能是一个国家或民族的官方语言（official language），或者有可能成为一个国家或民族的官方语言。比如，在加拿大，英语与法语同是官方语言，而对法语族人而言，英语就是他们的第二语言；对英语族人而言，法语自然是他们的第二语言。而英语绝对不会是一个国家或民族的官方语言，也不大可能成为其官方语言。

二语泛指在第一语言之后学习的语言。一个中国人学英语，英语是二语，之后他又学习法语，法语也被称为二语。只有在研究二语习得对以后学习的语言有何影响时，才具体区分"第二语言""第三语言"（third language）等。

（三）第二语言与外语的区别

尽管广义的二语包括外语，但是狭义的二语与外语仍存在区别。从学习者的角度来讲，两者的区别主要体现在以下三个方面：第一，学习环境不同：二语的学习主要发生在母语环境下，如英国人在法国学习法语，中国人在英国或澳大利亚等英语国家学习英语；外语的学习主要发生在非母语环境，如英国人在英国学习法语，中国人在中国学习英语等。第二，学习目的不同：由于狭义的二语与外语具有不同的社会和政治地位，二语的学习目的通常是更全面地融入目的国的生活；而外语的学习目的则大多是到目的国去旅游、进行短期的学术或技术交流、与来自目的国的人交谈等。第三，学习方式和效果不同：二语学习者通过与目的语的自然接触，在学习的速度、广度和深度上能得到较快提高；而外语学习者在很大程度上依靠课堂教学，对目的语的掌握往往不完全成功，甚至出现石化现象。

二语作为语言教学较为通用的术语，主要因为它是语言习得理论体系中最早使用的术语。在教学中，通常不强调二语与外语的区别，甚至将二者交替使用。一方面是出于表达和理解上的便利；另一方面也因为至少在中国语境下，二语与外语的学习过程基本上是一致的。同时，二语和外语仅在学习的时间和使用的熟练程度上有别于母语，作为学习者，我们不应也不必强调它们的政治地位。

二、习得和学习

关于语言经验的获得，研究者常使用语言习得和语言学习这两个概念，而且常常会混淆两者的使用。

（一）习得和学习的区别

"第二语言习得"中的"习得"，是英文"acquire"或"acquisition"的中文翻译，本意是"获得""得到"之意。习得是潜意识过程，是指向意义的自然交际的结果，习得母语便是这样的过程。与习得不同，学习是有意识获取知识的过程，它指的是通过课堂教学并辅之以有意识的练习、记忆等活动，达到对所学语言的了解和对其语法概念的掌握。只有习得才能直接促进第二语言能力的发展，通过学习获得的语言知识只能在语言使用中起监控作用，不能视为语言能力的一部分。

如同根据学习环境区分外语和二语一样，习得和学习的区分标准是获得语言知识的方式，在自然交际中获取语言知识是习得，在有意识的课堂教学中获取语言知识就是学习。如果说从环境和方式上尚可区分习得和学习的话，从结果上做这样的区分几乎是不可能的，因为你无法判断，一个人的语言知识究竟是自然交际产生的必然结果，还是因有意识的学习积累而成，除非学习者只通过一种方式获取知识。

掌握母语的过程多属于语言习得。他们使用语言进行交际，用接触的方式学习语言，不必专门教，不必专门指出错误，不需要刻意地去了解语法知识，学习语言规范，对语言规则的掌握是无意识的。而且，儿童天生具有关于人类语言的基本语法结构的知识。而对第二语言的掌握过程多属于语言学习，人们大多通过书本和课堂接触第二语言，要有意识地努力学习单词及了解关于这门语言的基本语法知识，有意识地掌握语言规则。第二语言学习侧重于依据已总结出的规律来了解语言、掌握语言。

当然，在获得第二语言经验的过程中，有的也属于语言习得。习得和学习在第二语言获得过程中都存在，是人们获得第二语言经验的两种不同方式。例如，有的人接触第二语言的时间很早，而且对第二语言的掌握多是通过实际交流，并没有有意识地掌握语言规则。另外，第二语言初学者学习的成分多一些，而随着语言水平的提高，习得的成分会逐渐增加。外国留学生在中国学汉语，或者中国人去国外学习当地语言，可以更加自然地接触第二语言，也是学习和习得这两种方式兼而有之。

虽然在获得第二语言经验的过程中，习得和学习都存在，而且从国内外的相关文献中发现，第二语言学习和第二语言习得都有着广泛的使用，但是通过前文的分析，我们更倾向于使用"第二语言学习"这个术语。首先，语言习得主要是指对母语的掌握过程，第二语言的掌握过程更多的是学习过程。虽然第二语言的掌握过程中也有语言习得过程，但其习得过程与母语的习得过程有很大的不同，二者的认知加工机制也不一样。其次，学习包括的范围更广。在心理学家看来，学习是个体在后天生活过程中通过练习或经验而产生的行为或内部心理比较持久的变化。学习概念的关键特征有两点：一是由后天的经验引起的；二是引起的心理或行为变化较持久。从学习概念的内涵与外延来看，学习包括的范围更广，可以涵盖习得。因此，我们认为，用第二语言学习比用第二语言习得更合适，前者概念更宽泛，可以涵盖更多的研究成果。

（二）习得和学习的联系

1. 习得与学习有机结合

习得与学习相互联系，相辅相成，两者有机结合能加速外语学习的过程。我们认为，区别习得和学习两个概念有一定的现实意义。但是，只强调习得与学习的独立性，而否定它们的联系性；或只强调习得与学习的联系性，而否定它们的独立性，都不免失之偏颇，过于片面。同样，只强调无意识的习得，而否定有意识的学习；或只强调有意识的学习，而否定无意识的习得，也过于片面。在社会文化环境中的有意识学习语言和自然语言文化环境中的无意识习得语言两者并不矛盾。两者既有区别又有联系，学习与习得的有机结合才能有效地提高外语教学质量。

2. 以学习为主，习得为辅

外语学习既要靠在空间和时间都十分有限的课堂教学和社会文化情境中有意

识地学习语言形式、言语技能，培养交际运用语言的能力，又要在自然的语言情境中无意识习得外语。外语学习过程包含有意识地学习语言形式和无意识地习得使用外语的能力两个方面。两者有机结合，并以学习为主，习得为辅，外语学习才能成功。

第二节　教学理念与语言教学

一、教学理念

教学理念是指教师在对教学工作本质理解基础上形成的关于教学的观念和理性信念。有没有对自己所从事教学工作的理念，是专业教师与其他人员的重要差别，也是教师专业素养的重要方面。教学理念是影响教师成长的深层次心理活动，它在教师选择教学目标和认知策略以完成工作任务中起着导向作用。可以说，教学理念决定了教师的教学行为，是教师不断成长、发展的支撑性品质。教师的教学理念具体包括教学价值观、目标观、学生观、课堂观等。

（一）教师中心论和学生中心论

1. 教师中心论

教师是有权威的人物，要把教师放在教育宇宙的中心。因此，从哲学理论上讲，教师中心论者一般都是外因论者，他们把学生仅仅看成教育的对象，是消极被动地接受外来影响的客体；教师则具有绝对的权威，是一切教育活动的主宰。

2. 学生中心论

学生的发展是一种自然的、主动的过程，教师的作用只在于引导学生的学习兴趣，满足学生的个人需要，而不是直接干预学生的学习。教师在教学中只应扮演"看守者"和"助手"的角色，不应站在学生面前的讲台上，而应站在学生的背后。"学生中心论"者把学生看成教育的中心，认为学生具有一种内在的潜能，不需要外力的帮助便可具有和谐的社会行为。他们过分强调学生内因在学习过程中的作用，而贬低甚至否定教师和学校教育等外因的作用。他们主张教学应极力排除包括教师在内的各种外部条件，创造一种能最大限度地允许学生做出个人选择并主动活动的教学环境。

"以学生为中心"的教学理念和相应的教学理论来源主要可以追溯到人本主义心理学、建构主义学习理论和生成转换语法理论。

（1）人本主义心理学

人本主义心理学起源于20世纪50年代。人本主义心理学认为，人都有一种自我实现的潜能，主张心理学应研究正常的人，特别是人的高级心理活动，如热情、信念、价值、尊严等，这对教育学产生了重大影响。从人本主义心理学观点出发，教育的目的是培养完整的人。因此，学习不是刺激与反应间的机械联结，而是一个有意义的心理过程。意义学习主要包括四个要素：第一，个人参与，即整个人（包括情感和认识两个方面）都投入学习活动；第二，自我发起，即便在推动力和刺激来自外界时，要求发现、获得、掌握和领会的感觉仍是全部来自内部；第三，渗透性，即意义学习会使学生的行为、态度，乃至个性都发生变化；第四，自我评价，也就是说让学生从整个学习过程而不是结果入手评价自己。基于这四个要素，罗杰斯提倡以学生为中心的非指导性教学，突出学生个性和情感因素在学习中的重要作用，重视"真实情境"中的体验性学习和自我评价，倡导民主、平等的新型师生关系。

（2）建构主义学习理论

建构主义学习理论是20世纪80年代末90年代初开始并发展的学习观。建构主义学习理论认为，知识不是通过教师传授得到的，而是学习者在一定的情境即社会文化背景下，借助教师和学习伙伴等其他人的帮助，即通过人际关系的协作活动，利用必要的学习资料，通过意义建构的方式而获得的。"情境""协作""会话"和"意义建构"是学习环境中的四大要素。学习中的"情境"必须有利于学生对所学内容的意义建构，"协作"发生在学习过程的始终，"会话"是协作过程中不可缺少的环节，"意义建构"是整个学习过程的最终目标。由于学习是在一定的情境即社会文化背景下，借助其他人的帮助即通过人际的协作活动而实现的意义建构过程，因此，建构主义学习理论认为"情境""协作""会话"和"意义建构"是学习环境中的四大要素或四大属性。学习的质量是学习者建构意义能力的函数，而不是学习者重现教师思维过程能力的函数。换句话说，获得知识的多少取决于学习者根据自身经验去建构有关知识意义的能力，而不取决于学习者记忆和背诵教师讲授内容的能力。

（3）生成转换语法理论

生成转换语法是 20 世纪 50 年代兴起的一种语言学说，自诞生至今，生成转换语法理论经历了两个主要时期——标准理论时期和原则与参数时期，但不管其理论的具体主张如何变化，有一个共同的精神是始终不变的，这就是"普遍语法"假说。人类与生俱来就拥有一个独立的语言器官，具有一种学习语言的能力，即语言习得机制，而普遍语法就是这种器官和机制的初始状态。由于学会外语应是由学生的语言装置在起作用，学生自然该是教学的主体或学习的中心。

（二）　教诲式教学与体验型学习

以教师为中心和以传授知识为主要目标的教学大多采用传统的教诲式教学方式，重视学习的内容和结果，而以学生为中心和以培养能力为主要目标的教学大多采用体验型学习的教学模式，重视学习的过程。

中国和日本、韩国等东亚国家的教育更重视知识的传播和吸收，因此，教师的教学方式以讲授为主，这种教学方法有利于使知识的传授更系统而明晰，而学生获取知识的主要方法是上课认真听讲，记住课本中的主要内容和教师讲授的要点，学生较少有思考、讨论和质疑的机会。

体验型学习模式是一种培养学生能力的有效教学模式。体验型学习泛指学习者亲身介入实践活动，通过认知、体验和感悟，在实践过程中获得新的知识、技能、态度的方法。这种学习方式的特征，重在学生自主的感悟与体验，要求学生充分运用已有的知识与生活经验，在对新情景感知的基础上，通过感悟或体验，获取新的知识或技能。体验学习不仅对学习者的思想道德、心理品质的学习甚为有效。对于部分情景类学科的课堂教学，如艺术类学科的欣赏，历史、地理、生物、科学等现象的分析与研究也不失为一种有效的学习途径。常见的体验式学习方法有"视听欣赏""角色表演""情境模拟""参观调查""实验制作""探究活动"等。

第二语言教学的目标是培养学生的跨文化交际能力，任务是训练学生的听、说、读、写技能，而不是仅仅让学生获得语言的知识。以教师讲解为主的教诲式方法更有助于学生增加语言知识，但不利于学生提高语言运用的实际能力。而以过程为本的体验型学习更符合第二语言教学的特点和要求。对生活在目的语环境中的第二语言学习者来说，体验型学习是更理想和可行的教学模式。即使在母语环境中，在课堂上采用体验型学习的活动，如角色扮演、情景模拟、小组任务、问卷调查和案例分析等，也是行之有效的。体验型学习对于文化的学习也有明显的效果，在课堂上采用体验型学习方式学习文化，可以有效提高学习者的文化意识和跨文化能力。

（三）以语言结构为中心与以交际性为中心

在语言教学的理念和方法上有两大倾向：一是注重语言的"工具"性，强调语言教学就是要教会学习者掌握语言的结构规则；二是注重语言的"交际"性，强调语言教学就是教会学习者语言的运用能力。其实，这两个方面是不必也不应该对立的，而是可以也应该统一的。语言作为交际工具，自有其结构系统的特点，有着语音、词汇和语法乃至文字和篇章的结构规则的物质呈现；语言作为交际工具，自有其社会使用的特性，有着思想内容的表达理解、现实情境的适应相宜、文化规约的制导依循和交际双方互动协调的动态过程。在语言教学上应当把语言是"交际工具"作为一个统一的、完整的概念来理解，如果偏重一方，只讲语言工具的结构，而不会加以运用，学的语言可能就是"僵"的，或者是"死"的；只讲语言工具的运用，而不知其构成的规则，学的语言可能就是"乱"的，或者是"错"的。这样，理念和方法上的偏向就会造成效果和目标上的偏差，这当然不是人们所希望的。辩证地看，语言"工具"的结构教学和语言"交际"的运用教学应结合起来、统一起来才能构成完整的语言教学，就像一只手由手心和手背两面构成的一样。手心手背都是肉，对于语言教学来讲，这两个方面离则两碍，合则双美。

国内外的汉语教学基本上也体现了以语言结构为中心的特点。以语言结构为中心的汉语教学主要有以下特点：以讲解和练习语法及词汇为中心内容；大多采用演绎法来教授语言形式；课堂活动以语言练习为主；大量使用句型操练或翻译练习；强调语言的准确性，纠错行为较多；课堂上缺少学生之间真实的交际性活动。

西方第二语言教学主要采用交际法教学。交际法是西方当代影响最深远的语言教学法之一，它不是一种具体的教学方法或技巧，而是相关教学理念和方法的总和。交际教学法有三个原则：交际原则、任务原则、意义原则。

我们在语言教学上所追求和期望的是：使学习者既能掌握语言的结构规则，又能具有语言的运用能力；同时，希望这两个方面的水平尽可能地得到同步提高，以求对目标语的运用能够正确流利和得体适用，即真正具有运用目标语进行交际的能力。

（四）教学过程中教和学的关系

就我们的理解而言，教与学这两种活动体系各有特点但又相互依存，统一存在于动态的教学过程中，二者的关系是相互依存、相互作用的双向关系，其本质则是互动的实践关系。

1. 教学关系是相互依存、相互作用的双向关系

（1）教与学的关系首先是相互依存的关系

社会的延续和发展、人类个体成长的规律，决定了学生必须掌握前人积累起来的认识成果，而这种掌握则离不开已知者的指导和帮助以及学习者主动积极的学习。正是在这个意义上，教师的教和学生的学才构成了相互依存、不可分割的知识授受关系。如果教师的教不能发挥传递知识并指导和帮助学生学习的作用，或者学生的学缺乏主动性以及其他必要的学习准备，教与学就难以取得预期的效果。可见，在教学过程中，教与学的最基本的关系是相互依存的知识授受关系，这种关系已集中体现在对教的手段和学的对象教材的处理上。在教学过程中教的最基本的任务是设法使学生掌握教材内容，这就要求教师必须对教材做一番加工，使之符合学生的学习准备，并通过教师所组织的各种活动指导和帮助学生接受和掌握教材内容，促使他们转化为学生自己的知识经验体系。在教学过程中，学的最基本的任务是掌握教材内容，并将其内化为自己的经验系统，这就要求作为未知者的学生主动利用教学过程中教师为之创设的种种机会和条件，接受、消化教材内容，把它们纳入原有的知识经验系统中从而使自己的能力得到提高。然而，教师的教要做到有效地传授知识并促进学生掌握方法，学生的学要做到充分利用教师的教所提供的条件并实现对知识最大限度的掌握，必须以学生愿意并且

能够接受教材内容和利用学习条件为前提。因此，教学的进行和结果又取决于学生是否具有学习主动性和其他学习准备为前提。尽管在教学过程中，学生的一部分学习动机、需要和兴趣产生于教师组织并实施的教学活动本身，但由于学生在生活中接受的不仅是教师的影响，学生从事的活动也不仅是学校的教学活动，他们的许多学习需要、兴趣和动机也产生于其他方面的影响。这就要求教师的教必须考虑这些因素，使这些学习需要、兴趣和动机同产生于教育要求和教学活动本身的学习需要、兴趣和动机统一起来，从而使学生积极主动地学习。由此可见，教学关系首先是以知识授受为中介的一种相互依存关系。教与学，虽然是两种不同的活动体系，但都统一发生或进行于教学活动之中，从而构成了作为实施教育的基本途径的教学这一动态过程。

（2）教与学的关系也是相互作用的双向关系

教师的教是其整个教学活动的有机组成部分，其中必然渗透着他们个人的思想观点、价值取向和立场态度。教师不仅在用教材内容影响学生，而且也通过自己的言谈举止、情感等人格特征对学生施加影响，对学生的学习产生积极的或消极的作用，对学生个性的形成有着潜移默化的作用。同时，学生在教学活动中的行为特点，以及需要、兴趣、态度和抱负水平等也影响着教师的教。学生的期望和其他一些需要往往也会对教师的教产生积极的作用，促使其不断地扩充知识、提高教学艺术、了解学生的身心特点，其结果，必然促使教学质量的提高。此外，在教学过程中，随着学生知识经验的积累、能力水平的提高、自我意识的逐步完善，学生一方面渴望得到教师的引导和帮助，从教师的教中获取更多的东西；另一方面，他们日益趋向成熟，在学习和工作上的独立性不断增强并力求摆脱教师的帮助。从表面上看，学生独立性的增强会降低教师的作用，但实质上向教师的教提出了更高的要求，它不仅要求教师不再像以前那样给学生过多的干预，而应为学生提供更多独立学习和独立钻研的条件和环境，而且要求教师有更高的教学水平。可以说，教学过程也是一个由教到学、由依靠教师的教到学生独立的学的过程，是教与学双向促进、相互提高的过程。

2. 教学关系的本质是主导与主动的关系

辩证唯物主义认为，人是环境和教育的产物。教师的教显然代表不了学生外在环境和教育影响的全部，但像一个聚光镜一般，把外部环境和教育对学生提出的要求和提供的条件集中起来发挥积极的作用；而学生方面，他们的学习动机、学习行动、学习方式方法，以及学习结果所获得的知识、思想和能力等，都不可能是主观、自发、先验的东西，而且必须在正常情况下可以接受、吸收来自外部环境和教育的影响，主要是来自教师的影响。强调在教学过程中教师的主导作用的同时，也要注重学生在接受知识和学习过程中的积极主动性。

（1）教为主导、学要主动是教学的基本规律

教师与学生都是教学过程的主体。教师是教学的主体，其主体作用表现为主导；学生是学习的主体，其主体作用表现为主动。教学关系的本质是主导与主动的关系。要提高课堂教学的质量与效率，必须充分发挥两个主体的积极性。学生是受教育者，正处在长身体长知识的时期，知识经验还不丰富，智力、体力还不成熟，他们非常需要教育者的引导和帮助。这好比行军或探险，非常需要向导引路，是曲折还是顺利，是走捷径还是走弯路，在很大程度上取决于向导。在教学过程中教师恰恰如同向导一般，起着一种引导路程、把握方向的作用，这种作用就是我们常说的"主导作用"。这说明教师的教在教学过程中起主导作用有其必要性，有一种唯物主义学说认为，人是环境和教育的产物。这说明教师的教在教学过程中起主导作用有其必然性。历史的经验一再证明，如果忽视或放弃教师的主导作用，就很难提高教学成效。

我们强调教师在教学过程中起主导作用，并不是忽视学生的主动性对教学过程及其结果的影响；相反，我们更加重视在教学中调动学生学习的积极性，因为教为主导必然表现为学的主动。"教师中心主义"的错误，在于片面强调教师的教对教学的支配和控制作用，而无视学生学习的主动性，认为既然教师是教育者，就应该完全支配教学活动而不必考虑学生的"学"，把学生当作消极反应的被动客体。教师的教必须落实在学生的学上，教学追求的目标和结果一定要由学生的学体现出来。学是学生自己的主体活动，教师不可能包办代替，而只能作为向导或引路人，为学生的学提供有利的机会、条件或环境。在这些机会、条件或环境中，最重要的是设法使学生接受反映社会要求的教师提出的教育要求和教育目标并内化为学生自己的学习需要或学习目标，从而被纳入使学生主动学习的动机系统。人是环境和教育的产物，但又是反映和改造环境的主体，没有主体的能动活动，任何环境因素和教育影响都难以起作用。同理，如果没有学生积极主动

的学习，教师的任何教育措施都难起作用，这也就没有什么"主导作用"可言了。

（2）"教为主导"的着眼点是"学要主动"

现代教学理论认为，教师的教是为培养学生的自学能力服务的，"教为主导"的着眼点是"学要主动"，引导学习者进行有效的自主学习，这既是大学外语教学的目标，也是提高大学外语教学效果的手段。授人以鱼，不如授人以渔，授人以鱼只救一时之急，授人以渔则可解一生之需，说的是传授给人既有知识，不如传授给人学习知识的方法。引导学生自觉、积极地进行思维活动，这既符合学生的接受心理和学习规律，又有助于培养学生成为学习活动的主动参与者。教师的教主要是为学生的学服务的，教师的教要在教学过程中起主导作用，就必须真正使学生的学主动起来。无论何种形式的教学，如不能调动学生学习的积极性，或者学生学习得不主动，那就证明，教师的教并未起到主导作用。现代科学技术的迅速发展和社会生活的日益复杂，要求学生在较短的时间内掌握大量的基本知识和技能，发展多方面的能力并形成参与现代社会生活必需的个性品质。因此，现代教学论更加重视和提倡调动学生学习的主动性，要求将教学的重心转到学生身上。学生学得积极主动才能使教学发挥更有效的作用，而学生学得积极主动也说明教师的教真正起到了主导作用。"教为主导"并不意味着"教师中心"，教师在教学中支配一切，学生的学习完全依赖教师的教；而是指教师的教能把握教学活动的方向，为学生的学习创设有利机会和条件，并调动起学生学习的主动性。要主动学也不意味着"学生中心"，教师完全听任学生按自己的爱好和兴趣学习；而是指学的目标与教的目标一致，学生能主动利用教师为之创造的机会和条件，有一定的独立性但又能按教师的设计进行学习。如果我们能辩证地看待教学过程中教与学的关系，正确理解"教为主导""学要主动"的含义，就必然会对学这一方面重视起来，就必然会根据具体的教学目标、教学内容、教学条件以及学生特点设计、组织并实施多样化的教学活动，并运用高超的教学技艺使教更为灵活，学更为主动。

（3）对学生学习特点的认识

教为主导，学要主动的前提是教师对学生学习特点的认识。我们肯定了教为主导，学要主动，教的主导必须落实在学的主动上。那么，如何才能在教学实践中做到教为主导、学得主动呢？做到这一点需要许多必要的条件，其中最重要的是：教师必须对人类学习的规律、学生发展的特点、学校学习的一般过程及教与学相互作用的形式有科学的认识。现代心理科学的研究，已对人类学习的规律、学生发展的特点、学校学习的一般过程及教与学相互作用的形式等有关教学的心理学问题有比较深入的研究，从而为我们教学理论的研究提供了科学基础。

自主学习能力的培养对于任何科目、任何形式的学习都是非常重要的，而在外语教学中培养学习者自主学习的能力更是有着特别的意义。这一方面是因为跨文化外语教学的实施对学习者的自主学习能力有很高的要求。由于语言和文化的学习与其他科目（如数学、物理、化学、生物等）不同，它在很大程度上取决于学习者的主观认识和亲身体验，仅凭教师或教材给予的间接经验，不具备一定的自主学习能力，学习者无法完成从一个单一文化背景的人过渡到具备双文化（或多文化）知识和能力的人，更不可能掌握跨文化交际能力。因此，培养学习者自主学习能力是进行跨文化外语教学的前提。另一方面，外语教学将提高外语交际能力和跨文化交际能力作为目的，以培养学习者的综合素质（包括立体思维和独立学习的能力等）为目标，这与自主学习能力培养的目标是一致的。

自主学习不是一种新的学习方法，也不是一种新的教学方法，它是对学习和教学本质的修改。学习不再是简单的听讲、记笔记、做作业、复习、预习、考试等；教学也不再是单纯的传道、授业、解惑。学习者的被动地位得以打破，以学生为中心、以学习为中心、以任务为中心的教学思想取代了以教师为中心、以教学为中心、以教材为中心的教学思想。就学生而言，自主学习使得他们从对教师和教材的依赖中解放出来，成为学习的主人。这种从被动到主动地位的变化要求学习者在教师的引导下，做到以下三点：①制订学习计划：确定学习目标和内容，规划学习进程，选择学习方法和策略，确定评价标准。②监控学习过程：记录，并与他人分享自己的学习经历和感受，反思并修正自己的学习态度和方法。③评价学习结果：根据先前确定的标准来给自己的学习结果进行评价，了解自己的进步和不足，确定下一步学习的目标。

自主学习作为一种学习方式，在学习内容的选择，学习方法、过程、目标和情感等方面都是自主的，并且这些方面是衡量学生是不是自主学习的重要标志。而且，自主学习不排除教师的指导，不排除向专家请教，并且认为这些是自主学习过程中解决问题时常用的甚至是必要的手段，自主学习要求学习者在学习的全过程中占据核心地位，体现了学习者的主动性。

（五）新时期教育观念的融合

后现代主义者根据本体论的平等思想，认为传统的教学方式本质上是独自式的，教师居于绝对权威地位，学生处于被教导、被控制的地位，因此，教师成为话语霸权的占有者，学生的自主性和潜能受到压制。教育领域去中心化、去权威化是对教育观念的重大转变，应该建立起一种师生平等的新型对话关系。教师要解放思想，转变观念，善于做学生的倾听者、交谈者，要由传统的知识传递者变为学生学习的协助者、促进者、启发者，引导他们而非塑造他们。这种新型的师生观淡化了教师的话语霸权，提升了学生地位，这是对学生主体性和创造性的一种尊重。这种师生观启发教师改变传统的教学思维，变灌输式教学为导入式教学，注重师生间的角色转换，营造轻松愉快的学习氛围以激发学生学习的兴趣和提高学生学习的乐趣，更有利于学生全方位的发展。多元性、创造性的课堂教学模式是借鉴后现代主义的理念对教育进行的新探索，鼓励个体学习的创造性，尊重学生的差异性。

语言教学理念以语言理论和学习理论为核心，形成一系列基本原则，对教学实践具有一定的指导意义。而教学方法则是教学理念在实践中的具体应用，包括大纲设计、教材选择、教学进度、教学技巧及对师生责任的认定。与教学理念相比，教学方法更具多样性和灵活性。在教学实践中，教师教学水平的高低不仅取决于教学方法的选择，还取决于教师根据自身条件和学生需要（如情感、动机、学习经历等）进行的方法改革和创新。因此，教学理念与教学方法之间既不是严格的一一对应关系，也不是绝对的上下级关系。换言之，每位教师都应该有自己的教学理念和教学方法，并不时对它们进行调整和修改。在教学方法的形成和修改过程中，教师需要考虑以下因素：①希望达到的教学效果；②学生面临的问题及解决途径；③教师在课堂中担任的角色；④课堂教学构架；⑤学习活动安排。

对刚涉足语言教学的新教师来说，关于教学理念和教学方法的学习和培训仍然十分重要，它们可以帮助新教师在教学之初利用所学的策略和技巧使课堂教学顺利进行。随着经验的积累，教师逐渐能够灵活使用教学方法，并通过对教学过程和效果的反思，对教学方法和技巧加以改进或创新。使用哪种（些）教学方法并不重要，重要的是教学目的和教学效果，这就是语言教学的方法时代。

二、语言教学

语言教学是一种有目的、有计划、有特定方法的教学活动，使学习者掌握一门具体的语言并且用于交际目的。语言教学是教育工作的重要组成部分。语言教学的任务是培养、提高受教育者的语言能力，包括第一语言和第二语言的教学。

（一）语言的特性、结构以及功能

语言是人类独有的、任意性的、有声的符号系统。语言的任意性指语言单位和语言单位的意义之间没有逻辑关系。语言是任意性的，因此语言单位只是一些符号，语言是有声的，这意味着语言主要指口语，而书面语或"文"是第二性的。另外，语言是人类独有的，只有人类才有语言，动物之间的交际系统和人类语言之间有着天壤之别。

从内部结构的角度看，语言是一种符号系统，但其在信息量和结构、功能的复杂性方面远非其他符号系统，如摩斯电码、旗语、灯光交通信号等所能比拟，后者对语言来说是第二性的。语言系统是一个复杂的整体，由各个分支系统或层次，如音位层次、词汇层次、语法层次等组成。语言成分由各种关系加以联结，成分和关系互相联系、互相制约，构成井然有序的系统。作为符号的语言单位具有两个重要方面：一是表现方面，即语音；二是内容方面，即语义。在语言单位中，音和义的结合是约定俗成的，什么样的语音形式表达什么样的意义内容，什么样的意义内容用什么样的语音形式表现最初是任意的。

从功能的角度看，语言具有多方面的功能，这里择其要点概述如下：

语言首先是交际的工具，供人们用来传递和交流信息。语言可以传递认知、人际、管理、法律、经济、军事、文化等信息。离开这些信息，人类社会就无法运行，是语言交际把人们聚合在一起，组成社会。诚然，语言还有其他功能，交际还有其他手段，但语言交际是人类交际最有效的手段，任何其他的交际手段都无法与之相比。语言用于认识和描写世界。尽管交际是语言的首要功能，语言还可以用于认识和描写世界。早期的人们通过为事物命名来区分不同的事物。比如，实义词的出现就是给事物分类的：方向（东、南、西、北）、时间（年、月、日、时、分、秒）、数量（一、二、三、克、千克、吨、厘米、米、千米）、质量（好、坏）、植物（松、柏、杨、柳）、动物（豺、狼、虎、豹）、气象（云、雨、风、霜）、天文（日、月、星）等。功能词则主要表示事物之间的关系："前、后"表示事物之间的方位关系或时间关系；"和、与"表示事物之间的并列关系；"但是、然而"表示事物之间的转折关系。人们学习词汇时，同时也学习与词汇有关的概念："风"与"移动的气流"，"狗"与"四足的、有体毛的、犬科的豢养动物"，"堡垒"与"战争时防守用的建筑物"等。显然，没有语言，人们就不可能认识和描绘世界。

语言是文化信息的容器和载体。文化信息就是指这些经验与知识，它们通过语言表述、储存或在人们中间交流。一切文化信息，语言都可以无限量承载，因此说，语言是人类文化的贮存库和文化凝聚体实在不夸张。这也就是为什么我们可以通过读书、学习来获取知识，而不用事事亲身实践的道理。反之，如果没有语言作为文化信息的容器和载体，获取知识的唯一途径就只能是亲身实践。这样会大大限制人类知识的发展，人类也就绝达不到现在的文明程度和发展水平。

语言是思维的工具，供人们用来形成和表达思想。语言是思想的直接现实，语言的基本单位也与思维的基本范畴相对应：词与概念相对应，句子与判断相对应。人们也可以用手势和动作等手段来表达一定的思想，但它们只能起辅助的作用，语言才是思想最完善、最有效的载体。语言是积聚知识和信息的工具，它把人们思维活动和认识活动的成果用词和句子积聚并存贮起来，保存和反映了前人全部的经验和智慧，而后人通过学习就能掌握前人积累下来的知识和信息，不必一切从头做起。

（二）语言教育

语言教学是一个整体概念，包含多方面的因素：口头语言的教学、书面语言的教学和相关的文学、文化素养的教学。语言教育是语言能力的培养，语言能力包括语言知识能力、语言交际能力、语言研究能力、语言创新能力。

语言教育应该以学生为中心，教什么、怎么教、何时教、怎么评，都要根据学生的情况来决定。语言教学一般是以一种阅读材料为主体，加上按照一定方案设计的各种训练材料，由教师按照一定的方法教给学生，学生在教师的帮助下学习。不同的民族、国家，不同的历史时期，由于语言特点不同、社会状况不同、文学和文化背景不同、语言科学和教育科学的发展状况不同、教育政策不同，语言教学的内容和方式方法也有种种不同。

透过小学、中学、大学里学习语言所占的时间比例，可以看出语言的重要性。语言教育指任何有关语言的教导行为与学习行为，内容涵盖文字形态、语音、词汇、语法、会话、阅读与写作等。语言教育要创造一个自由、宽松的语言交往环境，培养学生语言交往的习惯，提高他们语言交往的能力，同时引导与提高学生的倾听和欣赏文学作品的能力，引发其对阅读与书写的兴趣。

语言教学与其他教学活动一样，有其特定目的、计划和方法，是教育活动的重要组成部分。在国外，对语言教学的说法有很多种，常见的有教育语言学、外语教育、外语教学、应用语言学等。其中，教育语言学与狭义的应用语言学相似，都强调语言教学对语言学的依赖；外语教育和外语教学虽然包含的范围有区别，但都将重点放在外语上，把以第一语言为教学对象的语文教学与以外语为教学对象的语言教学区分开来。不管侧重点有何不同，各种说法都认定：语言教学总是以语言学、心理学、教育学为主要理论基础，以培养、提高受教育者的语言能力为主要目的。

一般来说，广义的语言教学包括第一语言和第二语言的教学。第一语言是人自出生起最早接触并自然习得的语言，多数情况下就是一个人所属民族的本族语。第二语言是人们掌握本族语后习得或学习到的语言。无论是第一语言，还是第二语言教学，其目的都是培养学生的语言能力和语言应用能力，教学内容都包括语言要素、语法规则、语言应用技能、言语交际技能以及相关的文化知识。二者的基本教学原则和教学方法也有许多共通之处。

但是人从出生起就开始接触第一语言，并在不知不觉中逐渐自然习得语言。因此，第一语言的教学通常是在学生已具备基本语言交际能力的情况下进行的，教学语言与目的语言也是完全一致的。学生通过有计划的教学活动，进一步丰富他们对第一语言材料的熟悉和了解，训练其自觉运用第一语言的能力，包括听、说、读、写等基本技能，也包括对母语文化的了解。由于第一语言的听说能力随时可以得到锻炼，在这一教学过程中，书面材料显得格外重要。

　　第二语言学习者的情况则大不相同，大多数人一开始对所学语言所知甚少，既听不懂，也不能读，因此，一开始需要从最基本的发音开始，并且从初级到高级阶段都要经过大量的操练，才能逐渐掌握语言基本规则，真正做到说得出、听得懂，并逐渐学会对书面材料的处理，包括阅读、写作等。此外，二语学习者母语的特点总是会对他们学习目的语造成重要影响，如何合理应用正迁移、消除负迁移就成了教师教学过程中必须重视的问题。针对二语教学的这些特点，教学实践者和研究者们从不同的角度出发，提出了很多有价值的教学原则、教学方法。第二语言教学经历过以语法教学为主的初级阶段，但现在的教学者越来越清楚地意识到，二语学习者最终的目的是学会使用语言，因此，培养学生在真实语境中的语言交际能力才是最重要的。也许正是因为二语教学与一语教学相比有更大的难度，一语教学的问题多数在二语教学过程中也会遇到，因此，今天我们谈及语言教学，常特指第二语言教学或外语教学。

第三节　语言能力与外语教学

一、能力、表现和水平

　　语言能力是指抽象语言知识体系或核心语法体系，至于听、说、读、写技能及其语音、流利程度等语言的实际运用则被看作语言能力的外在实现而非语言能力本身。二语习得研究多以语法习得为其研究对象，其实就是语言能力定义的影响。但是如果我们将外语学习看作一般的认知过程，而并非由语言习得机制控制的独特过程，那么二/外语能力显然只能指目标语的实际运用能力即（口头/书面）言语能力，尽管大多数二语习得研究者仍然认为二/外语的能力主要就是学习者所习得的该语言的隐性知识。

　　如果将二/外语学习仅仅局限于口头输出（这也是传统的二语习得研究对象），那么将语言能力定义为隐性语言知识并无太大问题，因为在线的口头交际在很大程度上依赖隐性的语言知识或者已经隐性化了的（已经自动化的而可以脱口而出的）知识。虽然在口头交际过程中，交际者可以放慢语速、停顿而利用显性知识，但这正好说明其不太理想的语言能力。但是，如果我们将听、说、读、写甚至翻译都看作语言技能，那么这样定义的语言能力显然有些狭隘，因为显性知识对于阅读、写作与翻译这些书面交际能力无疑有很大的作用，尽管此时的显性知识已经不再局限于语法知识。

我们可以从两个方面来谈语言能力。第一，能力是一种心理现象和个人属性。而且只在一种条件下如此：言语社团被看成拥有相似内化语言的一群人。也就是说，是一个理想化的人所拥有的能力。第二，能力是知识或者知识的状态，是关于语言的规则系统的知识。《现代汉语词典》对"能力"的定义是"能胜任某项任务的主观条件"，比如说"应变能力、创新能力、处世能力"等。与抽象的能力相反，表现是对能力的实际运用，可以直接进行观察，运用的情况如何，则受制于很多因素。

语言理论关注的，主要是一个理想的说话人/听话人，此人身处一个完全同质的言语社团之中，对自己的语言有着完美的掌握，在实际表现中运用语言知识时，也不受任何与语法无关的因素的影响。这些因素包括记忆限度、干扰、注意力和兴趣转移、（随机的或有特点的）错误等。

只有在上述理想状态下，表现才会直接反映能力；而在真实世界中，并非如此。正如上一段落所说，除了能力之外，记忆、干扰、注意力等因素也会影响语言表现。因此，能力与运用语言的实际表现有关系，但在绝对的意义上关系不大，实际表现也不能作为"是否有能力"的标准。

语言习得和教学中，"水平"也是一个常用词语，特别是在对学生进行总体评价时。能力指抽象的知识或知识的状态，水平是运用知识的本领，表现是水平付诸实施的结果。

二、交际能力概念发展

交际能力论从提出到广为接受可以说是语言研究的发展与社会需求的拓展相互作用下的历史必然。从社会语言学角度研究使用英语进行有效交际的能力。其中，一定语境下习得者的语言能力、语用能力、话语或语篇能力以及语言的负迁移等社会因素影响着使用英语进行社交活动的得体性和有效性。

（一）交际的定义

"交际"（communicate）这一词汇来源于拉丁语"commonis"一词，是"common"（共同）的意思，所以"communication"与外语词汇"commonality"和"commonness"（共同）有密切的关系。"共同"或"共享"是交际的前提，既然人们要进行交际，就必须"与他人共同分享共同的信息"。而且，只有同一文化的人才能在很多方面具有共享的信息，才能进行有效的交际。从这一点可以看出，"共同"的内涵与"交际"和"文化"的内涵是一致的。在汉语中没有与"communication"相对应的词，它可以被翻译成交际、交流、传播、沟通、通信、交通等，但都具有双向的特点，都与共同和共享有关系。

其实，说外语的方式，我们可以理解为以第二语言为符号的交际方式，人们交际能力的习得与人们的社会化同时进行。交际是人们赖以生存，社会赖以活动，文化赖以传播、继承和储存的最重要的工具，人们通过交际建立内部和外部世界。在很大程度上，对交际符号系统的理解取决于对文化符号系统的理解。人们在相互交际时，可能会产生某种障碍，产生某种误解甚至冲突，这种障碍、误解和冲突可能与交际渠道无关，也不是语言规则所致，也可能与语码无关，很可能是文化背景、社会环境、情景因素或心理因素造成的。其原因一方面可能是交际双方对文化背景或情景因素缺乏共识，另一方面也可能是交际双方在文化背景和情景因素这两方面存在差异。简言之，交际是符号活动，它是一个动态多变的编码、译码过程，当交际双方把意义赋予言语或非言语符号时，就产生了交际。交际受文化、社会环境、情景和心理等多种因素制约。交际不一定以主观意识为转移，有时可能是无意识和无意向的活动。

（二）交际能力研究

语言交际能力由三个部分组成：语言能力、策略能力和心理生理机制。在这三个层次中，语言能力由一组具体的语言知识组成；策略能力是指在真实的语言交际过程中，运用各种语言知识的心理能力，因此，策略能力是将语言知识运用于交际目的的手段；心理生理机制则指语言交际使用时作为物质现象（声音、光）所牵涉的神经的和心理的过程。交际教学法是在交际语言能力学说的基础上建立起来的。

交际理论包括语言交际能力，语言交际能力是重要交际手段而不是全部。所以，在外语教学中，我们不但要从语言角度培养学生交际能力，还要注意弥补非言语交际能力的培养。

三、交际语言教学

（一）交际语言教学的概念

交际语言教学初创时称作功能法，功能法是以语言功能项目为纲，以培养背景能力的一种教学方法体系。语言在社会中的功能是指语言行为，即用语言叙述事情（做事）和表达思想。人的语言行为，用语言做事和表情达意是从表达思想内容出发，这个思想内容是表达出来的，而不是从语言形式出发，这个语言形式是表达什么思想内容的。例如，表示询问、介绍、能与不能、喜欢或不喜欢、请求、邀请、正确或错误、同意或拒绝、感谢或道歉、希望与失望等。由于功能法又以意念项目为主要线索组织教学，所以它又叫意念法。意念是功能作用的对象，是指从特定的交际需要和目标出发，规定所要表达的思想内容。它可以通过提问"谁"或"什么"来确定。例如，同意什么？希望什么？邀请谁？向谁道歉等。由于功能这个概念在欧洲人文科学中常是意念，语义单位的同义词，所以功能法也叫"语义—意念"法，或叫"功能—意念"法。功能和意念两个要素在运用语言叙述事情、表达思想的交际过程中互相紧密联系。例如，询问邮局的方位：Is there a post office near here? 询问是功能，邮局和附近是意念。由于交际功能是语言在社会中运用的最根本功能，而交际能力又是外语教学的最根本目标，所以，功能教学法又称为交际法。有些教学法专家认为，使用交际法的名称比使用功能法的名称更能体现掌握交际能力的精髓。正因为功能法或"功能意念"法的教学目标是发展学生交际能力，所以当今外语教学界普遍称之为交际语言教学。

（二）交际语言教学法

交际语言教学法自 20 世纪 70 年代被提出以来被很多国家接受和采用，由于各地的具体教学情况不同，应用交际教学模式的具体方法也不尽相同，交际教学法在全球的外语教学实践中演化为两种：强势交际观和弱势交际观。

1. 强势交际观

强势交际观把语言学习看作是交际活动的结果，即通过交际活动习得交际能力，不主张对语言结构有意识的学习，这种学习模式非常接近自然状态下的语言习得。

2. 弱势交际观

弱势交际观认为应该把语言作为交际工具来教，交际活动是交际手段，语言教学应该包括语言知识的学习，但应避免单纯的形式训练，应让学生在课堂交际活动中体验语言的使用和意义。具有中国特色的交际教学法属于弱势交际观的范畴。

强势和弱势交际观的主要区别在于如何看待交际与教学的关系，以及如何对待语言知识学习的问题。强势语言观给第二外语教学的革新提供了很多启示，引起了语言学家和语言教学人员的广泛关注，而许多国家的外语教学实践表明，完全排斥语言知识教学的方法很难实施，但在课堂上创造出真正有意义的交流互动的确可以促进学习者的语言使用能力。

四、以内容为依托的外语教学法

（一）CBI 理论简介

20 世纪和 21 世纪之交，国际上流行起 CBI 教学法，也被称为"内容本位教学"或"依托式外语教学"，即把内容与语言结合起来进行教学。CBI 教学法最早是从加拿大沉浸式教学法的成功上获得的启示。通过使用目标来进行某门学科知识的教学，他们称之为"依托课程内容的语言教学法"。结果证明用这种方法学习某门课程时，外语能力提高最快。这种现象得到许多国家的语言学家和外语教育专家的关注，他们也相继开展了实践和实验，结果也出现了很多成功的范例。

（二）CBI 理论的理论框架

语言能力的获得和发展有两种不同模式：对话语言和学术语言。对话语言又称基本人际交流能力（简称 BICS），学术语言又称认知学术语言能力（简称 CALP）。BICS 指大多数母语使用者都能达到的顺利交际水平，对认知能力要求不高，而且有实物、事实、面部表情及肢体语言等语境帮助，因此容易学习和掌握。二语学习者一般经过 13 年就能基本掌握这种基本交际使用的语言。

从广义上讲，CBI 既包含一定的哲学思想，即语言与内容相互依存，密不可分，也是一个方法体系，即语言与内容的结合可能带来教学效果和效率的提高；既是独立的一门课程设置，即通过某种程度的结合达到特定的教学目的，也作为语言教学领域的新概念，带来整个教育体制的变革。狭义的 CBI 仍属于语言教学的范畴，但是专业学科内容的引入，使这种教学模式具有双重甚至多重功效，即传播语言知识、强化专业能力、提高学习策略等。

从功能语言学的角度出发，语言是一种社会行为。在这一行为中，人们不仅学习语言知识，也学习语言所承载的内容，并通过对二者的学习形成理论水平与实践能力的交替上升。CBI 是学科内容与语言教学的整合，共有五项基本原则：语言学习应该与学习者对语言的实际使用相结合；语言课堂中引入学科内容有助于激发学生学习语言的动力，从而提高学习效率；有效的语言教学应该将学习者当前的语言能力与他们的学习经历、学科知识以及学习环境结合起来；语言教学应该针对语言在特定场合的使用，而不仅局限于句子层面的用法；在理解专业内容的过程中，学习者的语言与认知技能也得到了提高。

语言与内容的整合有多种不同形式，并体现了不同的课程目标、课程设置、教学方法、教材、师资和学生构成（Davison&Williams，2001）。因此，在语言与内容的连续统一的教学过程中，由于语言与专业内容的侧重程度不同，CBI 有强式与弱式之分，前者偏重专业学科知识，后者以语言教学为主要目标。我们通常所说的以内容为依托的语言教学（CBI）属于弱式 CBI，而浸入式教学则属于强式 CBI。

尽管基于语言的专业教学与基于学科内容的语言教学分别代表强式与弱式 CBI，然而，在教学实践中二者并不是非此即彼的关系。首先，学习者的需求在 CBI 教学过程中并非一成不变。尽管在理论上语言是内容的载体，教师应该结合教学实际情况来决定在适当的时候，通过适当的方式进行语言与内容的整合。其次，语言知识与学科内容都在随着人类对社会认识的进步而不断发展，专业知识不仅限于课堂上教师传授的部分内容，语言也是一种非常活跃的社会文化现象。因此，教师的任务不仅是传授知识，更重要的是帮助学生正确认识专业知识与语言的本质联系。

（三）CBI 教学的特征

CBI 的教学观具有以下显著的特征：

1. 真实的教学材料

语言是通过内容来习得的，而真实、系统的语言教学材料可以为学生学习语言提供有意义的语境，促进有效学习。

2. 内容与语言相融合

对非外语专业的大学生来说，基于自己专业主修学科内容的学习，有助于促进语言输入、语言吸收和语言输出的良性循环。

3. 突出体验式小组学习和研究型学习

以输出为驱动的 CBI 教学模式不以学生出色完成任务为目标，而是强调学生积极学习教师提供的真实性学习材料，在输出任务的驱动下，主动寻找新的信息和材料，继而在教师的协助下，最终完成任务并能展示学习成果。这样的研究型学习体验在传统的大学英语课堂中是难以实现的。

4. 内容学习、语言训练和应用及思维培养全面融合，相得益彰

除了实现语言和内容双重学习目标，通过体验式、研究型的学习，CBI 教学模式促使学生主动应用所学知识，培养学生的协作意识和批判思维意识。

5. 教师身份的根本转变

从"授人以鱼"到"授人以渔"，教师不再是单纯的知识传授者和语言训练者，而是整个课程的设计者和课程活动中的协助者。在某些学科内容较为专业的 ESP 课程教学中，学生的学习主体地位更加突出，任课教师往往不是学科"内容"方面的知识专家，在学科内容上可能还要拜学生为师。教师的职责主要是通过教学任务和教学活动的设计，协助学生有效地开展基于内容的语言学习，完成学习任务。

第二章 大学外语教学方法的前沿与发展

第一节　微课与外语教学

一、微课概述

自从进入被称为"MOOC 元年"（MOOC，也译为慕课）的 21 世纪以后，"MOOC""微课""翻转课堂"这三个概念似乎已经成为外语课堂教学的三驾马车，甚至已经形成了"言必称微课，行必往 MOOC"的局面。事实上，对于这些来自"教育技术学"领域的热词，大部分外语教师和研究者都停留在不完全认知的层面上，或是对许多概念的理解仅浮于表面，没有深入本质，或是对两个近似的概念认识含糊不清，在应用时发生混淆。因此，首先要澄清人们在对微课的认识上存在的两个误区。

（一）微课的概念

在当前的教学实践或相关文献中，立足不同的视角，根据不同的应用实践，许多研究者常把微课与微课程、微视频等概念混用，这样就很容易让人误以为这三者之间可以画上等号。事实上，在这三个概念中，微视频与微课、微课程的区别是显而易见的，前者属于技术概念范畴，本身与教学没有直接关系，同后两者不是一个维度的概念。再来看后两个概念，微课是一个教学论的概念，重点强调学生以微视频资源为介质，与教师之间产生直接和间接交互的过程；微课程则是一个课程论的概念，重点强调与"微目标、微教案、微讲义、微练习"等课程要素共同构成一个完整课程。从媒体形式上来看，微课是一段简短的、与教学相关的视频。但是，如果这些微视频没有提供给学生使用，即缺乏学习主体，就不会产生教师与学生的交往过程，只能称作微视频，而不能称为微课。因此，微视频本质上是一种支持教师教和学生学的新型课程资源。当它与相匹配的"微目标、微教案、微讲义、微练习"等课程要素组合在一起时，就共同构成"微课程"，成为一个课程论的概念。当学生通过微视频开展学习时，学生就以微视频为介质，或者与教师之间产生间接的交互，或者通过在线讨论、面对面辅导等不同形式进行直接交互，从而就构成了"微课"，成为一个教学论的概念。

（二）微课的产生背景

在"言必称微课，行必往 MOOC"的外语教学改革浪潮影响下，部分教师误以为微课和 MOOC 是同一时期出现的两个平行的概念。其实，相对 MOOC 而言，微课的出现要早很多。微课的雏形最早见于美国学者麦格鲁（McGrew）提出的"60 秒课程"概念，而现今热议的"微课程"概念是在 21 世纪初由美国新墨西哥州圣胡安学院的教学设计导师戴维·彭罗斯（David Penrose）提出的。他认为建设微课程分为五个步骤，即罗列课堂教学中试图传递的核心概念，写出一个 15~30 秒的介绍和总结，录制 1~3 分钟的录像或音频，设计能够指导学生阅读或探索的课后任务，将教学视频和课程任务上传到课程管理系统。戴维·彭罗斯还在该校"职业安全"在线课程中大力推广了微课。

在我国，研究者也从不同的角度对微课进行了界定和研究。例如，"微课是微型教学视频课例，它是以教学视频为主要呈现方式，围绕学科知识点、例题习题、疑难问题、实验操作等进行的教学过程及相关资源的有机结合体"。还有的研究者从应用角度进行定义：微课是为支持翻转学习、混合学习、移动学习、碎片化学习等多种学习方式，以短小精悍的微型教学视频为主要载体，针对某个学科知识点或教学环节而精心设计开发的一种情境化、趣味性、可视化的数字化学习资源包。

事实上，微课可用于在线学习、面对面教学或者混合学习等多种学习场景，可以构成教学主题的一部分，或者对所学习主题进行聚焦，或者作为学生自主学习的资源。针对教学中的一些关键概念、解决问题的过程、重难点知识，可以利用微课帮助学生在课前、课中、课后对学习内容进行回顾。微课形式简短、主题集中，非常符合当前"数字原住民"时代学生碎片化学习的习惯。微课允许学生自主控制学习速度，学生可以自主掌握音视频的播放进度，可以根据自己的需求重新点播、重复观看某些教学片段。

二、微课的优势

随着手持移动数码产品和无线网络覆盖的普及，微课在移动学习、远程学习、在线学习、泛在学习等领域大放异彩，为全民学习和终身教育体系的构建提供了优质、丰富的资源和环境。

（一）微课的形式更加契合移动学习的特征

从知识的呈现方式来看，微课的内容聚焦于特定的知识板块，或包含若干更细化的知识点。微课所承载的知识虽然有限但形式完整，知识体系被细化成知识分子甚至原子，化繁为简，变抽象为形象，从而使知识体系变得更加具体，使教学过程更容易操控，使学习过程更加轻松、愉悦。当学生从一个微课进入下一个微课时，知识得以渐进积累，语言习得体系和技能得以逐步发展。如果教师希望了解学生是否掌握了某个知识点，可以布置微课程作业，让学生通过作业来呈现他们的学习情况。例如，教师可以指导学生随时随地拍摄自己的口语报告和小组互动情况，然后上传到教师管理终端，接受教师和同学的评价。

（二）微课形式简短，更容易融入其他的学习环节

教师可以将微课用作传统课堂的预习材料，可以将其作为课程开始之前的课程主题引入，可以将其作为呈现知识点的工具，也可以将其作为课堂活动或者课后作业的一种呈现形式。因为形式简短，教师随时可以对微课资源进行修改。当前，平板电脑、智能手机等移动、高效终端设备基本普及，电子形式的微课视频与之高度契合，学习过程自然而然地融入学生生活。学习不再局限于教室，指尖上的课堂成为新的趋势。因此，学习过程具备高度情境化、建构化、自主化的特征，充分体现了人本主义的教育理念，具有鲜明的时代感。

（三）微课有利于培养学生的自主学习能力

微课有助于培养学生的自主学习能力与反思能力，这是因为微型教学资源的设计是模块化、工具化的，学生必须根据自己课堂上的学习情况来确定自己需要

学习的内容，自主选择学习资源，进行专题化的、模块化的学习，并针对自己的薄弱环节进行相应训练。因此，微课的引入可以极大地促进学生自主学习能力的提高。

（四）微课能够节省大量的教育资源

微课以数字视频的形式传播，便于复制。因此，微课是一种可重复利用的资源，在不同的时间和地点，可以无限制地被使用。如果将对一个问题的讲解制作成视频，那么教师只需要讲一次，学生就可以在需要的时候随时随地播放，这样就可以在一定程度上避免重复性的劳动，减轻教师的负担，便于教师集中精力，对学生进行个性化的指导。

（五）微课能够聚合最优秀的教育资源

微课的制作意味着优势资源的集中和整合。可以邀请各个领域的专家对他/她最擅长的领域，尤其是该领域最前沿和核心的问题进行解答，并以微视频的形式呈现给学生。这样一来，微课就聚集了各个方面最优质的教师资源，方便供学生随时随地调用，充分体现了现代教育技术带给用户的方便和快捷。

第二节　翻转课堂与外语教学

一、翻转课堂的基本流程

下面简单介绍翻转课堂包含的两个基本流程。

（一）课下"知识获取"过程

教师依据教学目标及学生实际情况制作一些形式简短、信息明确的教学视频，每个视频针对一到两个特定的问题，供学生课前观看。学生则依据自己的实际知识水平选择观看视频的内容、次数和速度，完成信息的主动加工。当他们遇到知识难点时，可以随时后退并反复观看视频，或借助于网络上的相关资源拓展思维，或在交流平台上与教师、同学交流讨论。学生完成"知识获取"后，可以在网络平台上完成一定量的课前针对性练习，检查自己对于知识的掌握情况，巩固以前的学习内容，同时提交练习结果。这样一来，教师在上课前就可以了解到学生对学习内容的大致掌握情况，从而确定课上应创立怎样的问题情境来帮助学生达到对知识的深入理解和灵活运用。

（二）课上"知识内化"过程

在课堂上，学生可以就自己在课前知识建构过程中产生的疑问向教师请教，接受教师的启发和个性化指导。由于学生的提问带有很强的目的性，因此，效率会很高。教师则会根据课程内容和学生在课前观看视频、完成练习的情况，总结出共性的、有探究价值的问题，进行解惑答疑。在探究问题的过程中，教师可以指导学生采用自主探究和小组协作相结合的方式，培养其积极探索的精神和独立学习的能力。

二、翻转课堂教学流程设计原则

翻转课堂作为一种新兴的教学模式，与传统课堂相比，有着颠覆性的变化和典型的特征。因此，设计者一定要在深刻把握翻转课堂内涵的基础上，结合教育信息化的发展要求，对教学设计的流程进行重新规划。一般来说，翻转课堂的教学流程设计需要遵循以下两大基本原则：

（一）以学生为主体的原则

由于教学过程完全颠倒，翻转课堂中教师与学生的角色和地位发生了根本性的变化。首先，教师由"知识传授者"转变为"教学活动的组织者"。在翻转课堂中，学生获取知识的主要渠道是教师制作的教学视频资源和各种网络资源。因此，教师不再承担"传授知识"的绝对主体角色，而是作为课堂教学活动的组织者来设计探究型教学活动，帮助学生开发创新思维能力。教师还应该在学生"完成作业""探究讨论""知识内化"阶段给予个性化的指导帮助，从而确保每位学生将所学习的知识完全吸收掌握。其次，学生由"被动接受者"转变为"主动探究者"。在现代教育技术支持下的翻转课堂中，学生是知识意义的主动建构者，他们可以自定步调，控制学习的时间和速度，碰到难以理解的知识时可以反复观看教学视频或搜索相关教学资源，而不是被动等待教师的"直接告知"。在课堂上，学生不仅需要独立完成作业，而且要参与到教师设计的课堂活动中，在与教师、同伴交互协作的过程中掌握知识，提高能力。因此，翻转课堂的教学设计应当以学生为中心，视学生为教学活动的主体，教师只对学生的意义建构起帮助和促进作用。

（二）课堂互动交流有效性的原则

在翻转课堂的教学过程中，教师要对课堂互动交流有准确的定位和深入的理解，不能简单地认为"提问等同于交流"，或者"交流越多越好"。翻转课堂的核心是课堂交流互动的质量。教师要根据学生的课前知识掌握情况，有针对性地提出探究问题，与他们展开讨论，确保课堂互动交流的有效性。

由于现代教育技术的飞速发展，信息及知识的累积速度加快，没有人可以在传统意义的物理课堂空间中完成知识获取和能力培养的目标。在现代教育技术高速发展的背景下，学会求知成为未来教育首要考虑的目标。因此，翻转课堂的教学设计不是简单的"授人以鱼"，而是"授人以渔"，尽可能为学生提供自主学习和探究活动的情境，培养他们的探究思考精神和能力。

三、翻转课堂教学流程设计步骤

（一）确定教学目标

教学是促使学生朝着目标所规定的方向产生变化的过程。教学目标是否明确、具体和规范，直接影响到教学能否沿着预定的、正确的方向进行。因此，在教学设计中，首先要分析确定教学目标。

（二）分析学生特征

成功的教学设计必须考虑学生具备哪些因素和特征，这样才能设计出符合学生特点的个性化课堂方案。学生特征分析的目的主要是要了解学生的现有知识水平、现有心理发展水平及学习风格。

（三）选定教学内容，设计教学资源

通过对教学目标和学生现有知识水平的分析，确定学生起始能力和终点能力之间的差距，设计合适的教学资源，填补学生学习前后的差距，达到既定的教学目标。

（四）设计自主学习环境，支持学生的课下学习过程

翻转课堂中，学生获取新知识的主要渠道是其课下的自主学习过程，因此，有必要对其自主学习的环境进行设计，使学生顺利完成课下的知识获取。

（五）课前学习效果评价

以教学目标为依据，设计课前练习题目，供学生学习视频后完成，并运用一切有效的技术手段，对学生的学习活动过程及结果进行检查，给予评估，以检查其知识掌握的程度。

（六）课堂探究情境设计

根据学生课前知识的获取情况，设计有探究意义的问题情境，供学生在课堂上探究学习，以促进其知识的内化吸收。

（七）学习成果交流展示设计

设计成果交流展示活动环节，促使学生将自己的探究结果以及探究收获与全班同学进行交流，实现思想和学习成果的交互。

四、翻转课堂教学平台设计

在翻转课堂教学设计的实践过程中，现代教育技术是学生"课下知识获取"和"课堂知识内化"得以顺利实现的有力杠杆。只有在现代教育技术的支持下，学生才可以在课外随时获取教学资源，与教师、同伴"零距离"沟通，避免盲目、效率低的学习，实现知识的有效内化。教师可以随时掌握每位学生的学习进度和知识掌握程度，从而为设计探究活动做好准备，通过课堂探究活动促进学生

的知识吸收与内化。

翻转课堂教学平台包括以下四大模块：资源发布共享模块、交流互动功能模块、学习检测跟踪模块、资源推荐功能模块。

（一）资源发布共享模块

教师是教学资源的管理者，负责在系统上发布提前录制好的教学视频以及与学习内容相关的其他资源，供学生下载学习。教师还应该帮助学生将各主题的相关知识点有机结合起来，构建知识地图，或形成结构化的知识网络，帮助学生从整体上把握知识点的内在联系，方便学生对知识点进行搜索。学生在学习过程中若寻找到有用的信息资源，也可以上传到平台中，经教师审核成功后发布，与其他同伴共享。

（二）交流互动功能模块

交流互动功能模块支持在线发帖、实时语音、视频通话功能。当学生在课下的自主学习过程中对某一知识点产生疑惑时，可以与教师、同伴进行"无缝"交流讨论。此功能减少了学生独自学习时的孤独感和遇到难以解决的问题时产生的挫败感，可以促进学生对知识的高效获取。

（三）学习检测跟踪模块

学习检测跟踪模块使教师能够随时获取学生的课下学习进度信息和知识掌握程度信息，以便根据学生的知识获取情况安排设计课堂上的探究活动，帮助学生完成知识的内化与应用。学习检测首先需要构建正确的检测结果模型，使计算机能够自动分析怎样的解答是正确的，怎样的解答是错误的。学生观看教学视频后，开始进行在线知识测验。系统将学生的检测结果数据与正确检测结果模型对比后，自动分析统计出学生每一题的正确率并反馈给教师。教师可以登录到系统查看学生学习的进度和知识点掌握的"盲点区"。

（四）资源推荐功能模块

资源推荐功能模块根据学生的知识检测结果数据，分析学生学习的难点和知识掌握的"薄弱区"，为其推荐个性化的学习资源，以促进学生对知识的深入理解。

五、我国的大学外语翻转课堂建设

（一）MOOC 课程设计与资源开发

MOOC 视频课程内容包括三个部分：视频讲座，学生可以反复观看学习；在线作业，学生需要在设定日期前完成提交；在线讨论和进度查询，学生可以就学习中的疑问进行交流，自动查询自己的学习情况。其中：授课视频创作是 MOOC 课程设计的核心。视频讲解的内容设计重点包括语言知识、语言应用技能等技巧性知识以及跨文化交际和学习策略知识。内容安排以单元主题为纲，以课文为序，模拟教师辅导某个学生的自学过程。每个单元大约包括 20 段视频，每段视频长度在 3~6 分钟之间。一般来说，每篇文章的第一个视频是主题挖掘，其他视频是按照段落顺序安排的知识点讲解。大部分视频以两三个思考问题结尾，促使学生反思并总结所学内容。教师可以在课堂上重新对这些问题进行提问，检查学生的学习情况。

具体设计步骤如下：

第一，组建教师团队，讨论授课内容和呈现形式，形成授课教案模板；

第二，教师分工合作，按照模板分单元撰写授课文本，再集中团队智慧集体定稿；

第三，选取优秀教师，根据讲稿录制讲解音频；

第四，利用相关视频编辑软件，按照讲稿设计的呈现方式，制成微视频；

第五，将微视频按顺序命名并上传至网络平台，供学生点击观看学习。

（二）课堂教学与评价活动设计

课堂教学和评价活动设计是按照基于 MOOC 的自主学习活动方式来开展的。每个单元都以小组口语报告和个人书面写作两种形式完成一个项目，由教师记录学生单个项目成绩，体现出形成性评价的特点。完成微视频制作并上传至网络平台后，学生需要登录在线课程网址，查找课程后点击注册，并按照课程系统单元进度要求完成自学任务。该课程平台是在基于 edX 课程的开放源代码的基础上，由实验学校进行校本平台改造搭建而成的。为了方便学生进行移动学习，平台支持学生利用手机扫描 APP 二维码，通过手机移动学习完成相关课程内容。学生完成相关内容的学习后，可以参加 MOOC 在线测试，包括三种题型，即选择、填空和写作。检测的内容为单元词汇等语言基础知识和书面写作产出能力，答案的判断主要通过自动批改完成，成绩自动记录。

多媒体网络技术为数字化课程的普及提供了技术支持，泛在学习为即时学习提供了技术动力，翻转课堂为 MOOC 创立了现实版的网络课程标本。MOOC 的学习对象、教学形式、课程内容与教育理念具有高度的开放性，其课程组织方式、内容、学习方式、评价方式具有高度的创新性。在大数据和云技术的支撑下，MOOC 还允许学生随时随地地主动学习，并由网络记录与学习相关的数据和档案。

微课的特征是主题明确、内容短小精悍、资源丰富多样及结构相对独立。微课从本质上来看更接近于一种课程资源，而 MOOC 是在创建网络平台的基础上将微课的资源集合起来的。MOOC 和微课都具有"资源多元、受众面广、自主参与"等特点。从形式上来看，MOOC 是同一课程下的微课群，是微课在一定的逻辑和形式下的聚合体。借助 MOOC 平台推进微课的开放与共享，是充分发挥微课作用、提升其影响力的重要手段。

翻转课堂是一种课堂组织方式，属于教学论的范畴，并常常和微课以及 MOOC 资源结合起来使用。在中国传统的外语教育中，大部分情况下是教师引导学生来学习课本上的语法知识，引导他们练习听、说、读、写四项技能，在自主学习能力和学生批判性思维的培养上存在严重的不足。因此，建立基于 MOOC 和微课的翻转课堂教学模式，在教学过程中充分考虑 MOOC、微课、翻转课堂与媒体技术的关系，既能够发挥互联网媒体在学习情境构建中的优势，又能够解决当前外语教学，尤其是大学外语教学课时不足、课程负担过重的问题，真正满足我国当前大学外语教学结构性调整的需求，为我国大学外语教学改革的深化做出历史性贡献。

第三节　MOOC 与外语教学

一、MOOC 概述

MOOC 是"大规模在线开放课程"的英文缩写（也译为慕课）。其中，"M"为 Massive（译为"大规模"），指的是课程注册人数众多；第二个字母"O"为 Open（译为"开放"），指凡是有学习动机的人，都可以参与学习；第三个字母"O"为 Online（译为"在线"），指的是学习时间、地点不受限制、全天开放的特征；"C"则代表 Course（译为"课程"），这一课程与传统的通过电视广播、互联网、辅导专线、函授等形式进行授课的远程教育不同，也不等同于近年来流行的教学视频网络共享公开课。名校视频公开课只提供课程资源，而 MOOC 可实现教学课程的全程参与。在 MOOC 平台上学员可以完成上课、分享观点、互助解决学习中的疑难问题、做作业、参加考试、得到分数、拿到证书的全过程。从这个意义上来看，MOOC 课程比一般意义上的国家精品课程、视频公开课程、资源共享课程在教学功能上要强大很多。

二、MOOC 的一般设计流程

（一）学前分析

学前分析是教学设计的第一个重要环节，包括教的分析与学的分析两大方面。教的分析包括社会需求分析、教学内容分析、教学人员特征分析、现有教学条件分析等；学的分析包括学生学习动机分析、兴趣爱好分析、起点水平分析、认知风格分析、学习条件分析等。

除了一般的要求外，对 MOOC 进行学前分析一定要注意网络课程与传统课堂教学的差异，不能照搬传统课堂的教学分析模式。在网络课程中，教师和学生、学生和学生、学生和资源都处于分离的状态，之间以一个"网络媒体"为中介联系起来。因此，网络课程的教学内容要素就是人们常常提到的资源，而网络课堂的教学方法更多转变为教师与学生、学生与学生、学生与资源之间通过网络媒体进行互动的方法和策略。具体来说，应该注意以下几个典型特征：

第一，MOOC 的学习者包含许多在校大学生，但也有中学生及已工作的成人，层次参差不齐、动机不一，学习习惯、学习风格差别很大，学习时间趋于碎片化。

第二，MOOC 的学习高度依赖网络和终端，尤其是移动终端设备，如 iPad、手机、平板电脑等。网络分有线、无线两种，无线又分为 Wi-Fi 上网和手机流量上网两种。

第三，由于学习者大都以个别学习的方式来学习 MOOC，容易产生孤独感，因此线上线下的交流互动对他们很重要。

（二）目标设计

在学前分析的基础上，应该对一门 MOOC 的教与学的目标进行初步确定。和其他课程的教学目标一样，MOOC 课程的教学目标设计也应该考虑到学生的学习期望和水平，在教师的教学目标和学生的学习动机之间找到合理的平衡。学生水平参差不齐，因此课程设计者应该对课程的目标、定位、难度和前期课程要求给予清晰的描述，以帮助学生清晰定位、正确选择。

（三）教学主体设计

MOOC 的教学主体设计主要分为教学资源、平台模块、教学活动、教学流程设计、课程评价五大部分。

1. 教学资源

MOOC 教学资源中最重要的是视频资源，其次是课件、文本、工具、其他素材资源。其中，教学视频应选择优秀教师来录制，内容应该选择教学重点、难点。教师在视频中可以露面，也可以不露面，一切按照具体内容需要来确定。视频要清晰、流畅、节奏适中，以"突出教学效果、进行有效沟通"为原则，不要故意炫耀技巧、过于花哨。在风格上以简洁为主，尽可能去除一切与内容传递、有效沟通无关的冗余信息，降低学生的认知负荷。MOOC 课程通常是由许多单独的微课组成的，微课常常强调"短"而"精"。因此，在录制的时候，遵循"去除冗余信息，降低学生认知负荷"的原则尤为重要。

MOOC 视频资源最好能支持手机播放，时间不宜太长，一般一节课不超过 20 分钟，以 5~15 分钟为佳。一般 MOOC 课程会配上字幕，同时提供文字稿本，以供不同习惯的学生选择使用。课件、工具、文本、素材等资源应能上传和下载。

2. 平台模块

MOOC 的平台模块要根据平台的类型而定。大部分 MOOC 包含以下几大模块：①课程描述模块，一般对课程进行具体描述，如课程的目标、定位、主要内容等；②教师信息模块，一般会展示主讲教师信息，如所在学校、学院、研究方向、以前的教授课程等；③教学视频模块，一般是主讲教师对所要教授内容的视频呈现，是 MOOC 的核心部分；④其他资源模块，一般指和本课相关的背景知识呈现部分，如外语教学中的生词、短语、文化背景等；⑤讨论区模块，一般是为学生提供互动和协作学习的板块；⑥作业提交与成绩公布模块，这个板块可能是公开的，也可能只有每个学生自己才能看到；⑦自测习题库模块，一般是为学生提供课后巩固和复习的部分；⑧个人作业展示模块，一般是激励优秀学生，并给其他学生以示范的部分；⑨意见、建议模块，一般是教师和学生为改进该课程而相互交流意见的部分；⑩相关链接模块，是为有兴趣进行拓展学习的学生提供更多资源的部分。

3. 教学活动

MOOC 教学活动的核心是开展在线练习、小组协作、作业评改、交流讨论、互动答疑等活动。如果是校内的 SPOC 课程，则可以与校内的面对面教学相结合，采用翻转课堂的教学模式，即学生在课外通过网络课程资源自主学习重点内容，课上则进行讨论、交流、练习、辅导等活动。MOOC 平台应该提供尽可能多的交流、互动、展示工具，甚至可以借助社交网络平台开展互动。

MOOC 学习人数众多，主讲教师无法完成和所有学生互动的任务，所以，必须按照一定的比例配备助教，助教可以由青年教师和研究生担任，也可选拔优秀的学生或已修过该门 MOOC 的结业者来担任。由于 MOOC 对大多数学生和大多数学校来说都是新鲜事物，所以，如何对助教团队进行管理、分工、考评与奖励，从而让 MOOC 课程真正能够可持续开展下去，是一个需要长期探索的问题。

4. 教学流程

和传统的课程类似，MOOC分为开课前的准备阶段、教学实施阶段和评价总结阶段。开课前，除了要做好课程设计、录制教学视频、在平台上开设课程之外，还要进行课程宣传，组织教学团队及技术支持团队。准备工作一般应提前数月甚至半年进行。

教学实施阶段时间一般不宜太长，一般以两三个月为宜，时间过长容易引起倦怠，增加辍学率。教学视频的发布一般以周为单位，按照课程内容体系由易到难、循序推进，每周发布一段或多段类似微课的短视频，同时发布教师精选过的学习资源、作业练习、讨论问题、自测试题等。

5. 课程评价

MOOC的教学评价可采用多种形式，包括对学生的评价和对课程教学本身的评价两个部分。

学生的学习成绩主要由平时成绩与最后考核成绩两大部分构成。平时成绩所占比例一般比传统课堂教学要大，由平时作业、练习完成情况、讨论交流表现等方面综合构成；最后考核可能是标准化考试或提交论文/设计，或者二者兼有。

作业的评改有机改（计算机系统自动评卷）、教师和助教评改及学员之间的互评等多种方式，其中学员之间的互评是一种解决大规模作业批改困难的常见方式。主讲教师和助教应事前制定好评价量规、范例、评分标准等，在合适的时候发给学员，以保证互评活动的顺利进行。同一名学员的作业和练习应接受2~3名同学的评价，每名学员一般要评价2~3名其他同学的作业和练习。主讲教师和助教应通过多种方式对互评活动进行指导、培训、检查和监督。

对于需要获得学习证书和学分的学生，最后考核非常重要。无论是现场考核还是在线考核，都必须保证是学生本人参加，以保证学分和证书发放的权威性。证书可分为电子证书和纸质证书两种形式。

对课程的评价可根据平台提供的学生学习活动的各种数据、对学生的问卷调查与深度访谈，以及网络和社会对课程的各种反映等多种形式进行，以利于在新一轮MOOC开课前对其进行必要的改进与调整。

三、MOOC 与外语教学的关系

MOOC 课程，究其本质，是互联网多媒体发展到高级阶段的产物。它既创造了一种新的网络学习环境，又是宝贵的网络学习资源，同时还是教学方式和评价手段的开拓创新。MOOC 课程和外语教学存在非常紧密的联系。

（一）MOOC 对我国大学外语教学的挑战

1. MOOC 对大学外语教学质量的挑战

MOOC 课程内容由四个环节构成，即观看教学录像、完成指定的阅读、参与论坛讨论、完成相应作业。如果在任何一个环节遭遇语言障碍，学生就可能会看不懂视频、读不懂文章或完不成作业，最终会导致放弃学习，半途而废。

我国很多高校的大学生在完成大学外语课程的学习后（部分学生正在学习大学外语课程），语言能力还达不到学习国际 MOOC 所需的要求。

MOOC 是典型的以学生为中心的教学设计课程，直接挑战了我国大学外语课堂的教学质量。MOOC 通过营造全英文学习环境、提供经典学习资源、实施师生在线即时交互和生生在线即时交互，能够逐步创建大量的优质外语课程。

2. MOOC 对大学外语课程内容的挑战

我国大学外语课程要培养学生的外语综合应用能力，特别是听说能力，使他们在今后学习、工作和社会交往中能用外语进行有效的交际，同时增强其自主学习能力，提高综合文化素养，以适应我国社会发展和国际交流的需要。一般情况下，普通院校的大学外语主要由"综合外语"和"视听说"构成，在内容选材上偏重培养学生的人文素养，对学生的个性化学习需求（如学术外语能力）训练明显不足，影响学生学术能力的发展。相比之下，MOOC 课程则具备很大的资源优势。

3. MOOC 对大学外语评价方式的挑战

对学生学习的评估分为形成性评估和终结性评估两种。但实际上由于大学外语公共基础课的特殊性，普通本科院校很多大学外语教师都是同时给多个班上课的，每个班的学生人数很多，过程性评价（形成性评估）质量不高。并且，从实际情况来看，许多高校期末考试（终结性评估）又要权衡全年级学生的过关率，没有很好地起到激发学生学习动机的作用。

（二）MOOC 给我国大学外语教学带来的机遇

MOOC 的最大优势是使名校名师的优质课程全球共享，从而使学生能够自定步调地学习课程内容。学有余力的在校学生亦可学习自己感兴趣的课程，完成作业，在全球网络社区讨论课程内容，交流自己的学习体验。在我国大学外语教学遭遇极大的发展困境的今天，MOOC 给大学外语教学带来了难得的机遇。

1. 依托国际 MOOC 课程，激发学生学习大学外语的动机

语言障碍是阻止学生完成 MOOC 学习的主要原因。教师可以抓住这个机遇，鼓励学生通过学习国际 MOOC 来提高自己的外语水平。在需求导向语言学习中，教师可以激发学生学习大学外语的兴趣，鼓励学生将学习 MOOC 过程中遇到的问题带到课堂，通过与教师、同学讨论、协商解决这些问题，提高学生的批判思维能力。

2. 依托国际 MOOC 课程，提升学生的外语水平

通过国际 MOOC 课程的学习，学生不但可以进一步提升自己的语言水平，同时还可以提升自己的专业知识或人文素养。以 Coursera 平台为例，外语是学习数百门课程的唯一工作语言（部分授课视频提供中文字幕），各门课程还要求学生用外语完成作业、用外语参与讨论。在整个课程的学习过程中，学生完全置身于外语环境中。为了听懂课程内容，学生需要反复观看视频、反复阅读、浏览帖子、用外语发帖和回帖。在整个课程的学习过程中，学生"感受"真实的外语，用外语思考，用外语交流，外语的价值会得到充分的展示。因此，学生完成MOOC 课程数量越多，外语水平提升越快。

高校在进行大学外语教学改革时，可以综合考虑本校学生的具体情况，把某些 MOOC 课程直接引进来为我所用（如转变为本校学分课程）。学生在课下自主学习某一门 MOOC，教师在课上答疑，通过"翻转课堂"的教学模式来组织教学和考核。通过这种灵活运用的方式，可以将优质的海外课程资源与本校的实际发展情况结合起来，真正实现 MOOC 的本土化。

第四节　BYOD 情景下的外语教学

一、BYOD 概述

（一）BYOD 的内涵

BYOD 是英文 Bring Your Own Device 的缩写，字面意思是"自带设备"。这一概念最先起源于 IT 企业，是指企业允许员工在工作期间利用自己的移动设备接入企业内部网络以获得信息来支持自己的工作进程。BYOD 并不是某种单一的信息化产品，也不是某种单一的信息应用方式，而是代表这样一种情境：企业不再像在传统情境下那样拥有或发放信息终端设备，而是为员工提供一种信息应用与分享的场景，允许员工利用自己的信息终端设备接入信息网络。

由此可见，BYOD 在本质上是一种面向新型信息服务理念、信息设备与技术深入应用以及资源有效整合的综合性信息服务模式。近两年，BYOD 受到了国内外越来越多 IT 企业的重视，BYOD 的引入也被认为是变革企业信息服务模式、提高企业员工工作效率的重要契机。一方面，IT 企业需要明确承认 BYOD 的优势所在，并最终接受 BYOD；另一方面，企业也需要面对 BYOD 带来的挑战，学会管理 BYOD，控制其可能带来的风险。如 BYOD 可能给企业的生产力、安全性、隐私保护、规范性等带来负面影响。

（二）BYOD 的特征

作为一种信息服务模式，BYOD 具有三个关键特征：一是用户驱动性，BYOD 用户按照他们自己的偏好和常用的个人信息终端设备主动获取、分享和应用信息，整个信息服务过程由用户来主动激发和驱动；二是信息设备多样性，BYOD 的标志性特征就是允许用户使用他们自己的信息终端设备，由于用户以及数字化、网络化信息设备产品的多样性，BYOD 情境下的信息设备便具备了多样性的特征；三是情境整合性，由于用户能够在工作情境下整合应用自己在日常生活中使用的信息终端设备，从本质上看，这一过程将工作情境与生活情境进行了有机融合。

二、BYOD 在教育中应用的依据

（一）理论依据

BYOD 的理论依据来自终身学习的理论。终身学习强调的基本特征是将学习场所拓展至家庭、学校外的文化中心或企业，以及一切可利用的教育设施及资源。还有学者提出，终身学习体系构建于信息技术环境之上，信息技术是形成终身学习体系的催化剂，是终身教育的发展学习型社会的根本保障，从而成为构建终身学习型社会的首选。BYOD 学习积极响应终身学习的号召，打破学习场所的局限，延长学习时间，利用学生已有的移动设备资源，将学习纳入生活，使学生终身在任何地方、任何阶段都能进行学习。

（二）基于 BYOD 的课堂和学习模式在中国高等教育领域应用的可行性分析

当前，我国大部分高校校园网的无线网络建设日益完善，还有更多的学校正在加大对服务器管理和信息安全方面的投入，越来越多的师生开始利用无线网络进行教学和科学研究活动。若借助学生的私人信息设备资源，高校可以将更多的精力投放至无线网络设备的搭建以及服务器管理方面，为学生的移动设备提供更加安全稳定的网络环境，这就为 BYOD 在高等教育中的应用提供了良好的条件。目前，大学生对移动设备的使用仍然处于表层的娱乐阶段，还不能够将其作为新的学习方式来获取知识。因此，基于 BYOD 的高校课堂和学习新模式的研究和开发是大有可为的。

三、BYOD 在我国外语教学中的应用前景

我国外语教学研究一直走在信息化教育改革的前列，外语教育界灵敏的感知力使其对新事物具有良好的吸收能力。在我国外语教学，尤其是高校的外语教学中，移动设备的普及率要远高于小学和中学；BYOD 模式在高校外语教学，尤其

是大学外语教学中具有广泛的应用空间。

（一）BYOD 符合外语课堂的本质和内在要求

20 世纪 80 年代早期，美国二语习得研究者克拉申（Stephen D. Krashen）提出了"输入假设"理论，又称为"i+1"理论。该理论强调学生必须根据自身的语言水平，有选择性地接受尽量多的语言输入，从而实现语言能力的习得。克拉申的语言输入理论涉及了外语学习的本质，该理论在第二语言或外语习得中的重要性已得到了普遍认可。但是，克拉申的"输入假设"弱化了语言输出的重要性，过分强调对目标语言的理解，忽视了目标语言的使用。尽管理解输入语对第二语言学习很重要，但并不能保证学生在语法准确性方面达到近似本族语者的水平，学生只有通过大量的语言输出才能达到这一目标。输出能给学生提供反馈信息，让学生了解到自己的语言使用还存在怎样的问题，重新修正那些使用不恰当的语言形式和结构，从而产出准确恰当的语言。无论是克拉申的"输入假设"，还是斯温纳（M. Swain）的"输出假设"，都是在二语习得的范畴内提出的理论假设，没有牵涉具体的语言教学和学习过程。

就教学过程而言，输出比输入对外语学习的内驱力更大，输出驱动不仅可以促进接受性语言的知识运用，而且可以激发学生学习新语言知识的欲望；就教学目标而言，培养说、写、译等表达性语言技能更符合社会需求，因此，学生可以根据社会就业的实际需要，从说、写、译中选择一种或几种输出技能作为自己的学习目标。文秋芳的"输出驱动假设"其实是一个教学论范畴上的概念，它挑战的是"输入促输出"的教学顺序和听、说、读、写、译能力均衡发展的教学目标，目的在于提高我国第二语言教学的效率。

综合以上三大假设，我们可以发现，成功的外语学习要尽可能同时提高可理解性输入和输出的质量。在学习过程中，学生还要根据自身的需求，自主培养说、写、译等技能，进行有目的的强化学习。多媒体计算机和网络技术手段的出现为提高输入和输出的质量开拓了广阔的空间。借助多媒体计算机和网络技术手段，学生能够找到海量的、真实的语言学习资源，同时还能够借助多媒体协作学习平台，加强与教师的互动以及与其他学生的互动，触发数量更多、质量更高的语言输出。在基于 BYOD 的教学和学习模式中，教师和学生可以使用自己的笔记本电脑、iPad、平板电脑、智能手机以及其他移动设备，借助无线网络，随时随地接入学习资源，可以随时随地录入自己的报告、演讲与同学的对话，还可以在笔记本电脑和 iPad 上进行写作和翻译练习。总而言之，BYOD 教学模式为拓宽语言输入和输出的途径提供了广阔的发展空间，基于 BYOD 的教学模式完全符合三大假设的精神实质。高校外语课堂建设的目标应该是以学生为中心，借助网络多媒体等多样化的媒介手段，创建生动有趣的课堂情境，缓解学生的认知焦虑，最大限度地拓宽他们的学习空间。从这个层面来看，BYOD 完全符合现代教育技术支持下的外语课堂的本质和内在要求。

（二）基于 BYOD 的教学模式能够激发现代外语学生的学习兴趣

基于 BYOD 的教学模式对学生有更大的吸引力。传统的教学方法在调动学生自主学习的积极性方面给教师带来了极大的挑战：教师须熟练掌握特定的教学策略，在教学过程中严格遵守特定步骤，应用某些专业技能，吸引学生的注意力，促使学生主动参与到课堂活动中。基于 BYOD 的教学模式则克服了这一缺陷。首先，BYOD 新型教学模式借助的是学生自身的移动设备，这种多媒体化的信息工具本身就具有娱乐作用。学生在学习时，还可结合相关的应用软件，通过一些简单有趣的操作，亲身体验知识的获取过程。BYOD 教学模式一改往常学习的枯燥乏味，摒弃了传统意义上烦琐的学习程序，为教学增添了更多的趣味，"游戏式"的教学完全不用借助特定教学程序就可以使学生保持高度的注意力。其次，由于学生使用的是自己的移动设备，便于产生较强的熟悉感，情感上更易接受，操作上也更为简练，从而能够节省时间，提高学习效率。

（三）基于 BYOD 的教学模式具有更强的情境性

基于 BYOD 的教学模式结合了真实情境，在真实的情境中可以更为有效地传播知识。学习效果容易被创建的情境所影响。因此，为学生提供一种真实的情境定会提高其学习效率。在真实的学习情境中，学生利用移动设备记录知识，包括对情境的真实感知、对实时声音的收录等。学生还可利用设备的定位功能，和周边处于同一情境的学生进行交流和分享。自带设备的便携性能够轻松实现学习环境的动态延伸，教室、实验室、学生宿舍等都能成为教学场所，能够再现教学情境。例如，许多智能手机都有电子词典的功能，如金山词霸、有道词典等，学生在课堂上遇到难词难句可以及时进行查询。再如，教师在讲解有关莎士比亚、马洛等剧作家的生平和主要著作时，可以引导学生随时通过百度、谷歌等搜索引擎来查找相关的图片信息和文字资料，使学生完全融入学习情境中。

（四）基于 BYOD 的教学模式更加符合移动学习的趋势

BYOD 是一种非正规的学习模式，其区别于传统意义上的局限于"教室、书本、教师"的"老三套"学习模式，摆脱了地点、时间的限制，强调在自然的状态下进行学习。在自然的状态下学习比受控的传统学习更为高效，这种"返璞归真"的状态也是学习的"最高境界"。在 BYOD 模式中，学生使用的是自己的移动设备，结合的是具体情境，因此，他们几乎意识不到学习的发生。教师将不再苦恼于使用何种策略才能保持学生的注意力集中。调动了学生的积极性，学习就变成一件自然发生的事情，不再需要刻意为之。而正是这种"非正规"打破模式，开创了教育领域的新纪元，也找到了教育最本真的回归。在外语课堂中，教师经常让学生做口头报告，这对许多内向型学生是一项严峻的挑战。如果允许学生利用自己的手机拍摄自己的口头报告，随后上传到网络平台，则可以在很大程度上降低学生的焦虑程度，为学生循序渐进地提高口语表达能力和技能赢得时间。

（五）基于 BYOD 的教学模式完全符合我国当前大学外语教学改革的实际

既然互联网上有广阔的免费可使用空间、无处不在的便捷视听资料来源，用户也可以方便地随时随地进行下载，那么，未来的多媒体外语教学，可以完全将重点放在 BYOD 的建设上来，让学生利用自己的计算机、手机、iPad 等互联网终端，在 Wi-Fi、蓝牙、云技术的支持下，随时获取适合自己的学习材料，完成既定的学习任务。

第五节　新思维下外语教学方法在实践中的运用

一、交际教学法

交际教学法是以社会语言学理论、心理语言学理论为基础，以交际功能为大纲，以交际能力培养为目标的教学方法体系。社会语言学认为，社会交际能力是语言的基本功能。

（一）功能与语言的展示

语言的结构可用来反映其实际功能和交际用途，学习语言规则的主要目的是在合适的场合中运用得体的语言来表达内心的想法。

学习者通常对自己所学的目标语知识掌握得不够熟练，或者不太了解使用本族语言的社会文化交际规则，因此在任何场合都会采用一些非常正式的表达方式，甚至还会创造出一些不合乎规范的句子。

由此可见，掌握一种语言不仅需要掌握这种语言的形式，还要明白在哪种场合使用这种语言形式。学习者不仅要学会创造出合乎语法规则的句子，还要学会恰当地运用语言。交际能力由四个部分组成，即语言能力、社会语言能力、语篇能力、策略能力。

（1）语言能力

学习者必须掌握词汇、句法等知识，以便更好地表达内心的想法。

（2）社会语言能力

了解与所学语言有关的社会文化知识，有利于学习者在交际过程中运用恰当的语言或非语言交际手段达到交际目的等。

（3）语篇能力

交际者在人际交往过程中应具备感知和处理语篇的能力，以便解析所听到或读到的语句或语篇，形成意义表征。

（4）策略能力

当学习者的语言能力、社会语言能力和语篇章能力不足时，可用策略能力进行补充。

与心理语言学有关的理论也适用于交际教学法，交际教学法认为语言交际过程包括两个方面：一是意念；二是功能。功能和意念紧密相连，两者共同构成了功能表达的整体。交际情境、人际关系、社会地位、性别差异等因素，不仅影响人际交往过程，也影响交际者对交际语言的选择。

交际者可根据交际语境的变化选择合适的词汇和句法来表现正式、非正式语体，利用语音语调的表意功能，辅以有效的非语言交际手段，实现成功交际。上述这些要素，如交际情境、语法词汇、语音语调、语音交际手段等，是交际的保证，也是交际教学法中展示语言和功能的要点。

（二）交际活动的设计

培养交际能力对学习者来说至关重要，在课堂上设计交际活动，主要目的是培养学生的交际能力。课堂交际活动设计包括两种类型：一是功能交际活动；二是社会交往活动。这两种活动类型有较强的操作性，对于学习者使用所学语言参与交际活动具有重要指导意义。在设计交际活动的过程中，应注意以下几项：

1. 提升学习者的功能交际活动能力

在课堂环境下设计的交际活动，应突出表现语言功能特点。设计这类活动的目的是鼓励学习者依靠原有的知识体系进行有效的交际。具有功能交际特征的活动，主要包括以下几种类型：

（1）猜词活动

掌握和运用句子是培养交际能力的前提条件。首先，在教师的要求下，某两位学习者站到了黑板前，一个学习者面对教室内的所有人，另一个学习者面对黑板站立，并将学习者刚学到的单词写到黑板上，然后全班同学用外语解释黑板上的单词，让站在讲台上的那位同学面对大家猜测单词的意思说出单词的拼法，这个学习过程锻炼了学习者的口语能力。

（2）描述活动

促使学习者以段落的形式运用和理解目标语，是描述活动的主要目的。例如，教师可要求学生描述自己所在的城市、学校、校中的好朋友，或者是描述曾经发生在自己身上的有趣的故事等。

（3）简短对话

交际能力的发展主要取决于学习者进行简短对话、互通情感的能力，如聊聊最近发生的事情、天气状况、度假状况、身体状况、工作进度等话题。这些简单的对话看上去似乎是没有特别的意义，但是这些对话在创造和谐氛围方面具有重要的影响。所以，学习者应掌握和运用简短对话进行人际沟通，这是学习外语的一种重要形式和技巧。

2. 提升学习者的交际能力

教师所设计的交际活动，需要具有一定的实用功能和社会功能。由于课堂教学有一定的局限性，模仿和角色扮演是创建多样化语境、反映多样化社会关系的重要技巧。语言表达功能的有效性以及所选择语言形式的得体性和可接受程度都是衡量交际是否成功的标准，即课堂交际活动与现实中的社会交往活动具有一定的相似性，语言不仅具有一定的功能，还属于一种社会行为方式。这类社会交往活动可以发生在学习者熟悉的场景或事件中，例如邀请朋友到家做客、在学校里与同学交流等；也可以是学习者不熟悉但是将来会发生的事情，如预约出去玩、预订饭店、订客房等。所以，交际活动的设计可从简单事件过渡到较复杂的事件。概括来说，活动设计主要包含以下三种：

（1）根据对话提示完成角色扮演

教师应将与学习内容有关的提示性内容写在卡片上，然后分发给学习者，以便模仿现实交际过程中的不确定性和自发性特点；学习者必须认真倾听另一位交际者的话语，这样才能理解他人的意思，然后整理语言信息回应对方。

当然，学习者还可根据所得的提示信息，预测另外一位交际者想要表达什么意思，并根据所预测的信息整理自己的语言，表达出自己的内心想法，这便减小了学习者采用现有语言水平与人交际的困难程度。

（2）借助提示信息完成角色扮演

当作为交际者的学生得到详细的信息提示，而另外一位学生得到的信息只能满足回答问题的需要时，就能建立一个非常灵活的交流框架。学习者 A 的信息卡片可用来确定交际活动的主要结构，两位语言水平不同的学习者适合在这样的条件下学习，语言水平高的学习者可以引导语言水平低的学习者，他们控制着活动的过程。

（3）借助交际情境和交际目标完成角色扮演

即便学习者的语言水平得到很大程度的提升，教师依然可以提供一些信息，只是弱化了教师对学习者的思想控制。以更高层次的交际情境和交际目标展开交际活动，是进行这种类型交际活动的主要目的。

交际活动刚开始时，学习者只能了解到交际活动的举办目的，随着交际活动的进一步发展，学习者需要通过协商来回答另一位交际者提出的问题。但是，学习者需要对交流信息达成共识，为交际活动提供必要的交流动力，避免交流中出现不确定因素影响交际活动的顺利进行。

3. 社会交往活动能力的延伸

社会戏剧和策略式交往是社会交往活动得以延伸的重要方式，教师可通过这两种方式来指导学习者建立良好的语言学习情境。对学习者来说，这不仅能使他们快速掌握词汇、语言和语篇知识，还能提升他们的交际能力。

（1）社会戏剧

社会戏剧注重对学习者社会交往能力的提升，活动进展过程如下：

①准备活动。教师将社会交往活动的主要内容展示给学习者。

②展示新词汇。教师将活动中要学习的词汇、短语或语篇展示给学习者。

③展示要解决的问题。教师将活动的背景知识讲给学生听，并以讲故事的形式呈现出来，教师讲到关键的地方时，戛然而止，以此来吸引学习者的注意力。

④确定学习者所扮演的角色，讨论故事发生的语境。学习者要深入分析自己所扮演的角色，研究故事中需要解决的问题，扮演相应角色的学习者可将解决问题的方法讲给其他学习者，学习者之间相互交流意见或建议，有助于顺利完成学习任务。

⑤指定观众。教师可为没有参与角色扮演的学生安排一些任务，让他们也参与到交往活动中，例如安排他们认真观看表演，等到表演结束后，提出表演过程中出现的问题，并发表自己的看法等。

⑥表演。学习者根据角色的需要，认真完成表演任务。

⑦新一轮的角色扮演。认真探讨新一轮的表演情节，并谈论表演过程中出现

的问题，提出解决问题的方案。

⑧重新表演。先解决表演活动中出现的问题，然后重新进行表演。

⑨总结。教师指导学习者对表演活动进行总结。

⑩后续活动。表演活动结束后，学习者还要做书面作业，进行听力练习或阅读练习等。

（2）策略式交往

策略式交往是即兴的，学习者应先对扮演的情境和角色有一个大概的了解，随后按照故事的情节进行即兴表演。教师可根据故事情节的发展过程，随机安排一些新内容，并要求表演者更换表演角色、改变交往方向等。与社会戏剧法相同，策略式交往活动注重提升学习者对目标语的应用能力。

与此同时，在设计策略式交往活动的互动环节时，应将视觉活动和听力活动结合在一起，这与现实交际活动的特点相符。详细情况如下：

①听力活动

教师可将一个完整的故事分成若干小节录音，然后将学习者分成不同的小组来录音，每个小组听完以后，都要完成教师发给他们的理解题，学习者可以相互协商共同完成信息沟通活动。学习者在办商故事情节时，可对其他小组的成员进行提问，并解答其他小组提出的问题，从而提升学习者的口语能力。另外，教师可将与外语学习有关的资料、新闻等讲给学习者听，教师所讲的内容要与学习者的外语水平相符，使学生能够听得懂所讲的内容。教师也可以引导学习者听录音或观看视频，通过模仿来提升口语能力。

②视觉活动

开展视觉活动需要借助电影、录像或幻灯片等多媒体，这对于激发学习者的学习兴趣具有非常重要的作用。除此之外，学习者还可以通过多媒体教学设备来增加接触真实语料信息的机会，减少学习过程中的枯燥乏味，增加学习过程的趣味性。

学习者注意到现实交际中的语言与非语言特征，并将其与对话表演、角色扮演相融合，进一步增加了其社会交往能力。实际上，视觉材料可引发交往活动，例如许多学习者共同观看某部电影，在观看过程中，他们会根据剧情的发展展开讨论或发表自己的见解等，他们可以借助这样的活动，自然地掌握社会交往活动中的语言与非语言特征。

③课外学习活动设计

学习者可在课外学习活动中，不断补充或巩固课堂上所学的知识，参加课外学习活动的方式，如参加外语角活动、观看外语电影、收听外语广播、书写外语电子邮件、阅读外语书籍等。另外，学习者也可以通过其他渠道学习外语，例如通过网络视频学习外语、与身边的外国人多交流等，这样做的目的是增加学习者练习外语的机会。在这种情况下，教师应指导和促进学习者参加课外活动，将自己认为比较好的、适合学习者在课外学习外语的书籍或电影推荐给学习者。需要注意的是，教师最好不要过多干涉学习者的课外学习活动，以避免降低学习者的学习积极性。

④交际课堂环境下的角色认识

角色指的是学习者及教师各自所起的作用，以及交际活动中参与者之间的社会人际关系。为了提升学习者的交际能力，即便学习者没有全面掌握所学的语言，学习者仍要在教师的指导下，在不同的环境中用所学的外语进行各种意义的协商活动。

所以，学习者在外语课堂学习中，应具备很强的自主性、创造性及适应性，其中自主能力属于最重要的一个环节。教师主要起着交际过程的促进者、参与者、监控者的作用。也就是说，良好的交际活动合作关系不仅在于学习者之间，还在于学习者和教师之间。

⑤交际课堂环境下学习者的心理因素

在交际课堂环境中，学习者对所处的环境保持正面的积极态度是提高学习者学习兴趣、保持学习者学习动机的重要条件，从而避免了学习者在学习过程中产生焦虑情绪。所以，在交际课堂环境下，教师需要尊重学习者，使其不缺乏安全感。

学习者与教师、学习者与学习者之间的融洽关系是产生轻松课堂气氛的前提条件，融洽的人际关系和良好的学习环境可以促进学习者的交际能力，还可以提高学习者的学习成绩。

（三）交际能力的评价

交际教学法主要用来培养学习者的交际能力，在交际课堂上使用交际法进行教学，要求学习者发挥主观能动性，创造性地使用语言。对语言形式使用的评价主要有以下几点：

1. 评价交际活动中学习者对文化背景知识的掌握

对学习者来说，掌握所学语言的文化背景知识，可提升他们的语言交际能力，还可帮助学习者在不同的场合恰当地运用语言。一种语言表达得是否恰当，是由该语言的所学外语的社会文化风俗决定的，学习者应牢牢掌握语言的使用规则，这有助于提升学习者的语言交际能力。

在考查和评价学习者对文化背景知识的掌握时，可在交际场景中增加一些错误的文化背景知识，如果学习者明显地感觉到错误，就让学习者针对错误的部分进行修改；如果学习者没有意识到哪里有错，就需要教师加以指点，为学习者提供一些启发性的知识，并组织课堂讨论，引导学习者了解和掌握所学语言的文化背景知识与社会交往技巧。设计这类评价活动的目的是帮助学习者加深对所学背景知识的了解，同时帮助学习者巩固母语文化知识，使学习者对外语知识的掌握与母语知识的掌握达到一种平衡状态，这能较大程度地增强学习者的文化意识。

2. 评价交际活动中学习者对固定知识的掌握

无论是哪一种语言，都包含有大量固定的语言形式和用法。尽管受到固定用法限制的句子在形式上完全符合语法，但是本族语言从不使用这样的表达方式，所以视这样的语句为不合规范的语句。

假如外语学习者并不了解这一点，尽管输出的语句符合语法规范，但是与这一语言的固定用法相违背，那么将其运用在实际交往过程中，就会陷入非常尴尬的局面。交际语篇中的词汇和语法结构都受学习者对所学语言固定用法掌握程度的影响，如果在教学过程中出现这种情况，教师应把这个方面的知识向学生解释清楚。

外语本族语者掌握了许多类似的表达方式，这些表达方式与特定的交际场景和特定类型的社会交际相联系。运用固定的语言表达方式，对学习者形成地道的语言表达方式具有重要的影响；与此同时，掌握类似的固定表达方式，有助于学习者交际策略的发展，补充其所学语言知识体系中的不足。

3. 评价交际活动中学习者运用所学语言的得体性

评价外语教学效果时，不仅要评价学习者对所学语言的固定知识的掌握情况，还要评价学习者能否在恰当的场合得体地运用所学语言。具体来说，交际者之间的关系以及交际活动发生的语境，对交际双方所采用的语言形式具有重要影响。学习者的交际能力还包括学习者对学习任务、交际语境、参与者的角色等方面的理解。

与此同时，交际话题的选择也对所学语言文化背景知识的得体性具有一定的影响，在某种文化中被视为可公开讨论的话题，在另一种文化中则可能被视为涉及个人隐私的话题。

实际上，外语学习中文化背景、固定知识、语言得体性这三个方面是相互联系、不可分割的，学习者掌握这三个方面的知识，有助于提高他们的文化得体意识，这些都是交际能力的重要组成部分。

二、任务教学法

任务教学法是一种以具体的学习任务或动机，以完成任务的学习过程为学习过程，以展示任务成果的方式来体现教学效果的教学方式。任务教学法的特点主要包括以下三个方面：

第一，任务教学法强调学习过程，主要通过引导学习者积极参与学习过程并完成学习任务来提升学生的外语运用能力。

第二，任务教学法不仅要提升学习者的交际能力，还要提高他们对所学语言的综合运用能力。

第三，任务教学法认为，在提升学习者语言运用能力的同时，还要重视语言知识教学。

所以，任务教学法的核心理念是：语言是用来表达思想、交流情感、解决问题的工具，只一味地依靠机械训练，很难达到训练语言的目的，学习者需要在语言使用过程中学习语言，这样才能获得良好的效果。语言学习的目的不仅是要掌握语言知识或语言技能，还要使用所学语言来解决实际问题。

目前，我国外语教学主要是在课堂上进行，教学时间并不长，且师生比例严重失衡，对刚接触外语学习的学习者来说，比较适合他们的课堂教学程序是任务的设计、准备、呈现、评价这四个阶段。

（一） 任务的设计

任务的设计与任务教学模式中的各个环节都有关系。在目前外语教学环节中，课堂学习任务的设计应遵循以下八个原则：

1．语言、情境真实性原则

语言、情境真实性原则是任务教学法的核心。在语言、情境都真实的情况下使用语言，才能为学习者掌握语言提供真正的"支架"，从而激发学习者的学习积极性。因此，教师在设计学习任务时，要注意创设一种真实的语言学习语境，设计一种真实的语言应用情境。

2．语言形式、意义、交际功能与学习任务相结合的原则

任务教学法认为，教学活动的设计应对学习者语言知识的发展有利，需要提升学习者的语言技能和语言的应用能力。因此，虽然任务教学法的目的并不是训练语言结构，但是，从目前我国的外语学习环境的特点来看，应将语言的形式、任务和语言的功能融为一体。在完成学习任务的过程中，学习者对语言知识的用法、意义和功能都有了进一步了解，这不仅有利于他们掌握语言知识，还有利于提升他们的语言应用能力。

3．任务梯度原则

任务教学法认为，任务的设计需要遵循任务梯度原则。安排具体的学习任务时，应遵循由易到难、由简到繁、从低到高的原则，从最简单的任务开始，逐渐提升任务的难度。

4．兴趣原则

任务教学法的重要原则之一是提高学习者参与学习任务的兴趣，兴趣是驱动人们前进的动力，也就是说，学习兴趣可以转化为学习动机，学习动机的强弱与学习活动的强度成正相关，只有将参与学习任务的兴趣转化为学习动机，才能切实地提高学习者的参与度。与此同时，在参与学习任务的时候，学习者的参与动机越强，其参与兴趣也就越强，所以在设计教学任务的过程中，要将学习者的学习兴趣放在首位。不然的话，学习者就无法内化所学的语言知识，教学中的其他任务也就无法顺利完成。

5. 合作学习原则

任务教学法鼓励学习者采用相互合作的方式进行学习，每一个学习者都具有同等的学习机会，在完成各自任务的过程中讨论问题并做出相应的回答，互相分享个人想法、经验和知识等，增加了获取知识的途径；与此同时，学习者对知识的理解和认识也会得到进一步深化，提升了学习者的自主学习能力。而且，合作学习意识创设了一种积极探索、轻松学习的情境，激发了学习者的学习兴趣，提升了学习者的学习主动性，这对于学习者形成良好的个性具有积极的影响。

6. 师生和谐共创原则

任务教学法注重在教师与学习者之间建立一种融洽与平等的关系。在完成任务的过程中，教师不仅能为学习者提供知识，成为知识的分享者，还可以作为一名组织者，组织学习者进行学习。教师在教学过程中不仅要发挥引导作用，还需要根据学习者的具体表现做出相应的评价，帮助学生深入理解与把握相关知识，虽然教师在教学中具有一定的权威性，但并不能以绝对权威自居，教师要与学生建立良好的师生关系，采用鼓励和信任的教育手段来帮助学习者学习外语，激发学习者的学习动机和学习兴趣，这是教师和学习者建立融洽关系的基本条件。

7. 创新意识培养原则

教师要为学习者提供一定的时间和空间，让学生发挥主观能动性，帮助学习者形成创新的意识，培养学习者独立思考的能力。即教师在发挥引导作用的同时，还要为学习者留出自主学习的空间，不强行压制学习者表现出的个性，允许他们在学习过程中提出自己的想法，鼓励他们针对同一个问题，提出多种不同的解决方案或者提出与他人完全不同的解决方法等，以培养学习者的发散性思维为基础，进而逐步提升学习者的创新意识和创新能力。

8. 反思性原则

任务教学的教学任务还包括培养学习者的反思能力，教学设计中要为学习者提供反思的机会，也就是让学习者反思自己所学的内容与学习效果，根据自己的表现找出最适合自己的学习方式，同时对学习的过程加以重视。对学习者来说，这是培养其自主学习能力的一种重要途径。从另一方面来说，尽管学习者自主学习能力并不一定要依靠某种特定的教学方法来培养，但是任务教学法非常重视培养学习者的反思能力。

（二）任务的准备

任务准备阶段主要是指学习者为学习某种知识，提前为完成学习任务做好充分的准备，这一阶段被称为任务前阶段，它也属于一种重要的语言教学活动。任务的准备主要包括以下两个方面：

第一，学习主体需要获取、处理或表达的学习内容；

第二，学习主体在获取、处理或表达学习内容时，应具备的语言知识和技能。

在学习者完成任务所需的知识有一定难度的情况下，或者学习者暂时还没有适应教师所采用的教学方法的情况下，学习者尤其要做好学习前的准备。

当教师向学习者展示完成学习任务所需的语言输入时，需要注意下面四个问题：

第一，针对具体的学习任务，构建一个良好的学习环境。

第二，认真理解与学习任务有关的概念知识，并掌握与学习任务有关的词汇。

第三，认真安排与学习任务有关的活动次序。

第四，寻找各种不同的途径来获取相关知识。

在任务教学中，任务准备阶段要注意两个问题：第一要注意语言输入的真实性；第二要注意任务的难易程度。在教学过程中，教学材料不仅要有自然交际环境下的真实性特征，还要具有在课程标准的指导下，仿制自然交际真实性的特点，共同构成外语课堂环境下的语言输入。

将语言输入划分为真实性和非真实性两种学习材料，是一种简单化的形式，实际上，从真实学习材料到非真实学习材料之间是连续的，其中分别包括如下内容：

1. 真实的学习材料

这样的学习材料是为了在现实中使用，因为受到某种限制，所以将其用在语言教学中。

2. 学习材料的变化

真实交际材料的意义没有任何变化，学习材料的原有形式发生了变化。

3. 学习材料的简化

这样的学习材料虽然是为了在现实中使用，但其中的单词和句法结构都得到了简化。

4. 学习材料的仿真实性

虽然是为了语言教学目的选择编写的材料，但是为了凸显其真实性，而刻意采用真实语篇的特点。

5. 不真实学习材料

这样的学习材料不具有真实性，仅仅是为了教学而设计的。

任务的难度受到三种因素的影响：第一，受学习内容的影响；第二，受生活类型的影响；第三，受学习者个人因素的影响。

（三）任务的呈现

任务呈现指的是在学习新语言之前，教师向学习者展示需要运用所学语言完成的任务，也就是人们常说的任务介绍。向学习者展示学习任务的目的，主要包括以下两个方面：

第一，引导学习者进入学习情境。任务教学强调，在任务呈现阶段，应将学习者引入学习情境中，以唤起学习者大脑中深藏的相关知识，以此减轻学习者在执行任务过程中的压力，进而提高语言学习效率和学习质量。

第二，帮助学习者快速理解任务要求。任务教学认为，教师需要帮助学习者在任务呈现阶段快速理解任务要求，尤其要对任务要达到的结果有深刻的认识。假如学习者并没有完全理解学习任务的要求以及最终要达到的结果，后面的任务就很难进行。

在中等外语水平任务准备阶段，可采用具有真实性特点的教学活动。

1. 图式构建活动

向学习者展示初级阶段要完成的学习任务，就是图式构建活动。设计这种教学活动的目的是向学习者介绍学习任务的主体、确定任务发生的情境、展示完成任务所需要的词语或短语等。例如，教师给学习者提供一张报纸，报纸上刊登着各种不同的租房信息，信息内容包括房屋的面积、房屋的样式、屋内的设施等。随后给学习者提供一些照片，照片有单人照、家庭照和双人照，从照片能看出这些人的年龄、性别、职业等特征，最后要求学习者根据照片上显示的信息，给不同的人找到合适的房子。与此同时，教师还要将完成任务所需要的关键词提供给学习者。

2. 控制练习

进行这项练习对于学习者掌握完成任务所需要的词汇和句法等具有很大帮助。例如，学习者首先观看录音或录像中的简单对话，再分成不同的小组进行练习，同时按照提示信息进行对话，以此实现训练外语口语的目的。实际上，这项训练是在图示构建活动的基础上进行的，两者都具有"支架"的作用。从表面来看，控制练习与听说教学法中的练习没有很大差别，但是，两者有着本质上的区别。任务教学法中的控制练习在交际框架内得以实现，在训练接近尾声时，学习者可掌握一定的外语交际能力。

3. 听力练习

随后便是听力训练，以租房任务为例，听力录音中包含多位租房者询问租房信息的对话，学习者听完录音之后，将对话内容与图式构建活动中的信息相关联。实际上，听力训练的主要目的是帮助学习者巩固之前所学的知识和技能。

4. 练习活动更加自由

在上述任务完成以后，学习者可以更加自由地展开学习活动。例如，在租房的角色扮演中，第一位学习者扮演有租房需求的客人，第二位学习者扮演在租房公司上班的工作人员。第一位学习者向第二位学习者介绍自己，并说出了自己前来的目的以及自己对房子的要求；第二位学习者根据自己所掌握的房源信息，向第一位学习者介绍与其要求相符的房子，以此满足他的租房需求。在此过程中，两位学习者运用所学语言进行即兴表演，充分发挥其主观能动性，使交际与现实更加接近。

5. 教学任务的导入

这一阶段属于任务呈现的最后阶段，在这个阶段内学习者分为不同的小组，并通过研究和协商找出最佳的出租房。很明显，上述的学习步骤具有循序渐进的特点，学习者的知识和技能经历了一个逐步提高的过程，学习动机也逐渐增强，为任务的展开铺垫了坚实的基础。

（四）任务的评价

任务评价阶段的作用是帮助学习者重新审视任务完成的过程，尤其是观察学习者在完成任务的过程中，所使用的语言是否正确、得体，说出的外语是否流利等。例如，教师设计相应的学习任务，引导学习者反思学习过程中出现的问题，从而达到掌握正确语言形式的目的。

收集评价数据的方式有很多种，例如标准参照测试、角色扮演、讨论活动、学习文件夹、问卷调查、教学日志、学习日志等，这些全部都能用来收集相关数据。

这里需要明确的是，利用学习文件夹收集评价数据具有其独特的特点：第一，不仅能收集书面语言数据，还可以收集口语数据；第二，可同时使用上述的数据收集方式。所以，学习文件夹需要教师和学习者共同完成，收集的样本都要经过精挑细选，目的是将学习者的成长和进步体现出来，这能够提高学习者的语言意识、交际能力与自主学习能力。学习文件夹所包含的内容如下所述：

1. 目的介绍

在学习活动的开始阶段，教师和学习者都要先了解创设学习文件夹的主要目的，也就是要求学习者在不受时间限制的前提下，依据不同的信息资源和学习者之间的相互协作，完成质量较高的学习任务。在展示外语能力的过程中，为学习者提供评价学习过程或学习结果的依据。

2. 学习文件夹的内容与形式

在学习文件夹的创建目的明确以后，教师与学习者可以协商文件夹的内容，学习文件夹的内容主要包括：学习者的书面语数据和学习者的口语数据。

形式不受任何限制，可以有各种不同的形式，例如图片、表格、日志、实物、论文、调查报告等。教师鼓励学习者用各种不同的形式展示自己的成绩，这不仅能够激发学习者的学习兴趣，还能提高学习者的学习积极性。

3. 学习者的成长例证

学习文件夹可将学习者的个人特点展示出来，这有利于培养他们的自主意识，同时学习者可通过与他人之间的交流与合作来提高交际能力。所以，学习文件夹可作为记录学习者成长的生动例证。

4. 学习者进行反思性学习的例证

学习者可借助学习文件夹所显示的内容来反思自己的学习过程，发现自身的优点，并找出自身的不足之处，培养一种自我监督能力，理解所学外语的文化内涵，领略其中蕴含的文化价值。所以，创建学习文件夹的主要目的是促进学习者进行反思性学习。

很明显，学习文件夹可用来反映学习者的成长和进步，它具有连接课程实施与课程评价的重要作用。

从目前来看，自我评价手段已被人们广泛应用于教学评价中，这种评价手段对于培养学习者的自我意识非常有利，除此之外，它还有利于引导学习者重视学习过程，并将学习者的注意力吸引到关注学习结果上。

三、自主学习教学法

教师在教学活动中主要起着指导学习者学习的作用，学习者在教学活动中主要是在教师的引导下认真学习知识，并掌握相关技能；同时使个人能力与个人身心得到一定的发展，并具备良好的思想品德。教学不仅是一个教授知识的过程，更是一个能使学习者不断进步，并得到全面发展的过程。

（一）自主学习教学模式

所谓自主学习教学模式等同于自主学习模式，课堂教学活动的设计理念能反映出学习活动的理念。自主学习教学模式体现的就是以学习者为主体的学习模式，强调为学习者提供自主学习环境，有意识地引导学习者完成学习任务，培养学习者自主学习意识，使其成为一名优秀的自主学习者。从语言学角度来分析，自主学习的特征主要包括以下几个方面：能够进行自主学习，会管理自己的学习行为；根据具体的学习情况，明确自己的学习目标；制订学习计划，并根据具体情况做出相应的调整；选择最适合自己的学习方式；及时制订学习计划，并监督计划的实施状况；掌握所学的语言技能，并自觉应用语言技能。

自主学习发源于20世纪60年代，自主学习可提升学习者的学习技能，培养学习者独立思考的能力。伴随终身学习理念的推广，自主学习能力的培养也成为外语教育的理想目标。

所谓自主学习能力就是学习者进行自我管理的能力，培养学习者的自主学习能力实际上也是培养他们的元认知能力。在进行自主学习的过程中，学习者对自身行为的管理、监控和评价都是元认知策略的应用。根据元认知策略与自主学习能力的关系，专家学者们先从培养学习者的学习策略着手，再逐渐培养学习者的自主学习能力。

训练学习策略可优化学习方法、激发学习者的学习动机、提高学习者的元认知水平与自我监控能力。另外，对发展学习者的语言水平具有积极意义。

自主学习教学模式，就是根据学习者的学习情况，创建支持性的学习情境，使学习者之间形成良好的协作关系，让学生学会自我管理，并根据自己的表现进行自我评价，逐渐养成自主学习的习惯。所以，创建和谐、互助、自主学习的环境是自主学习教学模式的核心部分。为了创设自主学习环境，教师应充分发挥自己的引导作用，与此同时，教师在教学设计过程中要考虑以下四个方面内容：

1. 以学习者为中心，发挥教师的主导作用

学生在进行自主学习时，应积极参与课堂活动，在学习过程中进行自我监控和自我管理，并及时进行自我评价。学习者在学习过程中，拥有大量的自由空间来选择开展学习活动的方式、时间，以及自身所扮演的角色、信息处理方式、学习成果的展示方法等。但是，自主学习也需要发挥教师的引导作用，学习者要在教师的指导下有计划、有目的、有组织地学习，并在课程的总体规划下进行自我管理。教师的主导作用主要通过教学目标的设置、学习计划的制订、学习过程的监督以及对学习成果的评价等方面体现出来。

2. 开展策略教学，培养学习者的策略意识

学习者应在自主学习教学模式的引导下，学会运用所学的策略指导自己学习，从而大幅度地提升学习效率。但是，如果不对学习者进行策略训练，他们就

很难掌握与学习策略有关的知识，这在一定程度上会阻碍学习者发展处理问题的能力。据相关研究表明，不能辨别和分析语言提示与不能有意识地使用已掌握的语言调节语言行为的学习者，一般都缺乏元认知策略意识。所以，教师在设计自主学习教学模式时，应以提升学习者的策略意识为核心，进而在教学过程中实施真正意义上的策略教学。

3. 逐渐将外部监督转变为自主监控

学习者自主学习能力的发展，会逐渐从外部监督向自主监控转变。所以，教师在这一过程中，要充分发挥自己的监控作用；与此同时，学习者与学习者之间也要进行必要的监控，采用分组学习、合作学习、自我提问等方式，逐渐形成相互监控和自我监控的学习模式。

4. 构建自助学习中心，提供自助学习资源

为保障自主学习模式的顺利进行，教师需要在学校内创建一个自助学习中心，为广大外语学习者提供更多、更好的学习资源。自助学习中心内设置休息室、讨论室、讲座室等，学习者在自助学习中心可以进行听力训练、自由阅读、口语交流。学习者可自由选择学习方式，并能够根据当前的学习任务或自身的学习状况，在教师的指导下随时调整学习方案。伴随社会的进步，信息技术也得到迅速发展，可在自助学习中心设置网络学习设施，这样不仅能充分发挥网络的优势，还有助于学习者进行自我管理，进而实现自主学习的目标。

自主学习教学模式也需要开展个别教学，即根据当前的学习环境，针对学习者的学习成绩、学习方法和认知策略给予适当的指导，为不同的学习者设置不同的学习任务，帮助学习者完成学习任务，并对最终的学习结果进行合理评估，进而提升学习者的自主学习能力。

（二）自主计划

从元认知策略意识培养角度来看，自主计划阶段主要有表 2-1 所示的几种学习行为。

表 2-1　自主计划阶段的学习行为

自主计划	
先行组织	预习学习材料,理解与学习内容相关的概念。例如,根据已经掌握的知识对所学内容进行预测;对于要开展的有关语言形式、次序、概要或语言功能的学习任务做出计划;了解在要开展的学习任务中采用的学习策略
集中注意	在完成学习任务的过程中,保持高度的注意力。例如,理解文章的大意,忽略与学习任务无关的信息
选择注意	事先确定要注意学习任务中输入的某些方面的特征或有助于任务完成的细节;在任务完成过程中注意语言输入的某些方面
自我管理	了解促使学习任务顺利完成的各项条件,尽量创造出这样的条件;控制自己的语言行为,并利用已有的目标语知识

自主计划阶段是指学习前的准备阶段,教师在这一阶段要帮助学习者做好学习准备,首先,学习者根据所学材料的标题来预测学习内容,意识到在不同语篇中信息的组织方式,了解与所学内容有关的文化信息;其次,学习者要确定学习目标,以此促进学习者了解那些重要的细节。

(三) 自主监控

自主监控指的是在完成学习任务的过程中,对自己的语言行为进行核查、确认或修正。自主监控阶段共包括表 2-2 所示的两种语言行为。

表 2-2　自主监控阶段的两种语言行为

自主监控	
自我监控	自我监控,即在完成学习任务的过程中检测、证实或修正自己对所学内容的理解或调整自己的语言行为。例如,在阅读过程中,教师引导学习者说出对阅读材料的理解,主要目的是培养学习者的思考、预测以及验证等习惯,从而提升他们的自我监控能力

自主监控	
发现问题	学习者在完成学习任务的过程中，发现需要他们解决的问题。例如，教师在布置完需要学习者完成的学习任务后，由学习者通过阅读、理解、讨论等方式，将学习过程中某种规律性的知识总结出来，以此来培养学习者分析归纳的策略能力。帮助学习者发现学习过程中的问题，并引导其采用合适的方法解决学习过程中存在的问题。在发现问题与解决问题的时候，不仅能提高学习者的语言能力和解决问题的能力，还能提升学习者的阅读策略、听力策略、交际策略

学习者进行自我监控，并不断提升自己的控制能力，可反映出学习者的元认知水平。通过对学习过程的监控，学习者核查自己的预测是否与当前的学习内容相符。例如，在训练听力时，学习者应在教师的引导下，将与学习材料有关的信息全部记录下来，假如学习者不能将自己之前所掌握的知识与当前的学习内容进行对照，则很难从真正意义上理解学习内容中所包含的真实信息。所以，在学习过程中，监控可以帮助学习者认识到自己的学习策略是否正确，有助于学习者完成学习任务，提升其推理水平，并充分发挥学习者对学习过程的监控作用。

词义猜测实际上也是对元认知知识的应用，学习者通过对阅读材料的理解与交际语境等信息来猜测不认识的词语的意思，以此提升学习者的推理能力。学习者可将新信息与自己预测的信息进行对比，对假设的内容进行确认或修改，这对于提升学习者的自主策划能力和自主监控能力具有很大帮助。

学习者可将预测结果记录下来，采用交换的方法互相学习，组织学习者以班级、小组或个人发言等形式，对自己所做的假设进行合理论证。在论证过程中，教师并不评价学习者所做出的任何假设。也就是说，在学习者思考期间，教师并不对其做任何干扰行为。其主要目的是充分发挥学习者的主观能动性，培养学习者的创造才能。与此同时，学习者在讨论过程中，还能进一步锻炼其口语能力，提升学习者的语言能力。在活动过程中，学习者的合作能力、沟通能力和自我管理能力都能得到很大程度的提升。

（四）自主评价

在学习活动完成以后，教师应引导学习者对自己的学习结果进行合理评估，以起到巩固所学知识与技能的目的。自主评价指的就是学习者完成学习任务以后，进一步核查自己已经掌握了哪些语言知识，还有哪些语言知识没有掌握，核查自己对语言策略的使用情况，或者评估自己现有的学习能力。具体来说，学习者的自主评价主要包括以下六个方面：

1. 输出评价

待任务结束后，查看自己是否已经完成了学习任务。

2. 语言行为评价

对自己在任务完成过程中的表现进行评价。

3. 能力评价

对自己完成学习任务的能力进行评价。

4. 策略评价

评价自己在完成学习任务中所使用的学习策略。

5. 语言掌握评价

对所学语言的掌握情况进行评价。

6. 延伸活动

为学习者提供更多掌握所学的新知识和技能的机会，将这些知识或技能与原有的知识系统相融合，并应用在现实的语言情境中。与此同时，学习者也获得了更多发展自身认知技能的机会。

学习者对自身的语言行为进行评判的目的主要是了解自己对知识的掌握情况，并及时处理自己没有掌握的部分。评价活动主要包括学习者的个体活动、合作活动以及教师的主导活动。在评价活动中，教师要对学习者的语言水平进行评价，关注学习者输出的意义。自主评价尤其要强调教师引导学习者对所使用的教学策略进行反思，而且要将自己已经掌握的策略应用到新的学习任务中。

所以，自主评价不仅能用来评价学习活动，还能用来评价学习过程中遇到的问题，促进学习者在新的学习任务中使用新的学习策略与学习技巧。总而言之，学习者可通过自主学习教学模式获得自我意识、语言意识与自我评估能力。

第三章　外语教学与文化交融

第一节　多元文化教育

一、多元文化教育的内涵

（一）多元文化教育的含义

多元文化教育是以教育中存在的文化多样性为出发点，使具有不同文化特征的学生都享有同等机会的教育。这种教育是在尊重不同文化且依据不同的文化背景、文化特征的条件下实施的，目的在于帮助学生形成对待自身文化及其他文化的恰当方式及参与多元文化的能力。

（二）多元文化教育的层面

多元文化教育主要由内容整合、知识建构、平等教学、消除偏见和增能的校园文化及社会结构五个层面组成。

内容整合指教师在教学过程中使用来自不同文化和群体的例证和内容来阐释本学科的关键概念、原理和理论知识，丰富课堂教学，体现公平。教师将文化内容整合到学科中，一方面可使学生容易理解学科知识，另一方面则可让学生体会文化的多样性。知识建构指教师在教学过程中，让学生了解知识产生，以及学科中的文化假设、观点与偏见如何影响知识建构的过程。平等教学指教师使用的教学方法能让来自不同性别、不同团体的学生都能取得成功，所有人都能理解课程内容，所有人都能均衡接受教育。平等是多元文化教育的核心概念，多元文化教育坚信，不同族群的学生具有相同的发展潜能。消除偏见侧重教师使用的课堂材料和活动有助于帮助学生发展出对不同民族、人种和文化团体的积极态度。同时，环境的熏陶和学生之间的交往也能有效降低偏见带来的影响。增能的校园文化和社会结构，指通过分组、标记、课外活动和师生互动来创造健康的校园文化，使不同文化背景的学生各得其所。增能是给予个体肯定自我能力的一种信念，也是多元文化教育的一个主要目的。

二、多元文化与教育的关系

（一）多元文化为教育提供了新的发展空间

多元化的教育给我国教育注入了新鲜的血液，以前我国以传统中国式教材为中心到现在逐渐融合其他文化的教材，从而产生一种新的东西。自改革开放以来，我国努力接受国外的先进文化和制度，我们既要坚持发展民族文化教育，尤其要坚持自己的民族特色，弘扬民族文化的优良传统，又要大力发展民族教育，敢于接纳新思想新文化。

（二）多元文化促进了教育民主的发展

教育民主化有三层含义，首先，是指教育机会均等，多元文化教育的理念是强调教育权利平等，即所有的受教育者，不论其种族、民族、语言、社会经济地位的差别，都应享受平等受教育的机会，包括入学机会的均等，教育过程中享有教育资源机会的均等和教育结果的均等。

其次，是指师生关系的民主化，平等的教学氛围是师生民主化的体现。多元文化思潮的到来也让我国传统教育的弊端渐露端倪，从以前学生的绝对服从到师生间教学相长，共同进步。

最后，是指教育活动、教育方式、教育内容等的民主化，为学生提供更多的自由选择的机会。虽然在处理制度缺陷和改变社会结构上我们无能为力，但我们可以通过其他方式来实现，公平享受课程资源和教师资源，制定适合少数民族文化的教科书和政策来实现教育公平。

（三）多元文化促进了教育思维方式的变革

不同时代需要不同的教育，不同的教育具有不同的文化知识、教育观念、思维方式，因此，在多元文化的背景下进行思维的革新，也是人类进步的动力之一，要求我们变革陈旧的思维方式，培育新的思维方式。多元的思维方式是从多角度、多层次、多变量思考问题，从时间、空间，从大千世界，不断变换思维视角，从矛盾的复杂性中认识事物。

教育改革是一个渐进的过程而不是一下就能做到的，因为教育改革涉及教师教学理念和思维方式的深层变革。如果教师仅仅满足于教学技能和模式层面的转变而不转变教学理念和思维方式，那么带给我们的就是一个封闭、僵化的课堂。一味地压抑课堂，不仅教学难以进步，而且教师的创造智慧很难被激发，教师的生命发展也会被窒息。

（四）多元文化利于提倡个性化教育

从教育公平角度看，学生文化背景差异不应该成为学生学习的障碍。多元文化教育充分尊重学生的这种差异性，从学生的不同文化背景角度，考虑个人的生理、心理、年龄特点，考虑个人的天赋、特长、尊重人和人的个性，突出学生在整个教育过程中的主体地位，培养主体意识和主体能力。

学生的学习积极性，学生个性的和谐发展和全面发展都是教育中应该解决的问题，我们的教育应努力引导孩子这个方面的发展；同时，引导学生独立思考问题，实现德智体全面的发展，努力适应社会发展。这种理念体现在课程上就是要通过多元文化课程的建构来适应不同文化背景学生的学习需要，为他们创造平等的学习和发展机会。

三、多元文化教育的发展

多元文化在世界范围内的不断发展对教育研究也产生了重要的影响。多元文化教育的发展走向如下：

（一）促进教育从一元走向多元

纵观人类文化发展历程，经过了一个由文化一元隔阂、到文化多元并存、再到文化多元互动的过程。教育因其与政治、经济、文化的密切关系，面临新的国际环境带来的挑战。教育应当成为和平以及国际理解的促进者；教育应当承担起培养年青一代具有宽容、鉴赏、公平、尊重以及思考自由的品质和责任；教育不仅要宣传文化历史与传统对于当代社会多种文化的重要意义，更要致力于对文化的过程性、连贯性与变化性的理解与把握，促进文化的认同。教育应当成为引导学生尊重与理解其他文化、促进人类文化平等与和谐、推动世界稳定与发展的重要手段。多元文化教育包括了为全体学习者所设计的计划、课程或活动。而这些计划、课程或活动，在教育环境中能促进尊重文化的多样性及增强理解可以确认的不同团体的文化。这种教育能够促进整合和学业成功，增进国际理解，并使其同各种排斥现象做斗争成为可能，其目的应是从理解自己人民的文化发展到鉴赏邻国人民的文化，并最终鉴赏世界性文化。

联合国教科文组织在其组织召开的一系列国际教育大会中均体现出对世界上多元文化的承认、对各个民族文化的尊重以及对民族传统文化的保护、传承与创新的重视，表现出国际社会与国际舆论对多元文化教育的关注及其所采取的教育措施的一致性与坚定性。世界各国、各民族自古以来的多元文化教育系统及其实践各具特点，为改进、提高、相互学习借鉴提供了巨大的潜能和丰富的资源，成为教育改革、教育创新的巨大资源库。对这些资源的充分利用，不仅为教育提供了丰富的内容，同时也为教育成效的取得提供了丰厚的沃土。因此，当下的教育应当从多种文化中吸取养分，向学生展示世界不同文化间的异同，并为促进多种文化的生存与发展做出努力。

（二）促进教育从隔离走向理解

当今世界，人类活动范围逐渐扩大，人类社会由封闭、半封闭与隔阂的状态转变为半开放、开放与相互交往的状态，社会经济由地方性、自给自足向全球化转变。历史的进程要求过去的文化孤岛被文化多元所替代，文化的排他性被文化的包容性所替代。不同人类群体间的交流也越来越频繁、密切，文化间关系由相互疏远到相互接近，由相互孤立到相互依赖。这种世界文化格局及其所带来的文化怀乡的愁绪以及对民族文化的追思，引导人们从一个更新、更高、更远的视角去思考教育所培养的人的品格，去重新审视人类的文化与各民族文化，去建构新的世界文化图景。与此同时，文化人类学的研究成果揭示了文化差异背后的人类的相似性与相通性，为各不同文化民族的相互尊重、相互沟通提供了人类学的启示。

文化的变迁要求教育培养的人具备跨越文化边界，与不同文化背景的人进行交流、沟通与理解的能力以及在多元文化场景中的适应力。具体而言，跨文化人才的培养应从以下四方面着手：

第一，培养开阔的文化视界。多元文化教育通过对世界各民族文化的传播，开阔学生的文化视野，让他们了解、鉴赏本民族文化的历史渊源与文化精粹，同时也了解、鉴赏世界文化的起源、发展及精神实质。

第二，树立开放的世界文化观。多元文化教育在传递世界各民族文化知识的同时，还应进行文化观的渗透，培养跨文化意识，让学生不仅具有对本民族文化的深刻理解以及由此而生的民族自豪感和认同意识，而且具有对所有文化的尊重、宽容与接纳的意识。

第三，倡导积极的跨文化情感。多元文化教育的过程，也是一个与本民族文化及世界文化的情感交流的过程。所以，应注重对学生跨文化情感的熏陶，既不沉醉于本民族文化而盲目排外，也不羡慕其他民族文化而崇洋媚外，养成自尊、自爱、平等、开放、互尊的文化态度。

第四，提升全面的跨文化能力。多元文化教育要注重让学生掌握文化间对话、交流、理解的能力，养成参与民主决策的社会与政治的能力，提高在多元文化碰撞与冲突的局面下，能够敏锐把握文化动向、调整自身观念与行为的跨文化适应力。教育通过对文化进行选择、组织和重构，使文化得以再生和继承；教育通过对文化进行传递、传播、融合，使原有文化发生性质、功能等方面的变化，衍生出新的文化，带领人类超越器物的束缚和生命的有限而达到精神的自由无限。当代教育被赋予前所未有的文化重任。通过多元文化教育提高世界文化的发展力是多元文化教育的重要特质和当代使命。

（三）促进教育从封闭走向开放

就全球范围而言，为冲破文化边界的藩篱、为解决文化间的冲突而实施的教育政策经历了三个发展阶段，即由突出种族优越感的同化教育，演化到多种文化并存的多元一体化教育，然后过渡到多种文化互动的多元文化教育。第一阶段的主要特征为种族中心，试图融合全部现有文化，使之遵循一种文化普世原则；第二阶段的主要特征为种族多元，是一种基于对各种文化认可的基础上的文化多元视角的教育；第三阶段的主要特征为种族互动，是一种基于对多元文化关系的洞察基础上的、符合文化发展规律的各种文化间的相互接触、相互渗透、相互影响的教育。多元文化教育的发展历程实际上是社会文化发展的历史脉络以及当代社会的文化间的平等交流、多样化发展关系的反映，是一个从地区性教育行动到全球性教育行动的演变过程，是一个从文化静态取向教育到文化动态取向教育的转变过程。因此，新的世界局势要求重新审视主流文化教育的出发点与归宿，正视与改正教育中存在的局限性，满足多元文化群体的文化需求，保证各种来自不同文化群体的学生能够学业成功。

当前，世界经济文化全球化的进程，使得不同文化间的接触越来越密切，而文化的敏感性也日益加大。文化的多元需要人们用一个超越文化差异的、更高、更大、更远的视角看待文化，需要人们用一个新的多元的视角看待教育，培养具有民主、尊重、宽容、平等、自由、理解观点的世界公民。

多元文化教育倡导跨越地理疆界与文化边界的藩篱，正视由文化自身的张力带来的文化交流与碰撞，并将其视为文化多样性发展的动力；多元文化教育立足于对不同文化的相互尊重与交流以及不同文化间的理解与平等对话，强调文化间的互动；多元文化教育通过对跨文化人才的培养，推动世界文化的进步，促进人类和平事业。历史经验表明，人类只有具备了更广阔、更开放的视野，才能了解世界各民族在各时代中相互影响的程度及其对人类历史进程的重大作用；人类也只有具备了全球的和全人类的宽阔视野以及更强的跨文化适应力，才能促进全球范围内各民族的和谐相处与共同进步。

第二节 外语教学与文化教学

一、外语教学中的文化认知及文化导入

（一）文化认知能力和语言能力的同步培养

认知语言学家认为语言是人类心智的产物，其本身是心理、文化、社会、生

态等因素相互作用的反映。认知语言学家通过对人们语言运用和学习过程的分析，认为人的认知基础涉及对语言符号的内部处理，语言能力是认知能力的一部分。因此，语言认知与文化认知是同步进行的。

同时，认知理论认为影响外语学习的要素有三个：学习者现有的认知结构；学习者对新知识的接受程度以及其与现有认知结构的关系；学习者是否有意识地把语言学习与文化认知结构联系起来。

因此，根据这一理论，首先，外语教师应具备一定文化修养，既要分析语言现象又要分析文化语境和学生的认知结构；其次，教师要为具有不同文化认知能力和语言能力的学生制定与其能力相符的学习目标，调整学生认知结构，引导学生有意识地形成和完善对外国文化的认知能力。

（二）明确文化导入的教学目标

人们在使用外语进行交际的过程中，常会因语用迁移而造成意想不到的语用失误，这些失误涉及语言使用的方方面面，包括言语行为的实施、篇章组织结构、交际风格、交际规则、礼貌策略等。

因此，在实际教学中，教师应以文化规律组织教学，并遵循五项教学原则：借助所教的语言知识导入文化；把认知文化的行为作为每一课的组成部分；使学生获得他们所需的社会文化能力；使各种程度的学生都获得跨文化认知能力，既了解目的语文化，也了解自己的本土文化；使学生认识到认知文化并不是要改变母语文化行为，而是包容影响自己和他人行为的文化因素。

（三）灵活实施文化导入策略

教师如果从文化观出发组织课堂教学，就应悉心了解学生的个体差异、情感特征及文化需求等因素。对课堂文化知识理解的多寡和深浅及对微妙文化信息的领悟程度也往往因人而异。

因此，教师在文化导入策略的选择上要灵活多样，以学生自身的语言能力、个人经历、文化背景、科学素养为前提。教师既可针对课文中零星的文化知识进行对比分析、阐述解释，点明文化规约，潜移默化地让学生增进对异域文化的了解和知识积累，也可以交际行为为重点组织课堂专题教学，充分利用课内外各种渠道，实现文化信息的输入，促进学生对文化知识的习得。

1. 文化内容综合导入策略

语言处于复杂多变的行为体系之中，在多元化语境下，学生仅关注不同语言间的文化差异是不够的。因此，在实际教学中，教师要注意对学生全景式认知能力进行培养，实施文化综合导入策略，把教材内容（句子和语篇）、日常交际方式（包括言语与非语言交际行为）与文化要素、文化共性、文化差异综合导入，使学生在语言习得的同时，对目标语文化从整体上进行理性把握。同时，教师应从简单的事实和基本概念着手，引导学生对目标语文化的思考实现由表及里、由感性到理性的进一步深入。

2. 文化信息的渗透

文化作为一种知识，集外显与内潜、明晰与模糊、主流与支脉为一体。在当前缺乏具体文化环境的教学背景下，对于散落于课文中的零星文化知识，教师应随文分析，点明其文化内涵，让学生循序渐进地积累异域文化知识。

3. 文化知识的行为互动

克拉姆施（Kramsch）对语言文化教学持双元共生的观点并提倡在教学中鼓励文化互动而不是避免冲突，因为冲突本身就是互动过程。本着这一原则，外语学习者不仅要以"外语母语者"为榜样，以"随俗"为准则，同时应具备认知变化多端的多元世界的能力。

因此，教师在组织教学时应尽可能地进行"group discussion、seminar debase、role-playing、story-telling"等课堂活动，在形式上以学生为主体，在内容上以充足多样的文化信息为先导。在实际操作中，教师应通过创设语境明确具体活动目的、内容、角色、主题，进行师生互动，鼓励学生大胆表达，引导学生学会价值观评判。

4. 开展以文化为主体的课外教学

教师在通过文化输入来帮助学生习得目标语言时，除了充分利用课堂渠道，丰富的课外教学也是行之有效的策略之一。文化沙龙、文化讲座、文化参观等形式多样的课外实践活动，融知识与应用为一体，能给学生提供足够的、可理解的信息和亲身体验的机会，让学生从中习得异域文化知识，尤其是潜在的文化知识。

二、现代外语教学中文化渗透的意义

（一）有助于实现外语教学的根本目标

大学外语教学的根本目标之一就是将受大学教育以上的人作为我国对外交流的主体，作为我国文化输出的主体，消除西方对我国文化的误解。

（二）有助于提高学生的外语综合应用能力和跨文化交际能力

大学外语教学着重提高学生的外语综合应用能力和跨文化交际能力。跨文化交际是指学生在掌握汉语和外语知识的基础上，具有跨文化意识，对待文化差异有所宽容，能与具有不同文化背景的人进行沟通。若想实现大学外语教学的目标，大学外语教师必须帮助学生更好地了解中外文化的差异，将中国文化融入大学外语教学中，促进中外文化融会贯通，既增强教学的实用性，提高学生的学习兴趣，又提高学生的外语综合应用能力和跨文化交际能力。

（三）增强学生的民族自豪感，提高国家的文化实力和世界影响力

长期以来，英美文化在我国的输入，使我国的学生过分追求外来文化。大学外语教师应在外语课堂中引导学生树立正确的东西方文化观，激发学生的民族自豪感，保持本国的文化身份，提高文化鉴别力，辩证地看待中西文化差异，避免对西方文化盲目崇拜。在全球化的今天，我国应抓准机遇，向世界展示我国的优秀民族文化，并将外语作为传播媒介，加快民族文化的对外传播速度，提升国家的文化实力和世界影响力，避免我国的文化被误解、同化。这正是大学外语教学应承担的重要使命。

三、现代外语教学中文化教学存在的问题

（一）教师层面的问题

虽然教师普遍已经明白了跨文化教学的意义所在，但实际工作并未有效落实。现实和理念之间，仍然差距明显。早期在教学的时候，课堂都是以知识内容

作为基础，包括词汇分析、语法讲解以及句型练习等，而对其中的文化因素有所忽视，具体包括以下三个方面：

其一，部分教师自身缺少相应的知识。许多教师毕业于师范院校，因此，在设置课程体系的时候，并未将文化和语言联系在一起，也没有单独设置跨文化交际课程。只有少部分学校开设了一些选修课程，让学生自主参与。而在进入信息化时代之后，学生可以通过信息浏览的方式展开学习，知识量变得丰富，导致教师在跨文化交际的知识上变得极为匮乏。

其二，教师的渗透能力有待提高。在教学实践过程中，为了有效开展跨文化教学工作，教师自己的能力水平在其中起着决定性作用。然而，当前多数教师并不具备这一能力，也没有足够的机会进行实践，在授课的时候，更多只能依靠自己的想法临时设置，导致教学质量不佳，影响了人才的培养效果。

其三，教师并未合理落实文化教学。从目前来看，当前一些大学外语教师虽然开设了一些实践类活动，但对于跨文化的知识讲解方面一直处在表层状态，极为肤浅，而授课的方式也非常单一化，导致学生很难在真正意义上和文化核心展开接触。课堂之中，仅仅对一些外来文化进行输入，诸如谈一谈西方国家的一些节日和相关风俗。显然，这种教学模式很难令人满意，进而影响了学生能力的提升。

（二）学生层面的问题

在进行大学外语教学的时候，学生一直都是主体人物。学生自身的基本态度、积极性以及直接反馈，都和教学工作的效果有联系，具体包括以下三个方面：

其一，大学生普遍缺少应用的跨文化意识。在中学阶段，自身注意力几乎都放在了基础知识和语法方面，几乎从没有考虑过文化方面的内容，对其他国家的文化没有任何了解。另外，大学生学习外语，主要目的便是通过四、六级考试，为自己未来的工作发展提供帮助，所以就会将重心放在考试题方面，降低了对自身学习的基本要求。

其二，学生普遍在外语学习的过程中，几乎没有考虑文化背景方面的内容，实际了解极为有限。尽管部分教师会将跨文化的知识渗透进来，但采用的教学模式没有任何改变，极为单一化，影响了教学效果。一方面，教室中的氛围不佳，学生长期处于这样的环境中，很容易变得困乏，失去了学习的积极性和进取心；另一方面，在课堂教学结束之后，学生也不会主动去自我补充。大学外语教学的时间相对有限，学生的课余时间几乎都放在了自己的专业课方面，自然不会花精力去学习跨文化知识。

其三，跨文化知识的接收能力不强。我国大学生普遍缺少应有的跨文化知识基础，也不愿意主动了解其他国家的文化内容。之所以会有这种情况，主要原因便是当前教学模式都以应试教育为主，考试并不会考查学生的跨文化知识水平。因此，学生的重心自然就放在了考试的内容方面，考什么自己就学什么。在被动的状态下，跨文化交际能力的培养自然无法达到预期。

四、外语教学中文化教学应注意的问题

经过多年的不断探索，外语学界对外语教学中中国文化教学的重要性有了较为深入的理解，对外语教学中中国文化教学的现状也有了清醒的认识，对如何加强外语教学中的中国文化教学也做了一定的探索。

在当前全球化背景下，在中国"一带一路"倡议下，要培养出更多的有意愿且有能力传播弘扬中国文化的外语人才，从根本上抵制外语文化对外语学习者以及广大中国青少年产生的负面影响，外语教学中的中国文化教学还需要进行更为深入的探索。

（一）要着重培养外语学习者正确的中国文化态度

从目前情况来看，外语教学中中国文化的重要性显然得到了重视，不少院校开设了中国文化课程，在课堂上一些教师也注重对学习者进行中国文化的外语表达力培养，一系列英文版的介绍中国文化的教材和读物陆续出版，但关键在于这所有的努力都需要通过学习者发挥作用，如果学习者没有一个正确对待中国文化的态度，其他的一切努力都是徒劳。这种正确对待中国文化的态度是指：热爱本民族文化，具有爱国主义情操，不盲目媚外，具有弘扬中国文化的意愿，与外籍人士交流时能积极主动地向他们介绍中国文化，在不影响交际时可以适当按照中国文化规约行事。如果学习者没有传播中国文化的意愿，盲目崇洋媚外，即使掌

握了足够的中国文化知识，并有很强的中国文化外语表达力，他们也不会积极向外籍人士传播中国文化。在这种情况下，我们开设中国文化课程，出版外语版的中国文化教材和读物都不能取得理想效果。我们现在开设各种中国文化课程、编写各种外语版中国文化教材与读物、在课堂上练习中国文化的外语表达主要是基于这样一种假设：学习者中国文化素养高了、中国文化的外语表达能力强了就会主动向外籍人士传播中国文化。事实是否必然如此？我们还需要做进一步的调查，目前还缺少令人信服的材料来支撑这种假设。基于这种情况，注重课程思政，在外语教学中立足一定的语境加强爱国主义教育是我们应当特别注意的。积极引导外语学习者树立正确的中国文化态度是外语教学中必须重视的问题。

（二）进一步合理安排各类教材和各级外语考试中中国文化的含量

随着对中国文化在外语教学中重要性认识的不断深入，有愈来愈多的外语版的中国文化教材和读物推出，这对学习者的中国文化外语表达力的提高有着重要的作用，但这样的教材和读物的实际利用率并不高。

原因有以下两个方面：首先，不是所有的高等院校都开设了用外语授课中国文化课程，且都使用这些教材。有相当多的高校没有开设使用外语版教材的中国文化课程，那么外语版的教材在课堂上对学生发挥的作用就会大打折扣。其次，这些外语版的教材和读物学习者在课下看的可能性也很小。

因此，在听、说、读、写各类课程的教材中都系统地融入用外语表述的中国文化，并且这几种教材的编写要有规划，同一内容尽量不要在不同教材之间重复。这样的教材设计对提高学习者的中国文化外语表达力会有更好的效果。

另外，考试是对学习效果的检测，同时对学习也有很强的导向作用。如果各级外语考试中都能适当涉及中国文化内容，学习者学习中国文化的热情将会大大提高。

（三）提高外语教师的中国文化外语表达力

教师是中国文化外语表达的践行者和学生学习中国文化外语表达的引领者，只有教师有足够强的中国文化外语表达力，才能自觉引领学生在课堂内外进行中国文化外语表达力的训练。

因此，要提高学生的中国文化外语表达力，当务之急是提高外语教师的中国文化外语表达力。我们应在外语教育政策和文件中做出相关的规定，要求外语教师具有一定的中国文化外语表达力。

另外，各级教育主管部门还可以通过举办各种培训班的方式帮助外语教师提高自己的中国文化外语表达力，或者强制要求外语教师阅读一定数量的用外语编纂的中国文化书籍。教育部门在政策方向上的引导能够引起教师的足够重视，教师就可能积极主动地提高自己的中国文化外语表达力，并有意识地运用到课堂中，使学生受益。

（四）引导学习者强化中国文化身份认同

文化身份既是稳定的，同时受外部影响也可以发生变化。由于文化身份的稳定是相对的，随着生活环境、文化背景、国家或集团的权力强弱发生变化，群体或个人的文化身份也会发生变化。我们的外语学习者要时刻准备着弘扬传播中国文化，在了解目的语文化的同时也让对方了解我们的文化，推动双方文化的平等交流。对于国外的节日、食品和风俗习惯等我们只需要做到了解，以达到成功交际的目的，不用对此大肆渲染，对西方文化不能采取一种仰视的态度。要教育学生在了解西方文化的同时必须坚持自己的民族文化传统，保有自己的民族文化特色。世界文化是需要多元的，越有自己的民族特色才越能得到世界的尊重。我们应该教育外语学习者，只要我们的文化传统符合时代的发展，我们就应该坚持，不能盲目学习西方，丢掉自己的文化传统。

总之，随着对外语文化教学认识的不断深入，外语学界对中国文化在外语教学中的重要地位有了深刻的认识，并从教学内容、方法、手段等方面提出了诸多提高中国文化外语表达力的建议，这对扭转当前外语教学中中国文化失语的局面起到了十分重要的作用。但要彻底改变部分外语学习者乃至相当多的青少年仰视西方文化、漠视中华优秀传统文化的局面，我们的外语教学还需要从方法到内容再到价值观念等方面对学习者加以引导，增强他们的中国文化意识，增强他们的中国文化身份认同。在当下这样一个国际交流日益频繁、媒介传播无所不在的时代，这种引导显得尤为重要。

五、外语教学中文化双向互动的有效路径

（一）更新外语教学理念

1. 重视语言的多元性特征

一种语言是一个民族在漫长的发展过程中形成并完善的。它不仅是一种工具，更侧面折射出其社会特征、文化内涵、思想主质、交际特性及学科知识。外语的语言特质，决定其无法脱离特定的环境被理解。

因此，教师必须引导学生从封闭、失语的环境中走出来，要建立语言文字与文化环境之间的映射关系，要从字里行间之中，感受到隐藏在其中的文化。语言的文化性特征，决定了教师必须在教学中要求学生来理解语言文化，将"意念表达"融入语言思维之中，冲破语言文化障碍，实现两种文化有良性交融。

2. 重视词汇活用能力的发展

在外语课程中，词汇的数量是外语学习等级的重要指标之一。尤其是在外语学习的初期，教师会要求学生记忆大量的词汇。但是，当学生的外语词汇量达到四五千个以后，词汇量的继续增加对文章理解的作用会显著降低。而词汇的灵活运用能力会成为阅读理解力增长的助力。学生掌握常见的、基本词汇后，能够灵活地运用这些词汇，可以对其中所暗含的文化产生更深层次的认知。学生在运用语言的时候，也会感到融会贯通，游刃有余，语言的发展空间扩大，并且还会产生较强的语言创新能力。伴随着学生语言能力的强化，他们会将能力迁移到人生的其他方面，促使其身心等都有大的发展，从而实现全面发展。

（二）重塑外语教学生态平衡

1. 纠正外语教学中的过度与不足

教师要果敢地纠正外语教学中词汇的浅表式学习占用时间、精力过多，即仅是记忆词汇的拼写、释义、用法，而忽视如何灵活地运用词汇，触类旁通，举一反三。纠正外语教学中语法知识讲授过多，脱离开真实的语言环境，运用大量的时间与精力学习过去、现在与将来的各种时态结构，主动句、被动句各类句型，

将学生带入僵硬记忆的怪圈之中。教师要坚决地纠正外语教学中的不足。外语教学中的不足是指教师已然充分意识到文化的双向互动对语言教学所具有的积极作用，却不花时间与精力潜心来研究如何才能促进文化互动目标，改善文化互动效果，而是听之任之，随波逐流，使语言教学的文化底蕴不足成为一种常态、顽疾。

2. 树立回归本真的教学目标

外语教学的本真目标应该不要简单地将外语当作一种交流沟通的工作，而是将其看作是立体的、系统的富有人文关不与人文精神的学科。立体、系统的学科学习，不应该停留于肤浅的表面，或者以教师为中心，或者以学生为中心，单边地开展教学活动。而是强调思想的交流、文化的互动，教师"以生为本"开展教学活动，学生以学科素养的培养与发展为目标。教师与学生之间在学习的过程中，受到文化的感染与号召，产生丰富的、真挚的情感，从而对语言的学习产生共鸣。教师与学生共同探索学习的规律、方法与路径，师生的兴趣被充分地激发出来，对文化的感知变得主动而自然。

（三）建构文化互动型师生关系

1. 树立主体间性的教育观

主体间性是指教师与学生是"主-主"关系，"主-主"关系决定二者在课堂上的地位是平等的，其平等不仅体现于言行举止，更多的是体现于知识、思想与情感上，更会鼓励学生与教师进行积极的交互，促使教师更能从与学生的交互中寻找到解决问题的突破口。"主-主"关系还可以使智慧实现双向流动，教师与学生都会在二元思想的指导下，深入地领悟知识，理解内涵，促进二元视界的不断融合，使二者都能够看到自身的不足与发展空间。教师能够不被身份所约束，与学生进行平等尊重的对话，学生也不会被学习动机之外的因素所束缚，与教师之间的对话也会更自然、自由。在主体间性教育观的引导下，教师与学生都会面对真实的内心，在外语的学习过程中，也能更加体会文化的真谛。

2. 建构可以对话的师生关系

外语教学中，教师与学生之间的地位是相对的。相对的地位并不代表着对立的关系与视角。但是，在教育实践中，很多教师没有正确地理解相对地位的本质，从而隔断了文化双向交流的渠道。

事实上，教师与学生之间虽然分属不同"阵营"，但是并不妨碍二者进行双向、交互的对话。在对话过程中，师生都可敞开心扉，接纳彼此，激荡思想。教师不再是高高在上的给予者，而是谦谦为人，成为启迪学生智慧的引领者、支持者。教师与学生之间的对话，更易让学生将更多时间运用于讨论、激励、鼓舞等创造性活动中去，从而给文化双向互动带来曙光。

（四）探寻文本文化价值

1. 外语教学过程中要体现文本的主体地位

文本作为教学的重要参考与依据，其编写、组稿及知识点的设计融入等，都是经过精心策划的。编者在编著文本的过程中，不仅重于知识的传授、技能的培养，还会侧重于外语文化的融入。

但是，每篇文本中外语文化的挖掘需要教师花一定的时间与精力以比较有效的方式呈现给学生，教师要真切地引导学生进行交流、沟通，将对话基于文本来呈现。教师还要学会能够启发学生倾听文本"究竟想说什么"。教师要让学生掌握剖析文本的能力，在兴趣的引导下，在平等对话的激发下，都充分地参与到学习过程中来，以开放的视角来探寻文本中的新鲜，以批判的视角来审核文本。教师与学生都要发挥文本在教学中的主体地位。

2. 外语教学过程中要开发文本的价值

文本不仅是文字的组合与罗列，也是文化的表达与传播。教师与学生应该基于文化双向互动的视角来潜心研究文本。有的教师要求学生熟读课文，但是不对学生的文本诵读情况进行检验，就开始文本的解释翻译等教学。学生在对文章不熟悉、不了解的前提下，即使是对母语文章而言，都难以理解其内涵，对外语而言，更是囫囵吞枣。学生对文本的学习依旧停留于单词、语法、句型，文化完全全被抛到脑后。那么，要开发文本的价值，就必须让学生反复阅读文本，达到"书读百遍，其义自现"的效果，才能帮助学生探究到文化的本真，才能让学生在母语文化影响下，感受到外语文化的独特魅力。

（五）重构外语教学模式

文化双向互动既是外语教学的方法，亦是外语教学的目标。文化双向互动可以促使学生提升学习外语的效率，能够让学生灵活、准确地运用外语与人进行畅通的交流。教师也要通过外语教学，让学生感知外国文化的独特魅力，感受到外国文化的璀璨。为了将文化双向互动有效地融入教学之中，就要构建富有文化双向互动特征的教学模式，基于文化双向互动特征的教学模式框架设计。教学目标应该从单一的语言技能学习转为立体的、系统的语言学科学习，将应试教学目标转变为终身教育目标，为学生终身学习打下坚实的基础。教学主体应该成为兼顾师生的"主体间"关系，要努力变革落后的、传统的师生关系，打造能够进行平等对话与和谐统一的师生关系，从而为文化互动消除人为障碍因素。教学观念应该从让学生简单地完成知识认知转变为复杂的知识运用实践。教师要引导学生重视语言的运用，要提高对语言差异的敏感度，从而在学习的过程中，使外语文化与母语文化产生交流。教学情境方面则要努力构建富有互动氛围情境教学，调动学生的学习兴趣，让学生在情境化、互动化的环境中，体会不同文化创造出来的不同情境，给他们的身心带来的不同感受。教学方法上则要倡导多元综合实践。教师除了让学生具备语言运用能力外，更应该引导学生以外语知识学习、技能掌握为载体，促进自身思维力、想象力的发展，提升自己分析问题、解决问题的能力。教学内容方面则要侧重于基础性与实用性，不要刻意地追求学习的深度，而是要充分掌握语言的实际特点。让学生通过掌握最基础性的知识与技能，满足自己语言的实用需求才是最高效的外语教学。教学过程则要体现动态生成性。教师要精心设计教学流程与环节，却不能固化流程与环节中的每个要点，要充分地调动学生的积极性，使教学过程充满挑战。教师应该给学生以更大的自由，给予学生更大的空间与余地，可以借助检测、评估等手段，及时了解学生在各个环节里的学习效果。

第三节　外语教学与跨文化交际能力

一、跨文化交际的障碍

（一）固有印象影响跨文化交流

我们会对某一个国家或者某一个民族形成固有印象，尽管这种印象可能是带有偏见的，甚至是错误的。例如，我们会认为美国人勤劳、聪明、有抱负、喜欢享乐、追求物质享受；日本人勤劳、精明、虚伪、勇于进取、遵守纪律；东南亚人乐观、热情、善良、淳朴、懒惰、不思进取……尽管人们普遍认为这种固有印象对跨文化交流会产生非常不利的影响，但在实际交往中无法避免保持这种固有印象。如笔者班上的老挝学生刚刚来到中国时，对上课时间没有很好的概念，经常有学生迟到的现象。尽管每次迟到，学生总是鞠躬行合十礼，向教师表示歉意，态度非常谦恭，但过后依然迟到。在老挝学生中有一位与其他同学不同，他总是早早来到教室，学习非常用功。然而，有那么几天，这名用功的同学也迟到了，理所当然地认为他和其他老挝学生一样，开始几天，他努力保持用功的状态，但是坚持不了多久。没想到，过了几天，他又恢复了早到的习惯。后来才了解到，那几天学校供水出了问题，只有等到中国学生都去上课了，宿舍楼总体用水量减少时，他才能在宿舍抓紧时间洗澡，而老挝学生是无法忍受一天不洗澡的。

（二）民族主义影响跨文化交流

民族主义，就是以本民族为中心，按照本民族文化的观念和标准去理解和衡量其他文化，虽然当今世界很少有国家或民族宣称自己的文化优于其他文化。但在观察另一种文化时，人们往往习惯以自己的是非标准来判断别人的行为。尽管人们努力克服民族主义，但每个人都是在特定的文化环境中成长起来的，要完全摆脱我们在社会化过程中形成的各种观念和看法是不可能的。

二、跨文化交际能力培养的现状

（一）意识层面

混合式教学将物理教室无限延展，为学习提供了无限可能。受传统教学的影响，师生对跨文化交际能力培养意识淡薄，教学中常常忽略文化"植入"，即使有，也难以形成系统。混合式教学中给师生带来更大的挑战：大量外语网站、视频和语篇的涌入，使得原本文化基础薄弱的情况变得更为糟糕。面对文化冲击，如何在意识上重视跨文化能力的培养，是新教学模式下要考虑的问题。

（二）教学层面

1. 教材内容陈旧

教材是教师组织教学和学生开展学习的依据和向导，是课堂活动开展的资源保障。目前，高校所用教材内容单一，多关注外语应用能力的输出，较少涉及跨文化培养内容；教材编排脱节，缺乏系统性和整体性，教材活动组织固定，缺少时代性和创新性。在已出版的跨文化教材中，以说明文和科技类选材为主，未大面积收入关于精神层面的文章，对影响跨文化交际效果的思维方式、人文观和价值观等谈及甚少，因此，必将导致学生在跨文化学习过程中习惯使用母语的思维方式，不利于跨文化能力的培养和交际的顺畅。

2. 课堂组织单调

课堂是教学活动的核心模板，课堂设计成败关系着教学效果的优劣。教师以教材作为载体进行课堂组织，以书本中的文化内容讲解为指引，并未进行多元、多维度设计，也未营造良好的跨文化学习情境，学生被动接受知识，缺少自主探究和主动学习，难以形成思辨能力和批判性思维，跨文化知识无法内化。

3. 文化输入单一

文化输入内容和手段单一，会导致输入与输出不符，严重影响知识的内化和转化。鉴于此，在跨文化知识输入过程中，以文字为主的语料学习并不是唯一途径，应适当加入生动直观的视频、微课等学习资料；以教师讲解为主的输入并不是最佳有效方式，应鼓励学生主动参与、积极讨论、争辩反驳，形成研学的良性循环，于摸索和探究中见真知，于讨论和争辩中见真谛。

（三）文化层面

语言、文化和交际三者之间关系紧密。跨文化交际能力的培养实质上是语言和文化输入后转化的成果。在社会主义新时代，脱离思政元素的文化教育是没有灵魂的教育，是与教育发展趋势背道而驰的。跨文化交际能力培养和课程思政建设在文化层面应属于辩证统一关系，注重解剖西方文化而忽略弘扬中国传统文化的跨文化能力培养是难以塑造具有家国情怀和国际视野的国际化人才的。

（四）实践层面

实践是检验能力的试金石，提高跨文化交际能力实质是进行沟通和交流等实践活动。传统的线下教学中，课堂成为检验交际能力的主要平台。这种平台单一且具有一定的局限性，无法形成真实的跨文化环境，交际也是在同一语种人群中展开，实践力度不够，深度和广度都受到很大的限制。

三、培养学生跨文化交际能力的意义

（一）激发学生的积极性

早期外语教学，教师都会采取口述的方式，对语法、词汇以及文章进行讲解。由于多数学生并没有去过西方国家，对于当地的文化没太多了解，因此，学生在被动聆听的过程中，只能明白语言的含义，但不知道此类语言的应用价值。而通过跨文化交际能力培养之后，学生就能从当地文化的角度出发，深入思考。如此一来，学生的思维能力就会得到强化，进而具备了更高的个人素质。

（二）提升学生的交际能力

外语学习的主要目的就是交际，通过培养学生的跨文化交际能力，可以使其表达水平有所提升，从而更好地展开交流工作。在实际授课时，通过将不同的文化内容引入进来，以语言文化的形成作为核心，阐述各类文化给语言带来的影响，基于文化差异，实现语义对比，逐步增强学生的基本意识。由于中西方文化差异明显，思考方式也都不一样，若对二者的差异有所忽视，虽然能够保证学生完全理解，但很有可能出现违反文化规制的情况，出现了错误的表达，造成歧义。

（三）提升学生的综合素养

大学外语并非只是对学生的基本技能展开培养，还需要涉及一些跨文化的内容，以此培养高素养的综合性人才。通过将中西方文化渗透在教学活动之中，促使学生的视野得到拓宽，从而在毕业之后，能够有效满足企业的用人需求。

另外，跨文化交际能力是一种基于不同文化场景的交流能力。教师在授课时，依靠多种不同的方法，创设对应的情境，可以有效激发学生的积极性，让其更好地参与进来，持续提升个人水平。

（四）改善外语教师的教学理念

基于应试教育思想，学生和教师都习惯性地以外语考试成绩来反映学生的外语学习水平，严重偏离了外语学习本身的目的。培养学生跨文化交际能力，不仅对学生外语学习产生非常积极的影响，其理念本身也改变了教师的传统教学观念，促使教师将更多的精力放到提升学生外语交流能力上，有效推进我国大学外语教学的进步，为后续的外语教学创新打下坚实基础。

（五）激发学生对外语学习的兴趣

外语学习常态化已经成为我国教育界的共识，大学生在进入大学前就已经学习了多年的外语，但很多学生外语能力依旧停留在纸面上，自身外语交流能力依旧非常有限，因此大学外语教师如果继续沿袭传统的外语教学方式，则在很大程度上会导致学生降低外语学习的积极性，进而严重影响大学外语课堂教学质量。

培养学生跨文化交际能力则可以在一定程度上改善这一状况，重新激发学生学习外语的兴趣。其主要原因有以下三点：第一，跨文化交际能力的培养需要教师收集和整理大量外语文化资料，这在一定程度上丰富了外语课堂教学内容，提升了学生学习的新鲜感；第二，跨文化交际能力的培养也是对我国传统文化的一次重温，这就会在无形中提升学生的文化自豪感，促使学生树立学好外语的自信心；第三，跨文化交际能力的培养是需要在不断的实践交流中真正形成的，这正好契合了当代大学生乐于交友的特点，促使学生主动地投入外语文化的学习中。

四、培养学生跨文化交际能力的方法

（一）优化教学活动

在大学外语教学活动中，若教师仅仅增加和文化相关的内容，显然完全不够。由于各个文章支架存在差异，因此，教师就需要引导学生充分思考，把握各类文化中渗透的不同的价值理念，并从中将精华全部提取出来。让学生明白，并非所有西方文化都是一些高雅的内容，同样有一些接地气的世俗内容，从而将民族文化的内在影响全部展现出来。由于学生获取文化的方式有很多，并且来自不同的层次，学校就需要自主引入一些健康文化，引导学生的思想，让其有效辨别，创设优良的文化氛围。

除此之外，教师还要合理组织教学活动，做到与时俱进，用最为合理的方式展开引导，注重学生思维模式的强化，为文化学习把好关。通过长期努力之后，学生的思考方式将会变得更具创新性，明白各类文化的差异，具备更强的文化包容能力，进而促进个人发展。

（二）丰富教学方式

伴随信息技术的快速发展，信息化教学的普及度越来越高，许多教师都开始在教学中应用多媒体设备。从某种角度来说，这也是未来教育工作的主要趋势。在授课的时候，教师可以通过微课视频的方式，在教室的大屏幕中进行呈现，对教材中某些特定的知识内容展开详细讲解。相比枯燥的口头讲解，这种模式能够提供大量影像、音频及图片内容，使得原本抽象的内容变得更具直观性，促使学生的多重感官被强烈刺激。而且在大数据背景下，信息资料的种类也变得十分广泛，学生可以充分了解不同国家文化的差异，充分感知。这样一来，教学活动将会更具创造性特点，激发了学生的学习积极性，进而使其跨文化交际能力得到增强。

（三）对教材内容予以丰富

在进行外语教学的时候，为了帮助学生更好地了解各种不同的语言文化，增强自身跨文化交际能力，教师就需要提高对教材的重视度。结合现有的教材，合理选择内容，并重新编排，并在语言之中展现出文化差异。教材中的语言对话理应基于现有的实际生活，结合教学工作的基本目标，帮助学生拓宽个人视野。特别是将语言和文化背景全面结合之后，就能让学生更好地把握各个不同的民族文化以及给语言部分带来的影响，而跨文化交际就是与不同文化群体展开沟通的能力。在进行教材编写的时候，除了要把握词语、语法以及写作之外，还要将一些跨文化知识内容融入进来，促使学生在了解文化的同时，还能加深对文章的理解程度。文化背景涉及的内容有很多，诸如政治、文化、音乐、宗教等，为了让学生更好地进行思考，而不是单纯基于现有的思维模式，自然需要尝试对其视角予以拓宽，使其更好地进行问题思考。交际工作的顺畅性，除了和学生词汇量有关，还和学生对于不同文化的认知有关。基于学生现有的认知水平，通过针对性培养，使其文化认同感得到强化，从而能够更好地参与进来。

（四）激发学生跨文化意识

在大学外语教学活动中，教师一直扮演着非常重要的角色。为了提升学生自身的跨文化意识，教师就需要做好引导工作。在授课的时候，并非只是单纯传授知识，而是要尽可能将文化内容融入进来。诸如，在语言教学的时候，通过对文化背景展开设定，让学生进入特定的情境之中，充分感受中外文化的差异；教师应当积极穿插中外文化对比的内容，促使学生积极体会，加深对背景的认知程度；在现有的教材之中，教师也要合理删减，尤其是中外文化差异的方面，有效引导，积极和学生互动，帮助其找到文化应用的特点。通过长期努力，学生的文化意识就会提升，从而能够根据自己的想法，自主投入学习活动之中，进而使得自身整体能力得到增强。

（五）外语教师要切实更新教学理念

作为教学主导的教师对培养学生跨文化交际能力起着无可替代的作用。在高职外语教学中，教师要切实更新教学理念，除了抓好外语语言教学，培养学生听、说、读、写技能，更重要的是要重视文化教学，二者结合无疑有助于学生深入了解外语语言的文化内涵，从而更有效地培养其跨文化交际能力。

同时，这也对高职外语教师的教学能力提出了更高的要求，教师不仅要具备扎实的外语语言功底，而且还要具备深厚的外语文化素养。教师要加强学习，通过各种渠道了解外国文化，丰富自己的跨文化知识，增强跨文化交际意识，更好地胜任跨文化交流知识和技能教学。

（六）利用平台，补充跨文化交际内容

在"互联网+"的现代化信息时代，信息技术应当与教学相融合。大学外语教学不应拘泥于传统模式，多媒体网络化教学手段、各类网络平台的线上教学模式已逐渐走进了教育改革的行列。当今的大学外语教育可以利用信息化手段诊断教学中的问题并进行教学反思，可以获取适合的学习资源和开展持久学习，利用信息化手段进行协同教研和创新。因此，可以运用技术来转变学习方式，通过展现图片、视频等扩充跨文化交际的内容，使学生对不同文化产生直观的认知和对比，进而弥补教材内容的不足。

例如，展示不同国家节日的典型食物，可以让学生了解不同的饮食文化；选择不同的服饰，可以了解一国的历史及风俗；通过观看新闻报道、影视剧片段以及纪录片，可以让学生感知语言在不同场合的语用特点。由于信息化教学手段的多样性，使得跨文化交际内容的展现呈多元化，使之更加生动形象且富有乐趣，易于学生吸收和理解。

（七）翻转课堂，实践跨文化交际能力

学生是课堂教学的主体，在大学外语教学中，教师应当充分发挥学生的主观能动性，让学生变被动听课为主动参与，翻转课堂教学，能利用跨文化交际内容创设情境，使学生在模拟场景中体会不同文化间的差异。

例如，可以让两组学生分别展示中西方国家的待客之道。为什么在中国做客，主人即便准备了丰盛的佳肴也会表示自己招待不周，不停地给客人夹菜以表热情；而在外语国家做客，主人只准备恰到好处的食物并请客人自便，不会给客

人夹菜，而且认为给客人夹菜是不礼貌的行为。只有通过对国家间不同文化礼仪的对比实践，才能使学生更加清楚文化对于交际的重要影响。

第四节　外语教学中文化意识的培养与教学模式

一、外语教学中文化意识的培养

（一）关于外语教学中文化导入的内容

在过去很长的一段时期里，外语教学界普遍存在这样一种观点，即外语教学主要是解决学生掌握外语技能和外语知识的问题，至于那些与语言有关的文化知识则可让学生通过阅读、观察或其他方法去自行获得。在这样一种外语教学思想的指导下，语言教学常常忽视与之相关的文化内容而孤立地教导抽象的语言系统本身。自 20 世纪 70 年代初以来，随着社会语言学、语用学、文化语言学等新兴学科的出现，外语教学中"就语言而教授语言"的教学模式受到了冲击。"交际"因素在外语教学中的引进，使得人们愈来愈意识到文化内容在外语教学中的重要性。语言和文化不可分离，二者相互依存、相互影响。学习语言而不了解与其密切相关的社会文化背景，便不能真正地掌握和运用语言。

在进行外语教学的同时须导入与目的语有关的文化内容，这在目前已成为外语教学界的一种共识。从外语学习者的角度来说，学习一门外语既是为了掌握一种新的交际工具，也是为了学习和了解目的语的文化；从外语教学的角度来看，教授一种语言，同时也在传授一种文化。语言教学与文化教学是不可分离、相辅相成的。离开了一个民族的文化，要准确地掌握和运用该民族的语言是不可能的。

虽然人们已普遍意识到了外语教学中文化教学的重要性和可能性，然而一个民族的文化内容汪洋如海、包罗万象，而且其项目也繁杂，其中哪些内容和项目是应该而且必须放在外语教学中的，哪些内容和项目是可有可无的，甚至是不应放在外语教学中的，这在目前还很难做出系统的、条理化的阐述和分类。对这类问题的探讨目前仍是外语教学理论研究的重要课题之一。

从语义和语用的角度来考虑外语教学中文化内容导入的问题。也就是说，在外语教学中应注重导入与目的语语义和目的语语用相关的文化内容。所谓与语义相关的文化，指的就是一种语言的语义系统所包含的文化内容和所体现的文化精神。具体说来，它包括以下五项内容：一个民族文化中特有的事物与特有的概念在词汇及语义上的呈现；不同语言中指称意义或语面意义相同的词语在文化上可能有不同的内涵意义；词语在文化含义上的不等值性；不同文化对同一对象所做的观念划分的差别在词语及语义上的显示；体现一定文化内容的定型的习惯用语，主要包括成语、惯用语、歇后语、俗语、谚语、格言等。

与语用相关的文化指的则是语言使用的文化规约，即把语言同社会情境和人际关系联结起来所应当遵循的规则。从外语教学的角度来看，这类与语用相关的文化的导入可包括称呼、招呼和问候、道谢和答谢、敬语和谦辞、告别语、褒奖和辞让、忌讳与委婉等。

（二）外语学习者目的语文化意识的培养

就我国的外语教学的情况而言，在很长的一段时期里基于种种原因，重语言形式轻社会文化因素的现象在教学过程的各个环节中都相当普遍。在课堂教学中，教师往往只注重学生语言形式的正确与否或使用得是否流畅，而较少注意结合语言使用的场合来培养学生综合运用语言的能力。近几年来，随着社会语言学各种理论的大量引进以及交际教学法在一定范围内的普及，国内越来越重视对外语教学中语言与文化二者关系的研究。然而，在外语教学中如何加强对学生的社会文化意识的培养，即如何用社会语言学的基本观点指导我们的教学，还是一个新的领域、一个新的课题。综合以往外语教学实践的经验，我们认为可以从以下六个方面来做一些努力：

1. 在大纲的制定和教材的选编方面

在制定外语教学大纲时，除要考虑语言的结构、意义、功能等因素外，还应把与目的语有关的文化因素考虑进去，并要尽可能地确定外语教学每一个阶段中目的语文化导入的侧重点，使文化教学成为外语教学的有机组成部分。教材的选编也要结合目的语的文化，要尽量反映其民族文化特点。教材中的课文、对话以及练习等材料的选编应注重它们在目的语文化背景知识和社会风俗习惯的实例等方面的典型性和代表性。这样有利于教师在教语言的同时结合文化背景和文化内涵来开展教学活动。

2. 课外活动方面

因为世界文化原本就是多元化的，人类文明的进步一直在不同民族、不同国家和不同地域的文化的碰撞与融合中完成。正是文化传播才使人类克服了孤立、独处和疏远的状态，使人与人的关系变得更加密切，更加息息相关；正是文化传播才使文化得以存在，得以保存和发展。教师不应再单纯从事语言教学，我们有责任让学生站在世界文化的高度认识人类灿烂的文明。学生在学习了解不同民族深刻的思想和丰富的情感的同时，不断提高自身文化修养道德水准和思想品位，从而全面提高自身素质，感知人生。学习和掌握外语仅仅靠有限的课堂教学是远远不够的，学生还必须充分利用课外时间来练习自己目的语的语言，丰富与目的语相关的文化知识。因此，若教师能正确地引导学生在课外去阅读一些国外文学作品和外语报纸杂志，并促使他们在阅读时留心积累有关文化背景、社会风俗、社会关系等方面的知识，将十分有利于培养学生跨文化交际的意识和跨文化交际的能力。此外，还应鼓励学生在课外多看一些外语原版电影，这不仅是因为大部分电影的内容本身就是一种文化的某个侧面的缩影，还在于通过观看片中演员的表演，学生可以了解和学到许多与目的语文化有关的非言语交际的方法和手段。

3. 课堂教学方面

在课堂教学中，教师要注意就语言教材中涉及的文化背景内容随时随地地进行解说，指明其文化意义或使用的文化规约。在组织课堂活动时，可设置一些特定的社会文化氛围，让学生在这种背景下来进行"角色扮演"，并要求他们尽量按其扮演角色的身份，根据言语交际的环境来正确地使用语言。通过这样的课堂教学活动，学生可逐步提高结合社会文化背景来恰当地使用语言的意识。现在，越来越多的外语教育工作者已认识到只有把人文思想和科技精神完美地结合起来，才能真正培养出适应新时代需要的综合性人才。在语言教学中，如何为高校学生打下良好的人文基础，提高他们批判地吸收世界文化和弘扬中华传统文化已成为教育工作者探讨和研究的热门课题。学者们呼吁面对汹涌的西方文化的涌入，国人不应一味全盘接受，厚西薄中，应特别强调在大学阶段继续实施中国文化教育。一些国内高校已提出在外语教育中把单纯的语言技能的培养转化为增加文化和文明教育熏陶的教育新战略。

4. 充分利用外籍教师的优势

语言是表达和交流思想的工具。学习外语的一个重要目的就是面对面地与外国人进行思想和文化上的交流，有效的语言教学不应违背自然规律。自然环境中的学习者要比教育环境中的学习者取得的外语水平更高。语言技能的获得只有通过大量的实践才能实现。根据认知理论的观点，语言的学习过程是新旧语言知识不断结合并由理论知识转化为应用的过程。从学外语的角度来说，和讲这种语言的本族人接触是十分重要的。除聘请外籍教师教授一些诸如口语、听力、英美概况、写作等有利于发挥其特长的课程外，还应鼓励学生在课外多接触外籍教师。通过在日常生活中与外籍教师的接触，学生往往能学到许多生动的、课堂上学不到的有关社会文化背景方面的知识。例如，在什么场合下讲什么话、做何种反应以及一些非语言的交际手段等。

5. 开展一些有关文化背景知识方面的专题讨论活动

中华文化对世界各民族文化产生的影响主要有五点：第一，丰富了各民族文化的内容；第二，为各民族文化的发展提供了一种借鉴和参照，在有的情况下甚至是提供了文化的理想模式；第三，对各民族文化的发展起到了激励、刺激、开发、推动的作用，为它们的发展提供了刺激动力；第四，启发了各民族进行文化创造的灵感和智慧；第五，促使各民族文化参与世界性的文化交流，获得世界性的文化价值和文化意义。不同文化的不断交流与传播使人类克服了孤立和疏远的状况，不同民族之间的关系变得更加密切和息息相关。文化也正是通过不断交流与传播而得以保存和发展。学生应了解西方文明之精神，交流东西方思想和文化。我们对西方文化的态度不应当仅仅是单向引进和承接。中文与外语及其各自所反映的文化有很大的差异，语言代码和文化信息的转换对学习者来说困难很大。未来的外语教育对外语教师的中外文化修养提出了更高的要求。教师应有意识地开展一些外国文化背景知识的、某些领域的专题讨论活动，并在讨论中结合汉语相应的文化背景知识进行对比分析。这种讨论活动可以"文化包"的方式来进行。例如，可先让学生阅读一篇介绍英美文化一个侧面（如高等教育、送礼风俗等）的材料，然后就材料的内容进行扩展性介绍和讨论，最后再与汉语相应的文化内容做些对比分析。通过这种介绍、讨论、对比、分析等有意识的活动，来培养学生对目的语文化的敏感性，使他们在外语学习中善于发现目的语文化的特点并乐于了解和学习目的语文化。

6. 更新外语课程设置

外语学习者在实践中可以有效改正他们各自的语用失误，减少跨文化交际中的误会。根据语言学习的规律，语言学习的首要任务是"学"而不是"教"。学习过程应该是灵活多样的，不应当受课堂教学时空的限制。有些内容可以显性或隐性地贯穿在课堂教学中，而有些文化方面的内容则需要学生在文化交流的实践中去亲身体会。多种多样的文化交流实践活动具有挑战性，趣味性强，贴近工作和生活，比较实用，因而能激发青年学生的学习兴趣。在实践活动中，学生的学习积极性得以提高，他们可以发现并提出相关的由于不同文化引发的各种问题，并寻找各种途径解决交流中出现的问题。在这一过程中，他们以饱满的热情和高度负责的态度去学习，遇到问题注重独立思考，积极探索解决问题的途径，他们的自主学习能力在反复实践中得以提高。学校应开设所学语言国家的概况课、历史课和文学课来系统地传授目的语的文化背景知识。在师资条件具备的情况下，还应开设一些语用学、社会语言学、国情语言学、人类学、语言与文化、跨文化交际学等课程，从理论上提高学生的跨文化交际意识和能力。

总之，在外语教学中如何培养学生目的语国的文化意识是一个较为复杂的问题。外语教师应从宏观的角度，多侧面、多层次、多渠道地传授目的语的文化知识和培养学生跨文化交际的能力。

二、跨文化交际背景下的外语教学模式

（一）对文化教学与文化培训概念的理解

文化教学与文化培训是培养学生跨文化交际能力的两种模式，它们既有共性又有差别。二者都是跨文化交际学形成的土壤和研究的主要内容。通过对跨文化交际学理论的学习和实践，我们充分意识到文化教学是一个伴随语言教学的漫长

而又复杂的教学过程，它要求教师具有高度的文化意识与敏感性，能灵活且创造性地将语言与文化的教学方法和内容结合起来。而文化培训则是一个短期的极具针对性的教学过程。对培训文化来说，在企业中，培训文化是企业行为文化的重要组成部分，是企业在培训活动中逐步形成的关于培训职能的共同价值观、行为准则、基本信念以及与之相对应的制度载体的总称；在学校里，文化培训是一项高度专业化的教学形式，其目标是培养出国人员或移民的跨文化交际能力，具体地说，就是帮助人们在异国他乡，在陌生的环境中有效地工作、愉快地生活，与来自不同文化的人们友好相处。文化培训在很大程度上取决于对培训对象、文化调适过程、跨文化交际环境和培训方法等问题的理解和研究。

目前，文化培训以移民和旅居者为对象，这些群体参加跨文化培训的动机各不相同，因而培训的目标和方法也因人而异。总体来说，有两种动机：一是彻底抛弃本族文化，完全认同移入文化，这往往是移民进行文化调适、接受跨文化培训的动机；二是希望在保持自己本族文化身份的同时，了解本族文化与目的文化的差异，获得跨文化交际能力，成为双重文化身份的人。文化调适是一个漫长的过程，贯穿移民和旅居者的整个跨文化体验之中。一般来说，文化冲撞是文化调适的开始。跨文化培训在帮助学习者正确认识文化冲撞的必然性和积极意义，了解文化冲撞产生的原因之后，就可以从文化冲撞入手，利用文化冲撞给学习者所带来的情感和认知的冲击来增强他们的跨文化意识，从而开始系统地培训。文化调适一般需要经历三个阶段：紧张痛苦阶段、逐渐适应阶段和稳步提高阶段。由于对跨文化培训的需求日益增加，跨文化培训的方法也越来越多，可以归纳为六种培训方法：以文化现实为主的培训、归因培训、文化意识培训、认知行为调整、体验式学习、互动式学习。这些跨文化培训方法对于我们在新的教学模式下进行文化教学具有参考价值，特别是文化意识培训、体验式学习和互动式学习尤其值得我们效仿。

（二）大学外语跨文化交际教学的目的

1. 培养学生的外语综合应用能力

就外语语言教学而言，我们将从语言能力、语言技能和语言运用等方面对学生进行培养。当今，我国大学外语教学的具体教学目标如下：

（1）听力理解能力

能听懂外语谈话和讲座，能基本听懂题材，熟悉篇幅较长的外语广播和电视节目，语速为每分钟 150~180 词，能掌握其中心大意，抓住要点和相关细节，能基本听懂用外语讲授的专业课程。

（2）口语表达能力

能用外语就一般性话题进行比较流利的会话，能基本表达个人意见、情感、观点等，能基本陈述事实、理由和描述事件，表达清楚，语音、语调基本正确。

（3）阅读理解能力

能基本读懂外语国家大众性报纸杂志上一般性题材的文章，阅读速度为每分钟 70~90 词。在快速阅读篇幅较长、难度适中的材料时，阅读速度达到每分钟 120 词。能阅读所学专业的综述性文献，并能正确理解中心大意，抓住主要事实和有关细节。

（4）书面表达能力

能基本上就一般性的主题表达个人观点，能写所学专业论文的英文摘要，能写所学专业的外语小论文，能描述各种图表，能在半小时内写出不少于 160 词的短文，内容完整，观点明确，条理清楚，语句通顺。

（5）翻译能力

能摘译所学专业的外语文献资料，能借助词典翻译外语国家大众性报刊上题材熟悉的文章。译文通顺达意，理解和语言表达错误较少，能使用适当的翻译技巧。

2. 培养学生的跨文化交际认知能力

外语综合应用能力是跨文化交际能力的一部分。大学外语教学的终极目标是培养学生的跨文化交际能力。跨文化交际能力是进行成功的跨文化交际所需要的能力，即与不同文化背景的人们进行有效的、适宜的交际的能力。跨文化交际能力一般包括三个基本因素：认知因素、情感因素、行为因素。这里的认知因素是指跨文化意识，即人们在对本国文化和外国文化理解的基础上形成的对周围世界认知上的变化和对自己行为模式的调整。情感因素是指跨文化交际过程中人们的情绪、态度和文化敏感度。行为因素指的是人们进行有效的、适宜的跨文化交际行为的各种能力和技能。比如，获取语言信息和运用语言信息的能力，如何开始交谈、在交谈中如何进行话题转换以及如何结束交谈的技能、移情的能力等。

跨文化交际过程中的认知，是指人在特定的交际环境中处理、加工语言和文化信息的过程。跨文化的认知能力是获得跨文化知识、跨文化交际规则以及增强跨文化交际意识的基础，包括文化认知能力和交际认知能力。在大学外语跨文化交际教学中，教学者应该优先培养学生的跨文化认知能力。

文化认知能力是指在了解母语和目的语双方文化参照体系的前提下，所具备的跨文化思维能力和跨文化情结能力。跨文化交际要求交际者既了解自己所在文化体系的文化风俗、价值观念、思维模式和行为取向，又了解目的语文化的对应知识。只有了解双方文化的参照体系，交际者才可以在跨文化交际语境中调整自己的行为模式，预测交际对象的行为取向，为有效交际做好准备。跨文化思维能力是指交际者在了解交际对象文化思维习惯的基础上，能够进行跨文化的思维活动，是高层次的跨文化交际能力。交际过程中交际主体的知觉对象主要是组成沟通环境的各种事物，即交际行为发生在一定的语境中。跨文化情节能力是交际者在特定语境中按照交往序列定式交际的能力。跨文化交际能力既包括对目的语交际模式和交际习惯的了解，又包括对目的语的语言体系、交际规则和交际策略的掌握。大学外语教学的主要内容是语言，掌握语言知识和应用规则是其重要的教学目标之一。由于各文化体系中人们的价值取向不同，交际规则差别很大，若不了解对方文化的交际规则，即使正确使用目的语言也不能保证有效的交际结果。因此，外语学习者只有了解交际对象在文化方面的交际规则，学习其交际策略，才能在行为层面上表现出跨文化交际能力。

3. 培养学生的跨文化情感能力

情感是指人对于客观事物是否符合自己需要而产生的态度体验。情感反映的是具有一定需要的主体与客观事物之间的关系，是对客观世界的一种特殊的反映形式，属于心理现象中的高级层面，能够影响到认知层面的心理过程。情感、态度和动机能够影响对事物的认识和解决问题的方式。交际过程中的文化情感能力主要指交际者的移情能力和自我心理调适能力。

（1）移情能力

培养学生的移情能力是指培养学生克服民族中心主义的能力、换位思考能力以及形成得体交际动机的能力。作为文化群体的一员，交际个体都有民族中心主义的倾向，表现为以本民族文化为标准评价其他文化，对其他文化存在文化思维定式、偏见和反感情绪。培养跨文化交际能力的课程体系能够增加学生对其他文化的认识，增强跨文化交际意识以及克服民族中心主义的负面影响。

（2）自我心理调适能力

在跨文化交际语境中，交际主体会因文化差异而产生心理焦虑或感到心理压力，如文化休克。因此，培养学生的自我心理调适能力（包括在遇到困惑和挫折时，自我减轻心理压力的能力）、对目的语文化中不确定因素的接受能力和保持自信及宽容的能力，是重要的文化教学目标。

4. 培养学生的跨文化行为能力

跨文化行为能力是指人们进行有效的、适宜的跨文化交际行为的各种能力，如正确运用语言的能力，通过非言语手段交换信息的能力，灵活运用交际策略的能力，与对方建立关系的能力，控制交谈内容、方式和过程的能力等。跨文化交际的行为能力是跨文化交际能力的最终体现。跨文化行为能力的形成需要以认知能力和情感能力为基础。在大学外语跨文化交际教学过程中，应着重培养学生的三种跨文化行为能力：言语行为能力、非言语行为能力和跨文化关系能力。

（1）言语行为能力

言语行为理论是语用学的一个重要的组成部分。通过对言语行为的探究，我们可以更好地改进言语行为能力。毫无疑问，言语行为理论对语言研究具有巨大的启发意义。但显然语言理论不可能完全建立在言语行为理论的基础上，言语行为理论本身还有许多问题需要我们去探索。言语行为能力的基础是语言能力和语言行为。语言能力包括词法、语音、语法、句法、语篇等语言知识，语言行为是正确使用语言的能力。因此，教学者应该从跨文化交际角度培养学生的言语行为能力，使学生了解目的语词汇的文化隐含意义、句法构成习惯以及篇章结构布局等。

（2）非言语行为能力

非言语行为的理解与把握是个体心理咨询技术的参与性技术之一。个体心理咨询技术包括参与性技术与影响性技术。参与性技术包括倾听、开放式询问与封闭式询问、鼓励技术、重复技术、内容反应、情感反应、具体化、参与性概述、对非言语行为的理解与把握。影响性技术包括面质、解释、指导、情感表达、内容表达、自我开放、影响性概述、非语言行为的运用。因此，必须培养学生的非言语交际能力，提高有效沟通能力。非语言交际行为包括肢体动作、身体姿态、面部表情、目光接触、交流体距、音调高低等。在交际中，非语言交际行为所传递的信息量远远超过言语行为所传递的信息量。

（3）跨文化关系能力

培养学生的跨文化关系能力，可以保证跨文化交际的顺利进行。跨文化关系能力包括与目的语文化的交际对象建立并保持关系的策略能力，在不同的交际情境中的应变能力、语言综合应用能力、跨文化认知能力、情感能力和行为能力构成了跨文化交际能力的主体，是跨文化教学的重要目标。这些能力需要通过跨文化交际课程体系来实现。

第四章 多元文化视角下大学英语教学的转型

第一节 语言差异与多元文化对英语教学的影响

一、语言差异对英语教学的影响

文化与语言之间有着密切的联系，在进行英语学习时，了解必要的文化背景知识是提高英语能力的重要方面。但在传统的英语教学中，教师只注重教授学生语法知识，要求学生有一定的单词量积累，对于英语文化、风俗的讲解十分有限，因此学生在学习英语时就会遇到文化层面上的障碍，从而导致中国式英语的产生。

（一）语音差异使得学生的英语学习存在障碍

我国的母语是汉语，一个字一个音节。但是在英语中不是这样，英语中一个词有可能是一个音节，也可能是两个、三个，甚至是多音节。此外，在发音问题上，还有一个很重要的因素值得注意，那就是语调。汉语中有四种语调，但是英语的发音规则里没有语调的区分，这对学生正确地发音与交流就造成了很大的影响。英语中虽然没有语调的划分，但有重音，而汉语中没有，这也是两种语言重要的区别之一。因此，在我国的具体英语教学实践中，教师应注意对每个学生进行音节、重音等方面的培养与训练，让学生练习正确的发音。当然，教师还可以开展一些英语活动，让学生进行口语练习，如学唱英文歌曲、朗诵诗歌等，都是很不错的练习形式。

（二）词汇差别使得理解发生分歧

中国与西方国家在说话方式、问候方式、风土人情等方面都有明显的差别。

这在语言词汇的学习中就表现得很明显，如"freeze"这个词的基本含义是"冰冻""结冰"，在一些英语教材中也只介绍了这个含义，但是在美国，"freeze"还是人人皆知的日常用语，有"站住""不许动"的意思。又如"狗"这个词，在中国它是忠实的象征，但如果一位中国人说"你是个像狗一样活着的人"，那么就意味着"狗"是一种贬义词，是在侮辱对方的人格。又如，"狼心狗肺""狗咬吕洞宾，不识好人心"中的"狗"，即为贬义词。但是在西方国家里，人们对狗十分喜爱，如果有人说："You dog."那么其意思是说"你很可爱"，并不是在骂人。而日常生活中人们也经常将那些幸运之人称为"lucky dog"。对于这些词汇的用法，教师应对学生进行必要的训练，使得学生在具体的英语对话中能够充分了解其语意，从而更好地与西方人进行沟通。

（三）语法结构与句子构成导致出现中国式英语

如果学生不能充分理解英语句子的构成，那么其英语写作与阅读能力将难以提高。在日常的英语学习中，很多学生由于不能够掌握英语语法与句式，因而写出了很多中国式的英语，如"hours read English every day, My English level high"。这样的句子是用汉语的思维写下来的，它完全不符合英语的表达要求。虽然这只是英语语法表达方面的错误，但究其根源，其实是由中西方文化特点不同所导致的。中国学生在中国式思维下，对英语句子进行组合与书写，使得中国式英语现象一直大量存在。因此，在具体的英语教学中，教师应对学生进行西方思维习惯的培养，使得学生在语法结构与构成方面能对英语有一个更好的认识，从而保证英语能力的提高。

二、多元文化对英语教学的启示

（一）多元文化下英语教学的原则

1. 文化性原则

学生学习英语不仅是学习单词及语法，同时也是在学习语言文化。语言既是文化的一部分，也是文化的重要载体，因此文化教学理应成为语言教学的重要组成部分。重视文化原则需要教师做到以下两点：

（1）加强文化知识的传授，鼓励学生积极参与实践

教师在强调学生基础知识积累的同时，应该贯穿英语交际能力的培养，注意英语文化知识的传授。例如，在课堂上讲授有关文化的知识，鼓励学生利用课堂、课外进行练习和巩固；积极举办英语"沙龙"活动或英语演讲、话剧表演比赛，开展英语讲座、听报告、听广播、看录像等活动，培养学生在实际中运用语言的能力和技巧，提高学生的听、读、写、说能力，增强学生的知识积累。

（2）利用教材渗透多元文化，提高学生的英语文化水平

在教材的处理上，教师可以结合课本内容，不断拓展、引出相关的文化信息。词汇是语言中最活跃的成分，也是最大的文化载体之一。因此，在平时的教学中，教师应注意介绍英语词汇的文化意义。英语中有许多词汇来自神话、寓言、传说，或是与某些名著有关。了解这方面的文化知识，有助于学生对英语词汇的理解和掌握。例如，在英语中，dog（狗）是人们生活中的重要伙伴，甚至有时直接泛指人。于是就有了"Every dog has his day"（凡人皆有得意日）、"You are a lucky dog"（你是个幸运儿）。在汉语里，用狗比喻人多带贬义，如"癞皮狗""走狗""狗腿子"等。另外，由于环境、历史和文化的不同，在表示相似的比喻或象征意义时，英语和汉语会使用完全不同的颜色词，如 green hand（没有经验的人）等。

在语法教学中，教师也可以结合多元文化进行讲授。教师可以通过适当的英汉语言对比，启发学生讨论，增强学生的学习兴趣，增加他们的信息量，扩大他们的知识面，帮助他们牢固地掌握英语语法，提高他们运用英语的能力。例如，在总结名词复数形式时，变化规则中以"o"结尾的名词一般情况下在词尾加"es"，但是，由于英国多次受到外来种族的入侵，英语词汇中有很多外来词汇（如 tobacco、piano 等）则在词尾加 s。

2. 交际性原则

英语学习的最终目的是使用英语，英语教学的最终目的是培养学生对英语的综合运用能力。因此，在教学过程中，教师要始终遵循交际性原则，以培养学生的交际能力为最终目的。也就是说，要培养学生运用所学的语言知识在不同的场合、对不同的对象进行有效得体交际的能力。具体来说，教师在教学过程中需要注意以下四个方面：

（1）正确认识英语教学的性质

教师首先需要认清英语教学的性质。英语教学作为一种技能培养型课程，其教、学、用三个方面构成一个有机的统一体，三者之间是一种相辅相成的关系，其中"用"在这三个方面中处于核心地位。与学习游泳类似，英语交际能力是在实践的过程中培养出来的，如果只有理论没有应用，就很难达到预期的目标。因此，在教学中应时刻给学生锻炼的机会，加大英语使用的力度。

（2）将英语作为一种交际工具

英语是一种交际工具，英语教学的目的是培养学生使用这种交际工具的能力。交际工具的应用能力是在实践中培养出来的，因此，教师在教学中及学生在学习中都要把英语作为一种交际工具，教师和学生在课上课下都要积极使用这种交际工具进行交流。

在英语教学中，教师或学生并不是单纯地教知识或学知识，而是通过操练，培养或形成用英语进行交际的能力。教师要尽量利用教具为学生创设适当的情境，协助学生进行以英语作为交际工具的真实的或逼真的演习。这样学生不仅学得有兴趣、有成效，而且能真正活学活用。

（3）在教学中灵活创设交际情境

要想让学生具备使用英语进行交际的能力，使学生能够在适当的地点和时间以适当的方式向适当的人讲适当的话，就应在英语教学中创设情境，开展多种形式的交际活动。众所周知，利用语言进行的交际总是发生在特定的情境之中。情境包括时间、地点、参与者、交际方式、谈论的题目等要素，在某一特定的情境中，某些因素，如讲话者所处的时间、地点以及本人的身份等都制约他说话的内容、语气等。而且，在不同的情境中，同样的一句话也可以表达不同的意义。例如，"Can you tell me the time"这句话可能表示的意思就有两种：一是向别人询问时间，是一种请求的语气；二是表示对他人迟到的一种责备。因此，在英语教学中，要把教学的内容置于一种有意义的情境之中，这样才有可能让学生充分理解每一句话所表达的意思。

在一定的情境之中进行的英语教学，还可以使学生身临其境，提高学生学习英语的兴趣。因此，教师在教学过程中要充分结合教材内容，利用各种现有的教具，开展各种情境的交际活动，这样对学生和教学都会产生有利的影响，收到不错的教学效果。此外，教师也可以设计任务型活动，让学生通过完成特定的任务来获得和积累相应的知识与经验。需要注意的是，这些活动需要具有交际的性质，才有利于交际目标的完成。

（4）结合学生的生活来选择教学内容与活动

在进行英语教学时，现实生活这个因素也是需要考虑的，因为语言总是与现实生活密切联系的。因此，在英语教学中，教师应把语言和学生所关心的话题结合起来，给学生提供足够的、内容丰富的、题材广泛的、贴近学生生活的信息材料。这样的材料由于具有一定的现实性，因此容易使学生产生共鸣，从而调动学生的兴趣，也能促使他们认识到学习英语的目的在于交际，而不是应付考试。例如，在教关于交通工具的词汇时，教师可以联系学生的出行方式，引导学生想象自己每天是如何到学校的。根据学生的回答，如步行、骑自行车、坐公交等导入"on foot、by bike、in a bus"等单词与短语。又如，在大学英语教学过程中，教师可以结合学生毕业后面临的找工作问题，训练学生撰写简历、通知等的能力。

（二）多元文化背景下英语教学的重点实践方向

1. 激发学生对文化差异的兴趣

学生无论学什么，只有在自己真正感兴趣的情况下，才会充分发挥自己的主观能动性。学习英语也是如此。因此，在传授跨文化知识时，培养学生对文化差异的兴趣是英语教学必须考虑的一个方面。教师只有不断地改进教学方法，增加新的教学内容，将趣味性贯穿于教学过程中，才能调动学生的兴趣，激发学生学习的热情。

教师可以通过教学方法、教学内容的对比激发学生对文化差异的兴趣。介绍文化背景，比较文化差异，最好的方法是透过语言看文化，通过所学的语言材料了解其中所含的民族文化语义。通过这种方法，教师可以把枯燥无味的词语解释、语法讲解等变得形象生动，使学生在活跃的气氛中不仅能学到英语语言知识，还能领略到英语国家不同的民族文化。

教师是教学的主导者，而学生是教学的主体，在教学中处于中心地位，教师传授的知识最终要由学生加以理解、吸收，而学生跨文化交际的能力主要靠实践来培养。英语教师应根据教学内容和学生特点，在课堂上采用灵活多样的教学方法和教学手段，并帮助学生树立坚持不懈、持之以恒的英语学习态度。在培养学生学习兴趣的同时，教师还应帮助他们养成良好的学习习惯，也就是教会学生学习方法。如果学生只会整天抱着课本死记硬背，则很难掌握实际的英语交际能力。教师在教学中一定要结合具体教学对象的学习实际采用行之有效的教学方法。英语是一种工具，英语学习是一个漫长的过程，文化信息需要日积月累，学生只有通过持之以恒的学习和大量的实践训练才能做到活学活用，形成驾驭英语语言的跨文化交际能力。

英语教学要把讲解语言知识和介绍文化背景知识、比较中英文化差异有机地结合起来，充分发挥文化背景在教学中的积极作用，培养学生对文化差异的敏感性。

2. 培养学生的跨文化意识

跨文化意识非常重要，所以教师在教学过程中必须重视对学生跨文化意识的培养。在英语教学中，教师要充分利用现代化的教学手段，介绍英语国家文化背景，让学生最大限度地接触一些英语国家的文化信息。

对跨文化的敏感性主要来自两种途径。一是直接途径，也就是通过在外国生活、体验的方式来获取文化信息，培养对异国文化的敏感性。这对我国国内学生来说显然不可能。因此，我国英语教师可以采用另一种途径培养学生的跨文化意识，即间接途径。间接的方法有很多，包括课堂学习、课外阅读、收听英语广播、观看一些英文图像资料等。但是英语课堂教学毕竟具有一定的局限性，因此，开展课外学习活动是培养学生跨文化意识的有效途径，教师应该鼓励并指导学生开展形式多样的课外学习活动。特别是要借助先进的现代化教学手段，加强学生的语言听说训练，直接在英语教学中给学生导入一些英语文化背景知识。教师应该鼓励学生观看英文原版电影、录像。由英语国家本族人所演绎的英文原版电影、录像都具有浓厚的英语文化气息，因此，通过观看英文原版电影、录像提高文化差异敏感性是一种非常有效的手段。对缺少英语语言环境的我国英语学习者而言，最大的困难就是从课本里学来的英文知识往往与现实生活中的语用实际脱节，而观看英文原版电影、录像不仅可以扩大词汇量，增强听说能力，还能从中学到很多文化知识，动态的电影、录像情境，往往会让他们对外国文化更容易理解，印象也更为深刻。

3. 增强学生的跨文化感悟力

通过文化差异的比较，学生会在头脑中形成一种潜在的反应能力，这种能力就是通过语言这一载体对英语所反映文化内容的综合性的理解能力，也就是人们常说的文化感悟力。

在英语教学中，教师应注重对英语国家文化背景的介绍，使学生了解英美等国家的文化，通过比较英汉文化的差异，让学生明白不同的语言以及语言背后的不同文化，学会在适当的场合用适当的语言表达自己的思想，实现培养和提高学生运用英语在跨文化语境中正确交流的能力。

增强学生的跨文化感悟力，需要教师引导学生接触、理解文化差异。教师可以在课堂中教授文化知识。教材中有不少关于英语国家的生活方式、行为规范、价值观念、历史地理、文化艺术、风土人情、传统风俗等方面的对话和课文，教师应该让学生注意这些文化知识，增加学生对英语国家文化的感悟力。教师还可通过指导学生开展课外活动学习西方文化知识，如带领学生多读一些英语报刊、多听一些英语广播、多看一些原版影视资料来广泛接触和逐步丰富英语文化背景知识，还可以通过指导学生开展英语角、英语晚会、专题讲座以及课外实践活动，使学生在不断接触英语文化的环境中比较文化的差异，培养跨文化意识，增强跨文化感悟力。学生增强了跨文化感悟力，就容易理解交际中出现的文化差异，如一见到"black tea"，头脑中立刻明白这是中国人常喝的"红茶"。

总之，只有在教学中充分挖掘课程中的文化内涵，引导学生课外了解英语文化知识，才能使学生认识到中西文化的差异，认识到世界文化的多元性，增强跨文化感悟力，最终形成较强的跨文化交际能力。跨文化意识就是指学生对外国文化和中国文化异同的敏感程度，以及在语言交际过程中根据外国文化调整自己语言行为的自觉性。跨文化意识在现代的跨文化交流中有十分重要的作用，缺乏跨文化意识往往会造成跨文化交流的失败。值得注意的是，在跨文化交流中，语言上的错误往往容易被别人谅解，由文化差异所引起的错误往往比语言性的错误更为严重，难以得到别人的谅解。传授文化知识的目的在于培养学生的跨文化意识，使学生能够自觉地按照英语的文化习惯使用英语进行交流。如果忽略或轻视了跨文化意识的培养，就会造成只教授语音、语法规则、词汇这些纯语言知识，从而影响学生的语用能力，使学生不能正确地运用英语进行交流，英语语用不符合英语社会的文化性常规的局面。

第二节 多元文化视角下的大学生与英语教师

一、多元文化视域下的大学生

（一）国家对学生文化意识培养的要求

大学英语教学中，教师应避免只注重对学生语言能力的培养，而应把语言形式的讲授与文化内涵的培养结合起来，激发学生的目的语文化意识，增强学生的跨文化交际能力，从而培养出既有语言知识又有语言能力的复合型人才。

（二）培养多元文化意识的意义

语言是文化的载体，也是文化的重要组成部分，语言与文化密不可分。

1. 文化意识的培养为学生深入认知和正确运用英语奠定基础

语言是一种特殊的社会现象，在人类演进的过程中，语言是人类思维的工具，也是人类形成思想和表达思想的工具。语言符号记载着人类社会发展的历史进程，蕴含着极为丰富的文化，文化通过语言得以保存、继承和传递；同时又对语言结构、语言交际形式、篇章修辞原则等在很大程度上产生深刻的影响，制约着语言的正确使用。因此，通过对英语国家的历史地理、风土人情、传统风俗、生活方式、文学艺术、行为规范和价值观念等文化知识的学习，不断强化英语文化意识的培养，有助于学生深入了解英语民族的思维方式和思维习惯，理解英语所蕴藏、承载的思想内涵，对学生深入理解和准确运用英语具有重要意义。

2. 文化意识的培养为学生开放性世界观的形成填筑基石

语言是社会人形成的重要渠道。人们通过语言对社会进行类型化，并认识世界。在与不同文化的人交往时，人们常常不自觉地使用本族语或本群体的社会语言规则解释和评价别人的交际行为，这种语用迁移的无意识性使人们在跨文化交际时很容易产生失误。而民族中心主义思想的存在又常导致不同文化人们的交际距离拉远。培养学生的文化意识有助于学生克服狭隘的民族中心主义思想，更好地理解英语文化，推动学生将母语文化与英语文化进行比较，深度认知母语文化的博大精深，增强民族自豪感；同时，通过比较，让学生尊重和吸纳英语文化，使两种不同的文化更好地沟通融合，促进学生开放性世界观的形成，使学生拥有博纳四海文化的广阔胸襟。

3. 文化意识的培养为学生跨文化交际能力的形成指路引航

跨文化交际能力是一个综合的、多向度的概念，它涵盖了知识向度、思维向度、行为向度乃至情感和个性向度。有效的交际能力包括认知能力、情感能力和行为能力，三者相互联系、相互影响、不可分割。培养学生的文化意识有助于学生跳出英语学习只注重词形变化、遣词造句、语法结构等纯语言知识的局限，推动语言知识与文化背景知识学习同步进行，使学习内容和形式由原来的枯燥、单调转向生动、丰富，从而激发学生的学习兴趣，增强学生的学习内驱力。积极的情感态度又会促进学生自觉地、有目的地去探索，加深学生对原文化和目标文化之间关系的认知、意识与理解。拥有这种意识能力，学生就更容易形成自主学习策略，在语境中发展对多元文化的敏感性、灵活性和批判态度，最终形成卓有成效的跨文化交际能力。

（三）培养英语文化意识的策略

要更好地培养学生的英语文化意识，教师必须转变传统教育观念，认真学习和吸取现代科学教育理论，广泛借鉴国内外先进的教育思想和教学方法，探索新的教学模式，促进学生跨文化交际能力的提高。

1. 培养学生正确的文化态度

文化是一种社会现象，又是一种历史现象，是通过人们的创造活动形成并随历史发展而发展变化的产物。中西方文化由于各自人类文明程度不同，所处的地理环境不同，所持的哲学观不同，因而也存在很大的差异。众所周知，中国文化以人本为主体，崇尚勤劳、朴实、谦虚、谨慎的美德；西方文化则以物本为主体，崇尚个体性、开放性、创造性、吸收性的文化传统。中西文化本质差异使中西方人们的生活大有不同，包括感情表达方式、解决问题的方法、行为方式等，而这些无不对语言产生影响。

因此，在大学英语教学中培养学生的文化敏感性，即学生在深刻理解本族文化的基础上对异国文化的观察、理解和反应能力，应被视为跨文化交际能力养成的第一步。而在教学中培养学生文化敏感性首先要树立学生正确对待本国文化和外来文化的态度。"文化地图"的概念（"文化地图"，即特定社会的价值观、风俗、准则、体系的统一体），就是使学生对本族文化地图和异国文化地图有正确的认识，摒弃民族中心主义，消除具有文化偏见的文化相对主义态度——文化只有差异，而没有好坏之分。因此，开展文化教学主要在于消除文化隔阂，促进跨文化理解。基于对本族文化的认知，基于正确的文化态度，学生在学习语言的过程中才能真正察觉到与本族文化有明显差异并可能发生文化冲突的异国文化特征，才能在理论上或是理性地理解与本族文化有明显差异的异国文化特征，才能在交际中真正理解对方的所作所为，解决文化冲突，实现有效交际。

2. 转变教学思路，营造英语文化氛围

语言学习和语言教学不能只学或只教语言知识本身，还应该了解和教授与语言有关的社会文化背景知识，努力克服母语文化和习惯的干扰，达到交际的成功。因此，教师应坚持语言教学与文化知识教学并重的原则，将知识讲练和文化交际有机结合，并尽可能将文化知识具体化、形象化。

（1）创设日常英语文化环境

在班级张贴介绍英语国家文化的图片、办英语板报等，让学生在日常学习环境中积累和巩固有关英语国家历史地理、名人名言等方面的知识。

（2）积极拓宽英语文化学习空间

充分利用互联网、语音室、图书馆、多媒体教室等媒介，通过让学生观看、收听英语影音节目，阅读英语报纸、杂志、小说等作品，从多感官增加学生的信息摄入量，使学生对异域文化耳濡目染，增强文化意识。

（3）广泛开展特色英语文化活动

经常开展英语戏剧表演、英语歌曲比赛、英语演讲或报告、英语角等活动，使学生在互动活动中切身感受英语文化气息，提高学生结合社会文化背景参与人际交往的意识和能力。

3. 优化教学设计，拓宽文化渗透空间

课堂教学是培养学生跨文化意识的主要途径。教师应充分发掘教材资源，从教材中获取英语国家文化背景知识，在教学的各个环节中进行多渠道、多层面的文化渗透，帮助学生获取英语国家的文化知识，增强他们的跨文化意识。

（1）词汇教学

教师可通过设计英语板报、广告，制作英语标志牌等活动为学生创设词汇应用的情境；同时，可有意识地补充与时事、社会生活、现代科技等密切相关的鲜活的词汇，培养学生捕捉英语文化知识的兴趣和意识。

（2）语法教学

教师绝不应只局限在语法自身的范畴内，要将逻辑思维、篇章语境、文化内涵联系起来，并借助真实的语言材料，让学生在语境中感悟语言功能，体验语言内涵。

（3）语篇教学

教师要重视文化背景知识的介绍、扩充和渗透，使语言知识和背景知识结合起来，补充贴近学生生活、具有时代气息、内容丰富的英语读物，让学生通过一定数量的阅读，更多地了解英语国家的风土人情、生活习惯、思维方式等，进而使学生形成文化意识，提高人文素养。

4. 选择蕴含丰富文化内容的语言材料

蕴含丰富文化内容的语言材料是进行文化渗透的重要因素，是教师在课堂中培养学生跨文化意识的重要资源，因而教师在选编教材时应有意识地多选取一些出自英美国家的原文材料，使学生通过大量接触，潜移默化地培养跨文化意识。

教学材料还应该具备以下三个特点：

（1）多元性

我们了解一门外语或一种异域文化，总是要经过我们个人的和他方的文化，这就要求教师选择或编写的语言材料要具有多元性。语言材料从类型上应包括己方文化、异域文化和跨文化的范畴。一味强调语言教学中异域文化的导入和异性文化的差异、矛盾和冲突，相对忽视中西不同文化间的相互渗透、影响、融合与重组，以及在外语使用中本族文化导出的意义，也将使得跨文化交际陷入一定的

局限性。为了加强学生的主体文化意识，教学材料在选编上应当适当引入中国文化，如中国传统的儒家、道家学说等。语言材料应按不同角度来构建，对同一问题，可以用跨文化的角度来阐释。这种开放的结构可以带给学生思考和争论的空间，通过对己方、异域文化的认识，在中西方文化的冲突中，达到对己方文化的再认识，对异域文化的真正理解，从而实现跨文化交际。

（2）代表性

英语教学的终极目标是让学习者通过对英语文化的学习，达到内在修养、素质的提高，从而解放思想，在理解不同的生活方式和价值观的同时，发展合作能力。因此，在选择教学材料时要注意选择那些有代表性的主流文化，触及西方文化本质，反映西方文化的深层内涵。例如，西方的社会制度、人性道德、哲学流派、经济理论、思想及价值观等。这些内容有助于学生自己去分析、去探讨西方文化，加深对西方整个社会、人类的认识，得出自己的结论，最终达到跨文化能力的提高，自身素质的完善以及人生观、价值观的成熟。

（3）趣味性

教材不仅要符合学生的知识水平、认知水平和心理发展水平，还要尽可能通过提供趣味性较强的内容和活动，激发学生的学习兴趣和学习动机。为此，教材应紧密联系学生的实际生活，提供具有时代气息的语言材料，设置尽量真实的语言运用情境，组织具有交际意义的语言实践活动。教材内容的选择和安排应充分考虑不同年龄段学生的兴趣、爱好、愿望等学习需求和心理需求。

5. 培养交际策略，注重交际能力养成

交际策略是学习策略的重要组成部分，有效的交际策略能提高学生英语学习的质量和效果，有利于学生自主学习能力的培养，为学生跨文化交际意识、跨文化交际能力的形成，以及未来发展和终身学习奠定良好的基础。

（1）激发自主学习动机

教师可联系当今世界科技发展、经济全球化、信息化的新形势、新特点，对学生进行学习目的性教育；联系名人刻苦自学外语成才的典型事例进行学习态度教育；联系学生的学习和生活实际，让他们在学习中感受英语的有趣和有用。

（2）鼓励合作探究学习

在课堂上教师要多让学生做"pair work"或"group work"，凡是学生自己能做的，教师就不要插手。这既有利于增强学生的自信心，培养其协作精神，又能扩大课堂单位时间的利用率和有效率。

（3）分层次布置任务

教师根据学生的实际情况，让学生独立完成力所能及的学习任务，训练学生独自计划、实施和完成学习任务的能力，如收集名人名言、学唱英文歌曲、收看英文影视剧、编排课本剧等。通过多层面活动激发学生的求知欲和学习动机，培养学生运用适当的学习方法和学习策略收集信息、处理信息、解决实际问题的能力，从而使学生真正学会学习。

二、多元文化视域下的英语教师

（一）英语教师面临的问题

在多元文化视域下，大学英语教师的专业发展主要面临着专业意识欠缺、专业知识贫乏、专业能力薄弱和专业创新不足等问题。

1. 多元文化专业意识欠缺

意识是人的大脑对客观物质世界的反应，是感觉、知觉等各种心理过程的总和。多元文化专业意识，是教师大脑对多元文化世界的自然反应，是在各种心理状态中自觉或不自觉的心理过程。因此，多元文化专业意识是决定教师是否能动地学习、借鉴和吸收多元文化的决定性因素。

当前，我国高校多元文化意识很欠缺，主要体现为：一是对传统文化的过分推崇，以致唯我独尊，难以接受外来文化；二是对传统文化的不正确认识，以致抛弃传统文化，全盘接受西方文化；三是在处理中西文化的冲突中，采取放任自流的态度。这三种情形都是多元文化缺失的表现，均不利于高校教师多元文化意识的确立。多元文化专业意识模糊不清、立场界限不明，势必导致教师在英语教学实践中对异文化的盲从、顺从或屈从等现象，这些都不利于我国高校英语教师长效、稳定地专业成长。

2. 多元文化专业知识贫乏

多元文化专业知识贫乏，一方面，指的是教师缺乏对外来文化的充分认知。

由于大学英语教师的教学工作负担大部分较重，使得不少高校英语教师没有足够的时间和精力去涉猎外来文化。与此同时，我国大多数高校也没有专门设置针对多元文化的进修学习或培训，致使英语教师在多元文化知识方面的学习机会极其贫乏。另一方面，多年来高校英语教师结构不合理，特别是我国高校英语教师实际上多数属于"本土制造"，即多为国内高校毕业，接受的多为本土教师的培养。英语教师对多元文化的直观感受非常有限，多元文化知识亟待提升。如何有效地将外来文化与传统文化结合起来，将多元文化与跨文化整合起来，仍需要一个漫长的适应与学习过程。

3. 多元文化专业能力薄弱

我国高校英语教师的多元文化专业能力还较薄弱，主要体现为我国高校英语教师的多元文化素质单薄、多元文化综合能力不足且结构单一。英语作为多元文化的象征，需要高校英语教师具备多元文化的综合能力，包括对多元文化的理解与解读，对英语课程的把握与调整等。在这种单一的文化结构下，教师无法娴熟地、融会贯通地教授多元文化融合的英语。

大多数学生认为学习英语的主要目的是提高英语的实际应用能力。这里的英语实际应用能力包括英语文化的适应能力，但大部分高校英语教师无法描述出英语综合应用能力的准确概念与内涵外延。对英语应用能力和文化适应力也缺乏清晰、准确的定义，使各高校英语教师对如何提高自身的多元文化专业能力感到无所适从。

4. 多元文化专业创新不足

多元文化专业创新不足，最主要体现在英语教师多元文化专业创新意识淡薄、创新途径欠缺。创新意识淡薄主要表现为大学英语教师普遍存在"拿来主义"思想，喜欢照搬、照抄和照跟他人的文化，缺乏主动的创新精神。此外，在我国传统中庸思想的影响下，不少英语教师在面对多元文化时采取"不自觉抵制"的做法，没有主动地将内在文化素质与外来文化信息进行有效整合与建构，无法形成新的理解与创新文化。创新途径欠缺与学校教学、科研的创新氛围不浓密切相关，也与学校缺乏创新激励机制有关。个体主动创新意识和综合创新环境的缺乏，可能导致多元文化的教学理论与实践无法深入、教学改革受阻，致使大学英语教师无法获得专业的快速提升与可持续发展。

（二）英语教师多元文化技能发展对策

1. 展望世界，培育多元文化专业意识

当今文化的多样性、差异性和跨文化交际的多元性要求大学英语教师具备多元文化意识。大学英语教师如若仅仅具备英语语言和语法知识，则可能无法敏锐地捕捉语言背后的文化、语法背后的规则、文化背后的故事。因此，大学英语教师须在文化背景中解读语言和在语言教学中融合多元文化。

大学英语教师应展望世界。在当今的国际化趋势下，英语教师需要突破传统文化意识的藩篱，放眼世界、着眼全球，自觉培育多元文化专业意识；要自觉阅读优秀的英语文学作品，特别是经典作品，通过广泛阅读培育多元文化意识，提高多元文化的敏锐性和自觉性。此外，要自觉接纳、包容外来文化，做到洋为中用。新时代的大学英语教师应该是一个放眼全球、海纳百川的现代教育工作者。

2. 积极学习，丰富多元文化专业知识

随着多元文化的日益兴盛，大学英语教师在坚守本土文化的同时，需要具备多元文化专业知识。只有具备多元文化专业知识的人，才能提升自身英语教学的魅力和竞争力。多元文化是时代发展的必然产物，大学英语教师应通过积极学习、不断进修等方式掌握丰富的相关知识，以获得更多的话语权。教师只有用丰富的多元文化专业知识武装自己的头脑，才能更好地武装学生的头脑；只有自身具备多元文化专业知识，才可能培养出具备多元文化素质的未来工作者。因此，大学英语教师应在实际工作中积极弥补自身因文化差异所带来的文化素养缺陷，做到了解英语背后的文化、理解文化背后的英语。

多元文化教育是一场深刻变革，沉浸在多元文化环境中的教师，需要具备丰富的多元文化专业知识。英语是文化的载体，教师要教好英语课，就需要掌握多元的文化知识，多元文化专业知识包括英语国家和非英语国家的人文地理、时事历史、宗教文明和风土人情等。多元文化专业知识在学生和教师的人际交往关系中起着关键的作用。只有具备多元文化视野的人，才能更好地适应多元文化社会。只有掌握多元文化知识的大学英语教师，才能自然而然地将多元文化专业知

识渗透在教学实践中，使学生受到潜移默化的影响。在当今文化多元的时代，教师应是外来文化的理解者、本土文化的传授者、多元文化教育环境的创设者和多元文化教育的推行者。

3. 加强科研，提高多元文化专业能力

跨文化交际能力和对异文化的敏感意识成为当代人必备的基本技能。高校英语教师应加强科学研究，通过科研提高自身多元文化专业能力。在教学过程中，如果不进行理论研究、不参加实践研究，教学活动会止于肤浅层面；反之，如果仅有理论与实践研究而脱离实际教学活动，则科研缺少基础与根基。高校英语教师必须积极参与相关科研活动以提高自身多元文化的专业能力。在科研中，教师通过文化的视角开展实践、反思教学，在实践中发现问题，并针对问题形成解决的方案，在反思中不断调整教学方式方法，最后应用于教学实践中。英语教师可以通过参加本校研究和教学公开课等活动，投身科研活动；学校应鼓励英语教师积极参加相关研究。多元文化的科研与实践将成为英语教师专业能力成长的新平台，促使我国大学英语教师走向国际化。

4. 大胆反思，促进多元文化专业创新

创新源于反思。因此，我国大学英语教师要大胆反思、大胆质疑，以此促进多元文化专业创新。在多元文化专业成长过程中，教师要大胆质疑传统文化下的各种教学问题，质疑多元文化视野下的各种文化冲突，在问题与冲突中寻找教学突破与专业创新。大学英语教师只有通过反思才可能发现自身教学的不足与存在的问题，才可能发现自身在多元文化专业领域的局限性。教师应把英语教学理解为一门应用教学，培养学生的英语综合应用能力，包括英语的听、说、读、写能力，改变传统的"聋哑"英语教学现象，提高学生英语交际与实际应用能力。高校要鼓励教师大胆质疑，培养教师通过质疑产生批判意识与创新思维的能力。英语语言知识和不同文化信息的输入，导致英语教学与师生关系产生新问题。教师应本着质疑精神，认真思考新时期出现的新问题，寻找多元文化专业创新的策略。

第三节　多元文化视角下大学英语教学改革

一、英语教学观念转变

多年来，英语教学一直以培养学生具有较强的阅读能力和一定的听、说、写、译能力为目标，而新的《大学英语课程教学要求》则将大学英语的教学目标定位为：培养学生英语综合应用能力，特别是听说能力，使他们在今后工作和社会交往中能用英语有效地进行口头和书面的信息交流，同时增强其自主学习能力，提高综合文化素养，以适应我国经济发展和国际交流的需要。而目前许多学校实际实施的教师讲授、学生被动接受的灌输式教学不利于语言综合能力，尤其是听说能力的培养。因此，教学观念上必须实现两个转变：教学目标从原来的以阅读理解为主转变为以听说为主，全面提高综合应用能力；教学主体从以教师为主的课堂教学转变为以学生为主的课堂教学。这是大学英语教学改革的首要任务。

（一）教学目标的转变

英语教学应帮助学生打下扎实的语言基础，掌握良好的语言学习方法，提高文化素养，以适应社会发展和经济建设的需要。我国当前英语教学的目标是：培养学生英语综合应用能力，特别是听说能力，使他们在今后工作和社会交往中能用英语有效地进行口头和书面的信息交流，同时增强其自主学习能力，提高综合文化素养，以适应我国经济发展和国际交流的需要。

许多学者都强调大学英语教学应加大口语和写作训练的力度，在教学观念上切实从知识传授转到能力培养上来。其实，大学英语教学中的知识传授和能力培养是相辅相成的。英语知识绝不能简单地理解为英语语音、词汇和语法知识，它还应包括文化知识及学生从切身体验中获得的经验形态的知识等，它是一个综合统一的系统。新的《大学英语课程教学要求》也强调大学英语教学要以培养学生英语综合应用能力为目标，但并不意味着知识传授无足轻重，而应该把它看作实现目标的途径和手段。道理很简单，学习任何一门语言，没有知识作为基础就不能运用。只有学习和掌握知识，并把知识内化为相对稳定的内在素质，形成一定的素质结构，才能产生综合的语言运用能力。因此，在教学思想和观念的转变过程中，一定要着重处理好知识、能力与素质三者之间的关系，学习知识是基础，培养能力是关键，提高学生综合素质是目的。此外，重视听说能力的培养，并不意味着可以忽视读写能力。听说能力的提高在很大程度上与读写能力的水平相关，在语言学习的过程中，需要大量的信息输入并通过内部语言系统进行加工，进而转化成一定程度的外部语言，而阅读是信息输入的重要途径，没有足够量的阅读，要想提高口语能力也是不可能的。听、说、读、写、译五项技能是一个相辅相成的有机整体，在以往的英语教学中，我们忽视了听、说能力的培养，在纠正这一错误倾向的同时，也要注意不要走向另一个极端。因此，新的《大学英语课程教学要求》在突出听说能力培养的同时，也要求重视阅读理解能力、翻译技巧和基本写作能力的培养。

（二）教学主体的转变

按照传统的教学观念，教师是课堂教学的主体，学生只是被动接受，不需要进行太多的思考、分析、归纳和判断。在这种情况下，学习是静态的，甚至是机械的背诵和记忆的过程。教师充当的是演员的角色，学生充当的是观众的角色。这种以教师为中心的被动学习，一方面，挫伤了学生的积极性，使很多学生在课堂上提不起精神，教师讲得口干舌燥，学生听得头昏脑涨；另一方面，学生对知识的掌握并不牢固，虽然短期之内记忆了一些人、事、物和名词，应付了考试，但考完之后所学知识就很快被淡忘了。学生逐渐形成了对教师的依赖思想，他们在教学活动过程中的主体地位得不到确认。学生学到的是"哑巴英语"，没有语言实践机会，更谈不上应用能力的提高。

现代教学思想从以教师为主体转变为以教师为主导，以学生为主体，学生和教师的角色有了显著变化，转变了教育者和被教育者的角色定位。教师要向学生传授知识，但更重要的是要教会学生主动获取知识的能力。学生是教学活动的基本出发点，是教学活动的主体，居于教学活动的中心地位。而教师的作用主要是组织、引导或指导。语言课堂由教师、学生、教材和教学活动四个方面组成。他们就像一个剧团和舞台，其中教师是导演，学生是演员，教材是剧本，教学活动是演出。导演若对剧作理解不当，必然指导有误。演员若演绎与演技不当，演出自然失败。可见，现代教学思想把学生（演员）视为语言课堂成败的关键角色。

授人以鱼，不如授人以渔。教师要教给学生语言学习的规律和方法，要善于启发学生思考，培养学生的自学能力和主动获取知识的能力。整个教学活动是以学生的语言活动为中心。以学生为中心，就要求教师理解和体现学生的知识、智力、情感和个性需求。每单元围绕一个主题，语汇重复出现率高，便于联想和记忆。围绕大学生共同关心的话题，展开听、说、读、写、译活动，培养语言综合应用能力。课堂活动能激发学生思考，并在语言实践中获取知识、了解风情、提高应用能力。课内、课外相结合，注重学生自学能力的培养。

"学教并重"教学模式和"主导—主体"教学模式，尤其是基于 Internet 的"学教并重"的网络教学模式，正是整合了以教为主的教学模式和以学为主的教学模式而提出的。这种教学模式的理论基础就是奥苏贝尔（Ausubel）"学与教"理论和建构主义的"学与教"理论两者的结合。建构主义理论的突出优点是有利于具有创新思维和创新能力的人才的培养。奥苏贝尔理论的优点是有利于教师主导作用的发挥（"有意义接受学习"理论和"先行组织者"策略都是建立在充分发挥教师主导作用的基础上，否则无法实施）。其突出的缺点则是强调传递—接受式、否定发现式，在教学过程中把学习者置于被动接受地位，学习者的主动性、创造性难以发挥，因而不利于创新人才的成长。可见两者正好优势互补。"学教并重"这种新型教学模式能兼取两大理论之所长，并弃其所短，因此不仅适用于指导课堂教学，也可适用于指导网络教学和多媒体辅助教学课件脚本的设计与开发。应当着重指出，这里所说的"双主"和前几年有些人所主张的"学生是主体，教师也是主体"的"双主"是有原则区别的两个不同概念。如上所述，我们所说的"双主"是指既要发挥教师的主导作用，又要充分体现学生的认知主体作用。

二、英语教学内容改革

（一）课堂教学内容改革的客观要求

在英语改革实践中，不少教师对英语教学改革的课程设计基础理论建构主义学习理论缺乏深入的学习，不能用以指导具体的教学改革实践；疲于繁重的课时负担，疏于对教学任务重、教学进度快、教学内容多、教学班级大等教学实际的对策研究；教学内容的取舍上往往师承先生、师承书本、师承自己的学习经历和教学经验；教学模式的运用上固守精读课程的讲授常规，将多媒体设备当成了摆设或点缀；自主学习中心的指导往往就事论事，不能从根本上解决问题。很多学生对自己的知识水平和学习风格缺乏应有的认识，不具备自己掌握和控制学习过程、选择学习方式和评估学习结果的能力；对信息化教学模式的新鲜感消失之后，因未见实质性进步而感到些许失落和茫然，上机自主学习的时间和次数明显减少。

班级规模庞大，难以互动；水平参差不齐，众口难调；多媒体设备和纸质教材并用，电子教案、练习答案师生共享，照本宣科缺乏新意，相互矛盾、例外纷呈的所谓规则让学生头昏脑涨，学习风格不同、英语基础程度不同的同学"济济一堂"，难以达到应有的教学效果。

（二）课堂教学内容改革的理论基础

1. 改革大学英语课堂教学内容是建构主义学习理论的本质要求

建构主义学习理论认为，学习不是一种被动的"复制"活动，而是学习者认知结构的主动建立、重组、改造和发展；主张教师必须知道学生正在想什么，他们对所呈现的材料有何反应，要训练学生建构重要概念和原则的技能，为学生提供意义建构的材料、工具、模型和良好的学习环境。帮助学生建构意义就是帮助学生对当前学习内容所反映的事物的性质、规律以及该事物与其他事物之间的内在联系达到较深刻的理解。而现行大学英语的课堂教学内容未能科学系统地反映英语语言的内在规律以及语言要素之间的内在联系。

2. 认知理论是大学英语课堂教学内容改革的理论基础

认知研究从心理学中发展分化出来，深入系统地揭示了人类认知世界、掌握知识的过程。从认知的角度来看，语言学习涉及如何积累词语、词组和句子，如何辨别概念和规则，如何去解读和表达，既是陈述性知识的学习过程，又是程序性知识的学习过程，还是从陈述性知识向程序性知识的转化过程。尽管认知客体都是英语语言，认知主体大学生与低龄学习者在知识结构、理解力和记忆力上不同，应该而且必须采取不同的认知策略和学习策略。认知理论认为，对以命题形式贮存于记忆中的语言信息进行加工的认知过程是人类知识的基本存在形式。命题由两个或两个以上的概念组成。一个句子可以包含几个命题，构成命题网络，将事件信息储存在人的记忆之中。言者的句子表达，是对记忆中已有的命题进行组合；听者的话语理解，是解构所听句中的命题及命题间的关系。储存在记忆中的是命题，不是句子，所以表达时用的可能不是原句。语言表达和思维方式、母语知识以及认知风格、认知策略之间的依存关系远非传统语法所能揭示，现行大学英语的课堂教学内容难以实现教学改革的目标。

（三）课堂教学内容改革

1. 帮助学生建构个性化的英语语言体系应成为课堂教学的主要内容

大学英语教学改革的目的是提高大学生内化的英语语言能力。语言学习包括输入和输出两个方面，就外语来说，包括听、读、译、说、写五种技能。对绝大多数中国学生来说，英语阅读就是翻译，或者说翻译是阅读理解的一种外化形式。这五种技能关系密切，相辅相成。支配着这五种技能的是笼统而庞大的英语语言体系。

人们往往以为，研究和掌握英语语言体系应当是英语语言学家、语法学家或教师的任务。其实，语言体系存在于每一个语言使用者中。对于某一具体语言，既有广义的语言体系，也有狭义（个性化）的语言体系。而日常交际中，交际的双方是以广义的语言体系为背景，用各自的个性化语言来进行的。语言学习就是学习者构建个性化语言体系的过程。这一点，分析我们自身的母语习得和母语学习过程可以不言自明。我们认为，英语教学应该以帮助学生构建其个性化的英语语言体系为主要内容。

英语语言体系是指由语音、词汇、语法、文化、语境等要素构成的有机系统。课堂教学科学、全面地揭示语言体系要素及要素间的关系，学生在教师的指导和帮助下通过自主学习加以掌握；在听、说、读、写、译等语言实践中理解、体验和验证英语语言体系、体系各要素之间的有机联系，从而实现英语语言知识的内化，即真正掌握"组装和使用这些零部件的技能和方法"。

2. 建构个性化的英语语言体系具有可能性和可操作性

目前的英语研究多是经院式的独立体系，脱离中国学生的学习实际。学生很难以独立的学习来构建英语语言体系，需要教师指导和帮助。基于计算机和校园网的大学英语教学改革将教师从繁重的教学课时中解放出来，从而有时间休息调整、静心思考，有机会进修，提升学历层次，提高科研水平，继而进行创造性的研究。

英、汉两种语言，作为独立的语言，差别很大；作为交际的工具，发挥着同样的功能；作为学习的对象，既有语言的差异性，又有功能的相似性。如果能将两种语言结合起来研究，找出语言的普遍规律性，把英、汉两种语言的形式差异看作语言发展的合理结果，势必会大幅度地提高母语习得和母语学习的经验，以及这些经历在外语学习中的利用价值，学生原有语言认知能力的合理发掘和自觉运用会大大缩短英语学习的时间，克服英语学习中的畏难情绪，让英语学习变得轻松愉快。

运用功能语言学、认知心理学等现代语言教学理论的最新研究成果使教师能够在充分研究教学内容和教学对象的基础上，通过英汉比较，重新归纳、整合英语语言规则；能够对教学目标进行分解，制作教学细目，将之细化成有机的英语语言知识体系，从而指导学生对照教学细目盘点自己现有的英语知识和具备的英语能力，帮助他们设计个性化的指标体系。

个性化的英语语言体系建构中所涉及的语言规则的归纳和整合要基于对现代语言学诸学科最新研究成果的消化吸收，基于对教学内容的全面了解、系统分析和科学总结。规则要涵盖思维方式、语言表达、结构转换和遣词造句各个层面，以纲带目，以目释纲，环环相扣，步步联系；要具有科学性、全息性、简洁性、可重复性、递归性和可操作性。规则的可推导性和解释力要能给学生以全新的感觉，激发学生的学习兴趣和成就感。

教师应大力改进教学方法，充分发挥学生英语学习的主动性与创造性，将应试教育转变为以培养学生语言应用能力为宗旨的素质教育。语言教学的关键不在教而在学，语言教学不在教师做什么而在学生做什么。学生如果没有加工知识的过程，没有运用交际的机会，他们的语言学习只完成了进程的一半。因此，英语课堂教学应该以学生为主体，教师应尽可能多地把课堂时间让给学生进行语言实践与语言能力的培养。教师应运用正确的指导方法，培养学生的观察能力、思维能力、想象能力、交往能力及合作精神。

传统的大学英语教学方法就是教师将大量的时间、精力花在句子结构分析、语法结构和词汇的讲解上，教师讲得过多过细，以为给学生讲得越多，学生就会学得越多。其实这种教学方法事倍功半，得不偿失。教师占用课堂绝大部分时间进行词汇讲解、句子结构分析，学生在课堂上没有任何的思考，只是不停地记笔记，课后照着所记的笔记死记硬背，学生没有获得任何语言实践的机会，知识无法转化为能力。课堂气氛不活跃，易使学生失去兴趣。因此，要想培养学生的语言应用能力，必须以学生为主体，充分调动他们的积极性和创造性。

三、英语教学方法改革

善用教学方法是大学英语教学改革的关键环节。英语教学方法有很多，语法—翻译法、直接法、听说法、认知法、交际法、自然法、沉默法及暗示法等，都对外语教学理论和实践的发展做出了巨大贡献，但也都是不同时期不同教学理论的产物，是一定的历史条件下为达到某种特定教学方目的的产物；它们一方面从各个侧面充实和丰富了外语教学法体系的完整性，另一方面又过分强调了某个侧面，各有所长，亦各有其不完善之处。

交际教学理论近年来在国际上广泛传播，是当今国际外语教坛的教学法主流。交际教学法是在批判传统的语法—翻译教学法的基础上建立起来的，其中一个主要的原因在于传统的教学方法过分地强调语言知识的传授，忽视了语言技能的培养。交际教学强调培养学生的外语交际意识，提高学生主动的、积极的外语学习热情与应用能力。它改变了以往课堂教学被动的、单向灌输的、封闭的教学模式，使之向主动的、双向交流的、开放的教学模式转变。因此，我们可以把机械操练、有意义操练与交际练习有机地结合在一起。通过机械操练，学生熟练掌握语言形式；通过有意义的操练，学生能灵活应用所学的语言形式；通过交际练习，学生逐步向真实交际靠近。在训练的过程中，不要过多地做语言形式的练习，要使语言形式与语言意义相联系，使语言形式与学生的生活实际相联系，从而使言语技能发展为运用语言进行交际的能力。

近年来，国外一些新的教学方法被介绍引进，拓宽了英语教师的视野，也给英语教学注入了活力。广大英语教师积极投身到英语教学方法的改革、研究和实践之中。但是，不少英语教师在为改革开放以来英语教学面临的大好形势感到欢欣鼓舞的同时，又被不断引入到国内的外国新的教学法累得无所适从，致使英语教学法的研究和实践在某种程度上陷入了一种误区。面对各有所长的教学方法和日益高涨的更新教学方法的呼声，我们应该保持清醒的头脑。当今世界上并不存在一种能适应各种情况的万能教学法。因此，外语教师切忌为了赶时髦，盲目地否定那些行之有效的传统教学法，一味地推崇某一种教学方法，而应该博采众长，为我所用。要根据具体情况，基于需要和可能，运用各种教学法中最有效、最适用的部分，逐步形成各具特色的教学方法体系。归根结底，我们就是要建立轻松和谐的课堂气氛，这样才有助于学生积极思维，有助于教学效果的提高。在教与学的双边活动中，教师对创造轻松和谐的课堂气氛起着主导作用。

（一）活跃课堂气氛

英语课是一门实践性很强的课程，没有大量的语言实践，是不可能掌握好语言知识的，更谈不上运用语言进行交际的能力。掌握好课堂提问这一重要的教学手段，便能有效地促进学生积极参与课堂教学，活跃课堂气氛，达到不断提高外语教学水平的目的。要想利用好课堂提问这一教学手段，教师要注意以下三方面的问题：

1. 运用启发式的教学方法，调动学生学习的积极性

要使课堂教学的内容为学生所掌握，作为教与学双边活动中的教师，不仅要对各教学环节先有缜密的考虑，尽量安排好课堂的各个步骤和细节，并对教学活动的发展情况有所预计和估量，对可能出现的各种问题有比较充分的思想准备。同时，教师还要注意运用启发式的教学方式，调动起学生的积极性和主观能动性，唤起学生的求知欲望。这也是保持轻松和谐的课堂气氛的一个重要方面。启发式教学的关键是创设一种情境，诱发学生产生疑问，提出问题，激起学生积极的思维活动和求知欲，把学生置于教学活动之中，从而培养学生思考问题和分析问题的能力。

2. 充分了解学生的语言基础，做到因材施教

教学的对象是学生，教师对学生要有所了解，主要包括了解学生已掌握的知

识情况、学生的知识水平和语言能力等方面。充分了解了学生，在课堂教学、课堂提问中，就能做到有针对性，对难易不同的问题找不同的学生回答，力争在每堂课中让每个学生都积极参与，让他们在轻松活跃的课堂气氛下学习。例如，对一些创造发挥和扩展性的问题，最好先让学习优秀的学生来回答。因为回答这些问题须具有一定的语言综合能力和口头表达能力。对一些目的在于检查学生对所学材料的理解和掌握程度的问题，应多提问中下水平的学生。如果这类学生也能顺利回答，这说明全班绝大多数同学都较好地掌握了所讲的内容。在提问中，千万不可冷落那些学习较差的学生，可以为他们准备一些比较简单的是非判断题，或者比较简单的可以直接从课本中找到答案的问题。

3. 教师在提问过程中，对学生犯的错误应采取正确的态度

学生在语言交流过程中，难免会出现一些错误。如何对待学习过程中出现的错误，存在不同的观点。行为主义心理学认为，语言学习是个刺激—反应的训练，应有错必纠，以便形成正确的使用语言的动力定型。功能派心理学认为，学生在使用语言进行交流的过程中，犯错误是正常现象，它的出现属于不完善语言向完善语言的过渡。这种错误不必纠正，他们会在以后的语言交际活动中逐步纠正，只要在不影响完整理解的情况下，可大胆放手。我们认为，在实际教学活动中，教师应避免过多纠正学生交际过程中出现的错误。学生本来就担心自己的语言表达不规范，担心给别人留下不好的印象。如果教师反复纠错，容易给学生造成的心理负担和压力。学生怕犯错误，怕人笑话，因而采取"防卫式"的学习态度，不敢大胆开口，不敢参与课堂活动，在语言交流中，不注意自己想要表达的内容，而是考虑说的话有无语法错误，久而久之，会使学生感到课堂教学很压抑，一提起外语课，便如临大敌一般，思想极为紧张。在这种情况下，学生是无法掌握好语言信息的。对一些不影响交际和理解的错误，教师应采取宽容的态度。对于影响交际和理解的错误，教师应视具体情况加以引导。如采用"You mean…?""You say…?"等句型对学生说错的地方加以澄清。除引导以外，还可以采取自己纠正的方法，即让学生意识到自己的错误，然后自己加以纠正。教师发现学生的错误后，以不同的形式反复不断地重复正确的句子，学生随即会意识到他们自己所说的与听到的不同，于是自己将错误纠正过来。

（二）启发学生思维

为了使课堂教学生动活泼，吸引学生的注意力，使其身心都投入课堂中学习，作为教师应根据教材的不同体裁及内容，交替使用各种教学方法，这样才能调动学生积极进行思维，提高学习效率。

（三）激发学生的学习兴趣

心理学家认为，兴趣在学习中起着十分重要的作用，它往往成为学生乐于刻苦钻研、勇于攻克难点的强大动力，因此在教学过程中，教师应自始至终注意这个问题。教学方法的多样化、直观教具的运用是调动学生积极性的有效手段。而英语竞赛、游戏在这方面也起着非常重要的作用。英语竞赛、游戏可增加学习英语的兴趣和信心，有助于培养学生开口的习惯和能力。同时，游戏又可以缓和课堂的紧张气氛，消除学生的课堂疲劳，形成轻松和谐的课堂氛围。因此，教师在正常的教学过程中，应随时发现课文中有助于组织英语竞赛、游戏的材料。如在讲构词法时，教师可以先给几个词，然后有控制地进行词汇竞赛。如在讲到"micro-"这一前缀时，可以告诉学生"micro"意为 tiny（微小的）。再给学生几个例子，如 microwave（微波）、micromotor（微电机），然后由学生抢答由"micro"作前缀的其他词，如 microcomputer（微型计算机）、microworld（微观世界）、microphone（麦克风）等。

有时，在课前、课间休息或临下课几分钟可为学生播放一些优美的英语歌曲，并把留有空格的歌词印发给学生。学生对"Do Re Mi""Jingle Bells"等歌曲十分感兴趣，跟着录音反复学唱，认真地听，希望把所缺的歌词听出来。学生对此做法反应非常好，认为这样有吸引力，不仅能消除疲劳，活跃气氛，而且可以帮助他们训练听力和语音，还有助于记忆单词。

利用竞赛、游戏的方法进行外语教学，给学生一种摆脱了教师控制的轻松感，可以使学生始终保持浓厚的兴趣。学生把争强好胜的心理带到课堂中，促进了积极思维，从而活跃了课堂气氛。当然，创造轻松和谐的课堂气氛并非一味地迎合学生的口味，投其所好，目的在于淡化学生的抵触心理，提高单位时间的教学效果。

总之，外语教学过程是教师引导学生利用语言这种交际工具进行交际的过程。课堂教学中，教师要以自己满腔的热情、充沛的精力以及认真细致的备课去感染学生，让全班学生始终以积极态度参加教师所设计的各种训练，使人人都有收获，从而达到运用语言进行交际的目的。

四、英语教学手段更新

为适应大学英语教学模式的变化，提高大学生的英语综合应用能力，必须采用国内外优秀的教学资源和先进的计算机网络技术，精心设计开发大学英语教学多媒体课件。为集中体现教育部大学英语教学改革精神，加强实用性英语教学，突出和加强大学生听说与交流能力的训练与培养，我们应注重和强调学生的中心地位，促进个性化学习和自主学习，以解决目前大学英语教学所面临的师资不足、语言环境缺乏、教学观念和手段落后、重结果不重过程、学生的听说表达能力较差等问题。

（一）基于网络的教学手段

随着计算机技术的发展，电子邮件和国际互联网不仅成为交际的手段，而且人们逐渐认识到它的教育功能。高速的网上查询，大范围的网上聊天，以及专业内的新闻组的建立为英语教学添上了现代化的色彩。英语学习从教室移到全球，从书本移到现实，远程网上教育、虚拟大学、虚拟图书馆如雨后春笋，层出不穷，电子出版物使英语教学的效率大大提高。由于基于互联网的英语教学组织逐渐增多，国际交流日趋频繁，英语教学质量将得以大幅度提高。

网络教育是目前实现继续教育和在职教育的最佳解决方案，而且因其符合建构主义教育理论而使得它在英语教学方法的改革中举足轻重。建构主义强调教学应以学生为中心，充分发挥学生在学习过程中的主观能动性，而不是以教师为中心、学生被动接受的传统的教育模式。基于网络的英语教学是信息时代计算机和通信技术应用于教育的新形式，它实现了适应性学习和智能化教学：所有的课程内容在网上发布（甚至可以包括听力练习）；学生在网络上学习，并完成作业，甚至参加考试；学生在网上参加讨论，向导师咨询、答疑，并可获取标准答案；所有教学计划安排都在网上发布，学生还可从网上注册或获取成绩单。

基于网络的英语教学具有以下主要特点：

第一，多样性。英语教学的内容和形式都突破了传统教育的局限，而具有丰富多彩的特点。在 Internet 上通过多媒体信息（图像、声音、动画、影像、文字等）的呈现，为学生提供了一个形式生动逼真、内容包罗万象的教学环境。

第二，交互性。在 Internet 支持下，英语教学过程中的教师和学生相互沟通，进行双向交流。学生可以通过网络向教师提出问题，教师也通过网络给予学生解答。

第三，实时性。通过先进的通信和网络技术可以实现异地的教学同步，实现教师和学生交流的实时进行。

第四，针对性。学生可以自主地安排学习，包括学习的内容、时间和进度。教师可以根据学生的学习情况（包括进度和效果）及时地调整教学内容，有针对性地、个别化地"因材施教"，达到最佳的学习效果。

第五，共享性。网络的重要特征就是信息资源的共享。这些信息来自不同的国家和地区、学科领域，所有的网上用户共享这些信息资源。

第六，开放性。教学内容总是最新的、开放的，它克服了传统教学手段在时间和空间、教学内容以及教学对象上的种种局限。

第七，基于网络的英语教学信息量大、方式灵活新颖，在网上学习真的如同在知识的海洋中遨游。网络教学还可在很大程度上解决跨区域师资优化组合分配的问题。

网络英语教学主要采用两种教学模式，一是同步式教学模式，它是采用定时的方式，实现实时交互的多媒体教学模式。实现手段以视频广播和 IP 组播等为主。二是异步式教学模式，它是采用非实时交互的多媒体教学模式。实现手段以 Web 浏览和视频点播方式为主。

视频广播、视频点播等不同的实现手段各有其优劣，不同的手段适用于不同的教学模式和教学环境。学习者可以在 Internet 上通过视频广播实时观看名师的授课内容，也可以非实时视频点播已有的教学录像或多媒体课件。此外，教师可以将教学内容编制成超文本标记语言文件，放在 Web 服务器上，学习者通过浏览 WWW 的方式学习，可自己支配学习的时间及内容。学习者可以利用 E-mail 或 BBS 向教师求教或提交作业；教师可以通过 E-mail 或 BBS 来答疑、发布教学安排、教学计划甚至作业等。需要强调的是，多种技术的同时使用比只使用单一技术的教学效果要好得多。

（二）基于多媒体的教学手段

计算机多媒体技术是指人与计算机通过多媒体对话，即人可以通过键盘、鼠标、声音甚至动作等向计算机发出指令，计算机可以通过屏幕的图像、文字、声音及影像与人对话。具体地说，计算机多媒体技术应用于外语教学有如下作用：

1. 提供交互式学习环境

通过学习者与计算机之间的一系列相互作用完成各种教学功能。计算机提供信息—学生反应—计算机进行判别与处理，这种工作可以反复进行，直到计算机认为学生已学会为止。这种交互式的方式使学生能及时得到回馈信息，知道自己做对多少，做错多少，以及为什么错等，随时了解自己的学习情况，不断调整自己的学习步调、速度及难易程度。这样就可以改变传统课堂教学中强制学习程度不一的学生被动地接受同一模式及步调的严重缺陷。可以做到因材施教，因需施教，发挥每个人的最大能动性，激发学生的求知欲。而且在这样的学习条件下，学习者精力集中持久、记忆力强、不易疲劳，有利于学生的身心发展，提高学习效率。学生还可以通过分段放像、选择放像、定格观看等形式充分理解所看资料的内容，这些都是由学生自己控制的。然后，根据有关内容口头回答计算机提出的问题，通过人机对话模拟教师与学生的双边交谈。就这种人机交流的功能来讲，以前的任何一种教学媒体都是望尘莫及的。总之，计算机多媒体技术使学生主动参与学习过程、个别教学及独立获取知识信息成为可能。

2. 创造良好的语言环境

心理学研究表明，外部环境对受传者有较大的影响。要培养学生的交际能力，为学生创造英语语言环境，提供语言实践的条件和机会，最大限度地克服非英语环境下进行外语教学的局限是非常必要的。我国的学生每时每刻都处于一种本族语的环境中，即使在教学中也侧重书本教学，课堂上很少能听到地道的英语。因为教师在课堂上大多使用课堂式英语，学生无法准确地使用交际语言。当然，让每个学生都置身于目的语学习的环境中，或引进目的语教师也是不现实的。计算机多媒体技术在弥补这一缺陷、创造外语环境方面具有十分明显的优势。多媒体的信息存储与处理过程都是数字化的，因此最有利于实现高质量的图像与声音的再现。学习者不仅可以听到地道的语音、语调，而且能直接看到对话的环境和现场、说话人的表情、神态和姿势等，从而使自己有一种身临其境的直观效果，有助于他们对语言的理解、吸收与模仿，使他们不知不觉地进入用英语思考和解决问题的境界。总之，多媒体技术为语言教学提供了丰富的学习环境，能使教材的思想性与艺术性充分地结合，逻辑性与直观性同时并重，创造出与讲授内容相关的丰富生动的语言环境，不但对学生具有极大的感染力，而且增强了他们的联想能力。学生在这种交际环境中相互感染，相互学习，逐步提高自己的语言能力。

3. 使所传输的信息便于接收记忆

多媒体教育模式可以做到声图并行、音像并茂，把学习者的视、听和发音等感官有机地结合起来，刺激多种感觉器官，有利于调动学习者的主观能动性和积极性，从而可获得较高的接收效率。

计算机多媒体技术具有交互性、形象性和高效性等特点，可以使学生获得学习主动权，从而激发学生的学习兴趣，提高学习效率；同时，还可以减轻教师的部分工作负担，特别是能从繁重的讲授及批改作业中解放出来，以便将更多的时间投入教学改革、进修或提高业务水平等工作中去。

目前，市场上的英语教学多媒体软件也不少，如"社交美语""实战听力""办公室英语""商贸英语""大嘴英语"等，它们从技术上来讲已研制得较为成熟，充分地发挥了多媒体在辅助外语教与学中的作用。但这些软件的学习内容与大学师生的需求尚有一定距离，尤其缺少一种以大学英语教材为原本，旨在为教师的教学提供丰富资源和为学习者的学习提供良好环境的软件。前不久，教育部在清华大学举行的大学英语教学软件验收展示活动，得到了众多申请大学英语教学改革试点高校的关注。

我们相信，通过现代教育技术实现的个性化、交互性和体验性教学效果的大学英语课堂，一定能为提高大学英语教学质量奠定坚实的基础。当然，一项新的教学模式能否成功，其关键因素之一就是教师的认识能否到位。教师要主动适应新的教学模式。

　　同样，需要引起我们注意的是，不能将这种新的教学模式等同于趣味教学。在大学英语教学中需要强调学习的趣味性，但不能只片面强调趣味性。为了提高学生的学习兴趣，许多英语教师做过多种尝试，如在课文的讲解中加入大量的英语文化背景知识，讲英语小故事，教授英文经典歌曲，有些教师甚至把英文原版影片带到课堂上给学生观摩，有的教师还自制了"很有趣味性"的多媒体课件。事实证明，过度地使用以上手段，虽然会在短期内促进学生的学习兴趣，学生变得爱上英语课了，但学生只对这一部分有意思的"教学内容"感兴趣，而当教师真正切入正题时，他们就开始左顾右盼，注意力分散，甚至变得不耐烦起来。在这种"趣味教学"中学生只记住了有限的几句口语，听懂了几个单词，而学生分析句子、阅读较长文章、写作和对英语语言的运用能力并没有太大的提高。因此，学校和教师在按新的教学模式要求选用或开发多媒体课件时，一定要围绕教学目标和教学效果，而不是片面强调"趣味性"。教师在按新的教学模式组织教学活动时，切忌"迷失自我"，千万别忘记"导演"的职责。

第五章 多元文化视角下大学英语教学的方向探索

第一节 大学英语文化体验教学行动

一、大学英语文化体验教学相关要素

(一) 大学英语文化体验教学内容

大学英语课堂传统教学内容一直是词汇讲解、词汇辨析以及句子翻译等，基本局限于语言形式本身的意义，缺乏语言本身以外的意义，忽视上下文语境与此词汇或者句子的关系，长期以来造成语言与其语境脱离，更未涉及其缄默的层面。所以，要想改善这样的大学英语课堂，首先要着眼于改进大学英语教学内容。

词汇教学是语篇教学的基础，我国大学英语的语篇教学几乎完全"沦陷"于翻译法的"泥潭"。课堂上课文内容的讲解局限于文章内容的翻译，而语言的语境性、社会性和文化性等因素被"束之高阁"，学生学到的是独立的句型和意义，无法将其迁移到合适的社交场合，无法达到语言交际的能力四元素：语法、社会语言学、话语和策略能力。在这四项中，后三项更多地取决于文化因素。

词汇和言语（任何英语语言材料或者课文）是我国大学英语教学的首要内容，也是促成成功的语言交际的两块基础阵地，语言的社会性和文化性要求词汇教学需要通过一定的教学策略改善其效果，课文教学也是如此，它们的教学均须顾及其隐含意义的一面，即缄默的一面。所以，缄默知识本身的特点呼唤大学英语教学方式和模式的改进。

（二）大学英语文化体验教学情境

在建构主义理论中，知识总是要与一定的环境、目的和任务相适应。在传统的大学英语课堂中，语法-翻译法引导学生学习到的是"死"的语言，导致他们大多数不能在合适的情景或者情境下得体地使用，究其原因是由于他们不清楚这样的知识和什么样的环境、目的或者任务相适应，也就是不清楚何时、何地、用何种方式和谁可以这样交流，即欠缺社会语言学家海姆斯所强调的语言能力。因此，在大学英语文化体验教学中，为了使学生学习到"鲜活"的语言，作者提出，在一定的教学情境中进行活动性学习，注重教学情境的生活性、形象性、问题性和情感性。生活性可理解为文化主题与他们的生活经验的交叉，形象性可理解为通过多媒体等现代手段进行的情境再现，问题性即让学生意识到为什么在不同的民族国家会出现这样的情况，情感性则可以引发学生更多的情感投入与共鸣，使得学生对于文化主题的体验、感悟达到一定的深度和高度，从而理解相关文化主题。尤其是隐性文化知识，其意义具有情境性，只有通过运用和实践才能够被理解。

后现代知识观认为，知识的意义有不确定性，即它不是一成不变的，随着使用场合和社会文化等因素的改变，知识的意义会随之改变；同时知识的意义生成也取决于个体与外界，即环境或者社会的互动。它不是个体对于外部世界的镜像反映，而是个体在与周围环境进行互动时建构的，是在和其他社会个体协调的过程中逐渐建构和发展起来的。美国教育家杜威所强调的"做中学"理论其实就是主张教师能在教学过程中提供给学生以"引起思维"的情境，他主张教学过程的第一个要素就是"学生要有一个真实的经验的情境"，因此在大学英语文化体验教学课堂中，教学情境的创设成为一个重要的元素。它不仅是指由教师进行的"能引起学生思维"的情境创设，也包括借助多媒体设备进行的文化体验情境创设，在创设的情境中，鼓励引导学生进行一系列情境活动和对话，在对话中获得感悟、体验，习得建构语言所蕴含的意义。

二、大学英语文化体验教学实施策略

笔者对大学英语文化体验教学设计进行了一年多的行动研究，其中重点探讨了贯通性文化主题、隐性文化知识、显性文化知识及其转化等问题，也总结了大学英语教师和大学英语教材在大学英语文化体验教学中的作用，从而形成立体性的大学英语文化体验教学实施策略。

（一）大学英语文化体验教学内容的相关划分

1. 大学英语文化体验教学内容的划分

事实上，大学英语的教学内容总是体现一定社会或群体的主流文化，是以社会主流文化代言人的形象出现的。它将社会主流文化转化为适合学生接受的内容方式，使学生在课堂的学习以及与教师的日常交往中，就有意无意地、或多或少地习得了这些文化内容。当然，大学英语中的文化教学一直是外语教学领域的难点问题，需要在教学过程中认真探索和总结。从语义学来说，词语的所指是现实生活中可以看得见的物质和事实，而它的能指则需要他人进一步的理解体验；看得见的是公开的文化，而需要体验的则是隐蔽的文化。同理，话语的文化特性也区分为公开的层面和隐蔽的层面，如在语篇分析研究领域，话语的隐蔽层面是其研究的侧重点。近年来，在大学英语教材的设计上，词汇表中单词解释就是每个单词的所指，即公开文化的层面；而词汇在课文中的使用则是词汇的能指，即隐蔽文化的层面。

词语文化与一个民族文化息息相关，民族文化中特有的事物与概念在词汇及语义上会有呈现，同样一个指称在不同文化中可能有不同的内涵意义，即词语在文化含义上的不等值性等。话语也受文化的影响和制约，话题的选择就会体现文化的不同，如谈论天气或者薪水、年龄等在不同的文化中其社会意义不同，甚至用什么样的语言风格来谈论该话题也受到文化因素的影响，各种不同的文化有各自不同的规范和模式。每一篇英语课文都是词汇的逻辑组合，必然体现一定的文化含义，虽然其体裁可能是故事、戏剧、科普知识等，但这些只是语言的公开文化层面，文章作者自己的价值观、思维方式等蕴含其中。因为个体的文化孕育于共性的文化之中，当学生接触到或者感受到其间的文化信息，就会感受到其语言文化所涉及的方方面面，包括其思维方式，进一步理解和感受与汉语语言文化的区别。很多文学作品描述的是特定的人物形象，表达的是作者本人的观点，但是文学作品能在很大程度上帮助学习者理解某一群体的价值观和信仰。大学英语文化体验教学是一种结合了词汇和语言的文化语境的教学活动，通过凸显文化特征而提高教学效果。文化既是教学的内容，又是手段，也是目的。

2. 大学英语文化体验教学贯通性文化主题的划分

贯通性文化主题必须有提出问题的功能和组织教学的功能。在大学阶段，无论是大学英语教学的目标要求，还是学生自身的要求以及社会的要求，最终都是对语言运用能力的要求。也就是说，不只是对单词和课文的要求，还有跨文化交流层面的要求，而贯通性文化主题的选择就是围绕跨文化交际的目的进行的，因为语言的学习是强调通过运用来进行的，这也是交际教学法的核心理念。文化和交际具有统一性，交际是文化的编码系统，也是文化的传播、继承和储存系统。文化概括为符号和意义的模式系统。模式可以理解为文化的规则性和稳定性；符号是指代表现实的言语、非言语或其他；意义指的是人们赖以生存的文化，是一个意义系统，是对于所处社会中的文化取向、社会规范、世界观和价值观等方面的解释。只有当交际双方对同一符号的诠释完全一致或在很大程度上相近时，交际才有可能顺利进行。所以，语言的交际本质以及语言的交际功能确定了语言文化教学的定位是为了促进跨文化交际的顺利畅通，哪些文化因素对于跨文化交际的影响比较大，并且可作为组织教学的形式，便可以确定其为教学圆周的贯通性文化主题。

因此，要建立一个文化因素细目表须仰仗文化因素恰当的表现形式，但是文化因素没有独立的物理形式或者标志，而是隐含在语言与非语言交际行为中的，而任何语言交际都离不开词汇和言语，因此我们可以借鉴外语教学的内容——词汇和言语（语言），即文化因素可以词汇和言语为其物理形式，结合摩根所提出的文化五要素之说，以词汇和言语为形式，以文化产品、文化实践、文化社群、文化个体和文化观念为圆周主题，可以确定出每个单元词汇和言语的贯通性文化主题，并以相应的文化产品等贯通性文化主题为主题列出一系列子主题，然后以此为基础构成相应的词汇教学圆周、语言教学圆周、思维教学圆周，并弥散其中。

文化五要素中，文化观念大部分是隐性的，少部分是显性的，而文化产品、文化实践、文化社群、文化个体则都是显性的。当教师在教授一个主题时，以下几个方面就是文化体验的内容：

①针对文化产品，主要产品是什么？

②针对文化实践，必要的实践是什么？

③针对文化观念，主要观念是什么？

④针对文化社群，哪些社群正在做这些？

⑤针对文化个体，个体是如何对此反应的？

认知语言学的经验观认为，语言使用者描写一个事物时，一般是这样的：他不是仅仅对于事物进行客观的描述，他还会"添油加醋"，进行尽量丰富的描写，包括意义等，甚至使用隐喻。例如，对于一辆车的描述，不但涉及形状、颜色、款式、大小、车轮、方向盘、刹车、窗户等，还会谈到它的舒适度以及速度等，甚至社会地位的象征，有人甚至会联想到一次车祸、一段情感或者一个特别的人。这样，一个特定贯通性文化主题的单词或者语句的学习会引起其他几个贯通性文化主题的互动。认知语言学还发现，认知范畴的典型随着语境的变化而变化，并依赖贮存在人们心中的认知模型，而认知模型又最终依赖文化模型。不同的文化环境长大的人对于范畴化层次的内容取决于文化背景，文化的学习隐含其中。同时，随着层级文化教学圆周的建立，学生要理解学习的材料，学习成为有意义的学习，其中学生的建构是关键。

（二）大学英语文化体验教学过程

1. 显性文化知识的体验过程

所谓显性知识，顾名思义，是指能够以一种系统的方法表达的、正式而规范的知识，是客观的、有形的知识，通常以语言、文字等结构化的形式存储的，并且表现为产品外观、文件、数据库、说明书、公式和计算机程序等形式。它具有如下一些特点：①显性知识是关于事实和原理的知识，反映了对客观事物的认识；②显性知识是通过逻辑工具（自然语言、机器语言）得到清楚表达、明确分类的知识；③显性知识具有层次以及不断更新。显性知识的这些特点使得它们可以被"轻易"地获取，如通过教师的传授、解释甚至是学生自身的阅读等，教授显性文化知识的教学方法策略是比较简单易行的。

在大学英语文化体验教学过程中，词汇文化教学圆周和语言文化教学圆周均以五个文化主题，即文化产品、文化实践、文化个体、文化社群以及文化观念的互动为环节，以体验为切入点，层层推进进行的。我们现在要讨论的是显性文化知识的体验过程。

第一，词汇和语言的表层意义作为系统的、有形的存在，学生的阅读、教师传授等均是一种被动体验过程，而且简单易行。

第二，在学习词汇和语句时，以词汇、语言为中心的各个文化主题的互动过程是一个联想、建构意义的过程，学生体验的是一种显性文化知识的扩展过程，即与之相对应的经验和文化知识的互相反应，从而得出一些自己的认识和看法，其中有可以表达的显性文化知识和一些"感觉"到的隐性文化知识。

第三，在故事复述或者角色扮演中，借助现代技术所创设的真实故事情境为学生的视觉体验提供了强大的平台。学生看到的、联想到的就是显性文化知识体验过程。

第四，经过被动体验、实践体验以及心理体验，在第四级教学圆周时"文化自知"，学生可以讲述出的即显性文化知识，其获得过程即成为显性文化体验过程。

2. 隐性文化知识的体验过程

缄默知识理论认为，缄默知识的获得与显性知识的获得模式是不相同的。而且，缄默知识是与个体无法分离的知识，很难与他人进行沟通和分享，只能是作为个人的经验、印象、习惯或者感悟的形式存在于个体，它难以用文字等说明表述。现代心理学认为，它的特殊性表现在它首先是程序性的，"只可意会，不可言传"，而且几乎无需他人的帮助，只能从自己的经验中获得，尤其是那些日后需要"缄默知识"的环境中的经验，所以体验对隐性文化知识来说，是最恰当的获取手段。

第一，以词汇以及语言为中心的五个文化主题的互动过程是一种意义建构的过程，其中主体（学生）的联想等过程含有隐性文化知识的体验过程。词汇具有不同含义，如反映意义、搭配意义、情感意义、社会意义和内涵意义具有非限定、可变化的特征，属于联想意义，而联想意义是人们在使用语言时联想到现实生活中的经验，表达人们在使用语言时感情上的反应，并且从广义上显示出特定语言集团的社会文化特征，这些与这个语言集团中的指示、象征以及隐喻方式有着千丝万缕的联系。

第二，在学生进行角色扮演时，扮演的主体学生在对话交流中，其实是在还原或者创设某种"缄默知识"产生的情境。在角色扮演过程中，学生可以观察学习人类行为、探究他们的情感、洞察其态度以及价值观等，从而培养他们解决问题的方法技巧，学会从不同的途径研究解决问题，而隐性文化知识就是指一个特定语言集团的价值观、情感，即文化观念，学生通过角色扮演来洞察他们的价值观等，即隐性文化知识的体验过程。

3. 隐性文化知识与显性文化知识的互相转换过程

在大学英语文化体验教学中，显性文化知识和隐性文化知识也有其相互转化的过程。

第一，教师和学生在体验中所能"述说"的是显性文化知识的体验，尤其是在先行组织者的提供阶段，学生首先是被动体验，当联想自己的印象、情感时，不但是主动体验，也是一种实践体验。

第二，在第二级教学圆周阶段——"知道怎么做"以及第三级教学圆周阶段——"知道为什么"，学生的"做"和"思考为什么"提供了显性文化知识和隐性文化知识的体验和转换的机会，即知识的"言语表达"和"内化"的外在表现。

第三，每一级教学圆周即下一级教学圆周的"最近发展区"，为下一级圆周中的文化主题互动提供了"基础"。

第四，大学英语文化体验教学中，每一个教学圆周阶段都涉及显性文化知识和隐性文化知识的体验和转换，文化个体、文化社群、文化实践、文化产品以及文化观念是相互渗透的。

（三）大学英语文化体验教学原则

1. 文化情境真实性原则

这里的真实指真实的文化内容和真实的语言情境。体验性教学需要创设一定的教学情境，因为体验与一定的情境相关联，创设的教学情境越接近真实，大学生的体验就越多，且越深刻，因为知识的意义具有情境性，学生只有通过运用实践才能够加深理解的深度。在这种真实的情境中，学生与情境之间的互动以及学生之间的互动生成一定的意义，形成知识的建构，尤其是隐性文化知识的建构和生成。认知心理学认为，如果输入大脑的信息具有一定的趣味性、实用性或者与日常生活经验结合紧密，那么当它到达大脑这一中心加工器时，便会产生兴奋的情感，输出活跃的思想行为。不论是词汇的学习还是语言的学习，第一级教学圆周产生的被动心理体验，是联想作用的凸显。词汇以及语言所触及的学生过去的真实经验会使他们对词汇以及语言进行心理加工，产生一定的结果，从而会出现真实的文化内容。并且对学生来说，有一定的趣味性，与他们的生活经验紧密相连。进行到第二级教学圆周，当进行情境创设或者角色扮演时，真实的语言环境会帮助学生进行语言意义的建构，他们产生兴奋的情感，输出活跃，从而进行意义体验，达到文化的学习。学生围绕文化主题创设情境时所设计的对话对于他们掌握语言有十分重要的作用，网络的推广和使用成为真实性语境创设的良好工具。

创设真实性语境其本质是创设学生体验场景，它是大学英语文化体验教学的基础起始和准备。在大学英语文化体验教学中，情境不能游离于学生的学习之外，它是大学英语文化体验教学的支撑性要素，决定着大学生的体验程度、过程以及良好的教学和学习效果。

2. 学生中心原则

当今网络盛行，尤其受到大学生的普遍热爱，当各种知识充满网络时，学生接触各种信息成为可能。在大学英语文化体验教学中，学生的地位得到了前所未有的重视，学生自主学习是一个必要的步骤。因为大学英语文化体验教学增加了大量的文化内容，但是课时并没有增加，而且学生没有相关的知识背景，教师只有通过授人以渔的方式，如布置任务要求学生课堂前后查阅大量的资料以及观看一些电影，以便在课堂上学生有进行主动体验的可能，并且在一定的时间范围内，才能确保教学目标的最终实现。

同时，大学英语文化体验教学是一种学生为中心的教学。它包含两层含义：第一，体验是在课堂上进行的，大学生与教师共同进行的体验，但是以学生为主体的体验是首要的，他们自己在体验中进行感受和领悟，进行知识和意义的内在建构；第二，课堂上的学生来自五湖四海、全国各地，他们的主体体验各不相同，其心理感受和价值取向不同，那么体验中的意义建构也不同，但是教师的

"脚手架"作用使得学生的体验虽然各异，却沿着大致相同的方向和角度发展和进行。

3. 渐进性原则

渐进性原则是大学英语文化体验教学顺畅进行的必要原则。大学英语毕竟不是母语，学生对于语言的得体性使用没有清晰的认识，即使是语言流利也不能保证它的得体性。因此，大学英语文化体验教学只能从教师提供先行组织者材料开始，首先是被动的心理体验，然后才是角色扮演等主动实践体验，并且教师的"脚手架"作用慢慢减弱，从而让学生对于语言材料获得渐渐熟悉的体验，并借此不断创造新的最近发展区。教育者应该根据学习者的发展水平确定什么样的学习环境能够为他们提供所需的支持，哪些方面构成挑战。如果给予他们支持太多，学习就不能发生，如果挑战太大，学习者就会退缩。所以，教育者有必要了解学习者的需求，尽量平衡给予他们的挑战和支持，以最大限度地支持学习。每一个教学活动都涉及教学内容与教学过程，当教学内容比较简单、学生易于接受时，教学活动的设计若不具有挑战性，学生的学习状态会处于停滞休息状态，此时教学活动的设计须具有一定的挑战性，即确定学生的最近发展区；当教学内容难度较高时，教学活动的设计也需要考虑到学生的挑战能力，即考虑确定学生的最近发展区，若教学过程是低挑战过程或者合适的挑战过程，学习者即能学到知识，若超越了学习者的最近发展区状态，学习者会出现"逃离"。在大学英语文化体验教学中，教师的"脚手架"作用即教学内容和教学过程的协调配合，才能促使学习的发生。

4. 传授式与探索式相结合原则

传授说教式的方法是一种通过讲座、讨论等形式进行的知识传授方法，它主要能促进学习者的认知和理解，有利于学习者学习和掌握语言文化知识，分析和理解文化差异，这里说教式可以理解为提出先行组织者，以及进行第一级教学圆周时所提到的被动心理体验，因为这时教师的"脚手架"作用还比较强大，学生可以进行演讲或者讨论，学习者在很大程度上处于知识的获取和对概念进行分析理解的阶段，但是教师的监督和导向非常重要。当进行第二级教学圆周时，体验就成为首选，教师需要注重传授和探索相结合的原理，在贯彻学生中心原则时，让他们在认知、情感和行为各个方面受到刺激，去感受、体验语言的内涵与外延，一方面弥补了说教式的不足；另一方面，让学生主体进行探索式学习。文化涉及更多的是隐性文化知识方面，教师需要充分考虑学习者的认知发展水平和语言与文化学习的规律，逐渐让学生从具体、直观的、与学习者日常生活联系紧密的实用问题开始体验探索，然后过渡到间接、抽象的意识形态领域，这也是渐进性原则的体现，并且在其过程中能调动学习者的各种学习潜能和机制，多层次、多渠道地进行教学。大学英语文化体验教学是以习得语言的整体性为终极目的的，以往的文化教学强调文化是教学的内容，它不只是内容，也是方法和目的，坚持传授式和探索式相结合的原则是必要和必需的。

不论是最先提出的"文化导入"还是后来的"文化教学"，首先要注意文化内容的适合性以及教学方法的可接受性，必须强调学生学习的自主性以及体验性教学途径，这符合当今教育理论界所强调的学生自主学习转向。大学英语文化体验教学是一门以掌握语言整体样貌的教学，不但注重语言本身的学习，即语言的物理形式，也注重语言的意义学习，即语言的人文性。文化内容是学生学习的内容和目的，同时也是手段。通过学习文化来学习大学英语，通过体验途径来进行语言的意义建构，注重学习者的认知能力，对于一线的大学英语教学有一定的合理性和借鉴性。

（四）大学英语文化体验教学方法

大学英语文化体验教学是以学生为中心、以贯通性文化主题为核心，让学生通过具体体验来"发现"语言使用原则并能够应用到实际交流中的大学英语的教学方式，从而提高大学英语教学效果。

体验的精髓在于，最好的学习效果是在经历了具体体验、观察思考、抽象概念、主动实践这一循环的过程之后达到的。其中，最为关键的一环就在于体验情境的设计。外语环境下的体验学习需要教师做好"脚手架"角色，即首先告诉学生这是什么，即先行组织者的提供。在学习新材料之前有一个引导性的材料，它在概括和包容方面稍高于将要学习的材料，而且语言通俗易懂，新旧知识以它为桥梁进行衔接。组织者可以分两类：一是陈述性组织者，其适用于学生的认知结构中缺乏上位概念时使用，以便学生获得一个同化新知识的认知框架；二是比较性组织者，其适用于学生拥有同化新知识的观念，但是使用不太熟练时，以便学生在学习新知识时，可以进行新旧知识的联系。大学英语的教学和学习是学生面对新的英语学习任务，同时也是中学阶段英语学习的继续，他们的英语水平和认识需要教师提出先行组织者，教师即成为先行组织者的提供者。这里，教师本身的专业素养成为决定其提出先行组织者是否优劣的关键。但是，无论是陈述性组织者或者是比较性组织者，其共同点只是一个引导性材料，教师首先切入课本内容即可，他们对于词汇与语句以及语言的解释就成为先行组织者的角色。

大学英语文化体验教学方法是：在进行大学英语文化体验教学时，首先是先行组织者的提供，由教师调动学生文化具体体验学习的阶段开始。在词汇层面的教学中，文化体验从最基本的词汇意义开始。语言是人类形成思想和表达思想的工具，人的思想的形成借助语言，同时人的思想又常用语言的形式进行表达。词汇是语言的基本单位，是文化传承的基本细胞，人类思维的过程或结果体现在语言的词汇和其他语言结构里。语言的词汇是最明显的承载文化信息、反映人类社会文化生活的工具。语言的学习者和研究者都知道，语言中最活跃或者说最富有变化的成分是词汇，词汇是语言的基本要素，是语言大系统赖以存在的支柱。词汇同社会文化的各项活动和社会的各种关系密切相关，真实地反映了人类的社会文化活动，传播着特殊的文化内涵。如因纽特人的语言中有很多与雪相关的词汇，因为他们所处的地理环境，又如"internet, information high-way"等单词的出现体现了科技的发达和社会的进步等，因此词汇字面意义，即辞典解释的含义，属于先行组织者。学生通过教师的讲解和查辞典获得词汇的基础含义，此层面属于心理体验层面，并且属于被动体验，学生被唤起想象自己在目的语文化环境下，去理解、认识主题内容，即词汇的含义，教师同时可利用图片展示等来促进学生的进一步心理体验。同时，上位概念和下位概念也是其中的先行组织者材料，此阶段学生会有新鲜感或者是激动的感觉，随后教学圆周开始形成。当然，词汇形成语篇，即语言，在词汇圆周推进的同时会产生语言圆周的推行和思维圆周的推进，因为语言与思维不可分，但是为了阐述方便，此处将语言圆周教学以及思维圆周分别单独列出，并且阐释其中的过程。

当一个个不同的贯通性文化主题出现时，循环的教学圆周以此为模式反复出现，学生因此对于英语国家的文化趋于熟悉了解，形成一个慢慢接近其隐蔽文化层的教学过程；同时，也是学习英语语言的过程，是跨文化学习的过程。就如人是一种动物，属于动物界，但是人又拥有另外一种特质，拥有思想，不仅与外部世界有物质上的往来和感觉上的交往，也可以从思想上对世界进行把握和理解，人拥有一种其他动物都没有的功能——符号，这个"符号"是思想性的、功能性的。正因为有了这个符号，人们才能对世界做出自己的阐释，这些"阐释"形成了人类"文化"的庞大体系。人类通过这种与周围世界的反应习得了语言以及语言所表达的事实、观念等。

大学英语文化体验教学包括四个阶段：贯通性文化主题的确定；先行组织者的提出，教学圆周内容的制定；文化体验途径的创设，如故事、电影或角色扮演等；英语国家文化与自己国家文化的比较等。

同时，大学英语文化体验教学对学生也有一定的要求，在学习中，学生应是课堂活动的积极参与者、大胆的表演者、有效的语言使用者和教师指导下的自主学习者。目前，很多大学英语教材的每一个单元都是按主题安排教学内容，包括语言知识和相关的背景知识、阅读材料、听力题材都是围绕这个主题安排和设计的，因此教师设计的各种教学活动在完成本单元的教学任务时，应首先让学生有足够的机会去体验、感知和思考所接触的新内容，然后在教师的指导下，学生把观察思考后的内容加以归纳，得出新的概念（可以是新的语法知识、语言知识或是背景知识），即"文化信息"，并运用到新的语境中或者是课堂活动中，这实际上就是摩根所提出的"文化实践"。此后是在了解文化信息基础上的课堂活动后的反思，即"文化观念"，最后才了解英语国家与我国文化的异同。在高层的认知、创新和个人发展中，常常需要文化体验教学中的几个教学圆周阶段互相推进。按照这一方式，以主题循环为途径教授完一个单元的内容之后，学生应该能达到不仅能够感知本单元的文化内容，而且能在新的语境中达到运用自如的程度。

第二节　提高本土文化输出能力为导向的大学英语教学生态

一、教育教学中的生态概念

（一）生态哲学与教育生态学

1. 生态哲学

生态哲学是一门相对独立的哲学学科，本质上是一种理性的反思活动，它是以生态学的理论为基础，借助哲学概念体系和思维方法，经过理性的抽象和概括而构建的理论体系。生态哲学的研究对象包括一切生物体在内的周围事物及其存在的环境。生态哲学是反思人与自然关系及社会演化进程，对当今社会面临的生态危机的反思基础上展望人类生存、发展和前进等活动中提升出来的哲学形态。现代生态哲学以人与自然的哲学关系为基本命题，追求的是人与自然的和谐、健康发展，并且实现人与社会可持续发展的最终目标，因此为世界可持续发展提供理论支持，是可持续发展理论的一种哲学基础。而随着时间的推移，生态哲学成熟的方法论已经被应用于越来越广阔的科学领域中，也为其他的科学提供了一种全新的思维方式。

2. 教育生态学

教育生态学是一门由教育学、生态学、心理学和社会学等学科相互交叉渗透而形成的边缘学科，它是依据生态学原理，特别是整体、联系和平衡等原理和机制，考察系统内部各个结构与周围环境的相互关系、相互作用和相互适应，研究各种教育现象及其成因，探讨教育生态的特征和功能及其演变和发展的基本规律，如教育生态系统、教育生态平衡等，探寻最佳的教育生态结构的途径和方法，并建立科学的教育生态系统。

教育生态学是研究教育系统内部诸要素之间的相互作用及与其周围生态外部环境（包括个体心理环境、班级课堂环境、学校环境乃至社会环境）之间的能量、物质和信息交换，探究"人–教育–环境"构成的充满适应与发展、平衡与失衡、共生与竞争的矛盾运动的社会生态系统。教育生态系统是由宏观大系统和各种类型的微观子系统构成的。宏观生态是指教育生态的总体结构，包括层次结构（如学前教育、初等教育、高等教育）、管理结构（指从中央到地方各级教育行政管理部门）、类型结构（如普通教育、成人教育等）、专业结构（指中、高等教育中的专业设置）和地区分布结构（指学校分布）。微观生态是指学校内部的组织结构、师资结构、资金结构、课程结构、专业设置、教学结构、目标结构等，研究的重点是解决学校内部的管理问题，分析环境因素与校园生态关系及其对教育的影响。教育生态本质上是一个宏观微观相互渗透、纵向横向交错、动态静态相结合的网状结构，具有开放性、目的性、有序性、整体性等特点。其主要发挥着培养人才，交换系统内外部能量、物质、信息的作用。培养人才主要指各相关教育机构通过对人才的教育培养，以解决社会上的人才短缺满足社会需求；能量的交换主要指教育各机构、单位与社会上的资金、人才、教学人员上的互相交换；信息交换则主要指信息在教育机构内外的流通反馈，学生、教学人员、环境以及教材都能影响到信息交换的实际效率。

（二）外语教育生态

近年来，外语教育生态研究开始向认知生态系统拓展和延伸。认知生态学认为，认知包括感知、学习、工作记忆、注意、长时记忆和决策这几个相互关联、不可分割的组成部分。认知生态学把人的这种认知的加工、提取信息的过程视为一种生物现象。在认知生态学的基础上，学者开始关注外语学习者的认知生态系统。认知生态系统是指学习者本身内在的认知系统，该系统由意图、认知、智力、动机、学能、母语、二语等因素构成。认知生态系统与语言接触量、年龄、受教育程度等因素交互，这些因素还与外语环境即社会生态系统交互。所有这些内部的和外部的因素构成了一个复杂的语言学习动态系统，在外部和内在资源的作用下不断发生变化与波动。认知生态系统理论拓宽了外语学习与习得的研究视野，帮助人们更加全面地理解外语学习者的认知过程，对于外语教育生态有一定的指导意义。

外语教学是一个系统，除了用系统论的方法，还应以生态学视角来看待和处理外语教学中的各种问题。因此，外语教学系统实际上还是一种生态系统。也就是说大学英语教学是一个整体，其各个部分相互制约、相互作用。那么将教育生态学理论引入外语教学，就是要综合研究外语教学的生态系统，分析系统中各要素的生态位现状及其发展与变化，探讨如何维持教学生态环境的动态平衡。

二、大学英语教学生态模式的构建

当今我国在大学英语教学中还存在重视形式教育与应试教育，忽略文化基础与学生能力的培养等问题。高校英语教学改革的主要目的就是要进一步增强学生听、说、读、写等方面的基本能力，促进学生英语综合应用能力的提高。要想真正解决这些问题，首先要培养教师的生态教学理念，使教学生态模式代替传统的教学模式，从而实现"知识课堂"向"生命课堂"的转型，改变传统封闭式课堂教学的理念，走上课堂教学开放的道路，改变学生"苦学苦思"的状态，引导学生"乐学活用"。其内涵是使课堂教学由知识世界回归人的世界，实现学生全面发展的同时也提高了教师的创新力和发展力。具体到实际的教学活动中，教师要尽可能地满足学生身心发展要求，进一步开发学生实践与感悟的能力，进而使教师和学生产生一种共鸣，两者在学习中形成互补，使课堂教学充满动力与活力。教师在教学的过程中要摆脱传统教学的惯性，大胆探索，将新的理念充分融入课堂的教学中，落实到学生的成长中，才能彻底改变不和谐"一边倒"的教学状态，实现高效的、和谐的课堂教学。当然教学模式的创新，需要从教学目标、教学内容、教学方法和评价手段等多个方面进行研究探讨。

（一）教学目标

大学英语的教学目标是培养学生的英语应用能力，增强跨文化交际意识和交际能力，同时发展自主学习能力，提高综合文化素养，使他们在学习、生活、社会交往和未来工作中能够有效地使用英语，满足国家、社会、学校和个人发展的需要。在这个教学目标中，"跨文化交际"和"提高综合文化素质"是关键词，表明大学英语教学不仅要强调语言知识和技能的掌握，也要培养学生的多元文化素质和跨文化交际能力。因此，要重构文化观，不应只把英语国家的流行文化作为文化教学的主要内容，还应该选择优秀的本土文化，只有熟练地掌握本土文化内容、流畅地表达本土文化思想，才能谈及其他文化的习得，从而融会贯通而不失本。

因此，设置准确的整体教学目标显得尤为重要，近年来的基础教育改革要求以学生为本，注重学生的自由发展，反对精英主义，希望学生能够得到全面发展。我们应该培养学生的英语综合运用能力，提高学生的跨文化交际能力，特别是对本土文化的英语表达能力。因此大学英语教学应该将语言知识与应用技能结合起来，既要有语言教学目标，还应该设置非语言教学目标，这样的结合才能使学生在学习英语语言的过程中体会和感受语言及其应用的整体性，才有利于学生发挥自身潜能，得到全面发展，以便更好地为文化输出做准备。

1. 语言知识目标

在选定英语语言知识目标时，首先，应该要求学生学习和掌握英语中的基本语言知识，如语音规则、拼写规则、语法规则、语义规则、语用规则等；其次，对于学生的词汇量、写作能力以及听说能力等应该达到的水平给予明确的规定，为英语语言实际运用能力的提升打下坚实的基础。这些目标的设定都应该围绕和参照国家英语课程标准中对英语语言知识的二级、五级和八级的分级目标，然后根据实际情况进行适当的调整，合理地选择适合学生发展的语言知识目标。

2. 文化知识目标

当代学习者担负着本土文化输出的重任，因此在设置文化知识目标时，应该从两方面入手，首先应该了解和掌握目的语国家的文化风俗和风土人情；其次更要对优秀的本土文化进行深入的学习和研究，在了解本土文化的基础上建立多元文化意识。可以根据学生的兴趣选择适合学生的本土文化典籍作为教学内容，充分调动学生学习优秀文化的积极性；还可以设置阶段性目标，对一段时期内学生掌握本土文化的英语表达进行考查，通过了解学生的掌握情况设置最终的本土文化及目的语文化教学目标。

3. 全面发展为目标

整体教学目标的设置，首先要贯彻"为了中华民族的复兴，为了每个学生的发展"的语言教学理念。现今的基础教育改革最显著的特征就是强调教育要以人为本，注重学生"全人"的发展，反对我国传统教育一直奉行的权威主义和精英主义教育，要求所有学生都能获得全面、自由的发展。因此，要让学生在学习英语语言技能的同时感受语言学习的乐趣，在提高交际能力的过程中也能提升其文化素养。语言目标与非语言目标相结合才有利于学生发挥自身潜能，最终实现人的全面发展。

（二）教学内容

任何教学模式都离不开教学内容，因此选择教学内容也成为构建教学生态模式的重要环节之一，教学内容一般包括课程标准、教材和课程等。

《大学英语课程标准》有三大理论的支持：语言观、语言学习观和语言教学观。语言观是人们对语言的本质以及学习语言的意义的理解，彰显了外语学习对个人和社会的意义；语言学习观是人们对"语言是如何学习的"问题的理解和认识，它强调语言学习应该在各种思维训练活动中发展语言能力，而不是把语言单纯看作一个知识体系来记忆和学习；语言教学观是基于一个完整的语言教学理论体系，回答"教什么"和"怎么教"的问题。

教材是教学的主要依据，也是一种关联的纽带，它在整合自然、社会和文化，也在沟通科学世界和生活世界。在这些关联和纽带中，学生始终是纽带的重要一端，因此教师对教材深入研究时都不能脱离这种关联。教师应不断寻找教材与学生的内在联系，实现教师、学生和教材之间的对话，从而实现知识的共同构建和理解。

英语作为一门外语课程，其最大的功效是促进人的跨文化理解和交际能力。因此，在挑选英美文化知识时，应该注意如何将中西文化有机地结合起来，既能让学生热爱本土文化又能兼顾理解西方文化。我国英语教学最初设置英语课程的目的是为国家政治、经济服务的，因此，我国英语课程作为国家社会本位性取向较为严重。到了 20 世纪 90 年代，随着国家对外开放力度的加大，英语课程的价值取向转向了工具性与人文性相结合。进入 21 世纪，随着我国加入 WTO，以及全球"地球村"的日渐成形，我国英语课程中文化知识的选取越来越注重本土文化与西方文化的和谐共生。英语学习一方面应该加强东西方文化的相互了解与理解，另一方面更应该通过语言学习促进世界的和谐、健康、可持续发展。

从学习英语语言文化知识上看，一方面，学生学习英语国家的社会文化，了解其文化风俗，促进国人对西方文化与价值观的理解，更好地将其文化内涵与语言学习联系在一起；另一方面，还要立足把英语作为媒介向西方介绍中国优秀的本土文化，以便西方人能理解中国文化和价值观，达到传播优秀本土文化的目的。长期以来，我国的各级各类英语教材"用英语表达本土文化"的内容相当缺乏，以致学生在和外国人交流时无法有效地传递本土文化，造成英语表达本土文化的"空缺"。很多中国语言学习者成了"外国通"，而对自己文化一问三不知，从而出现了不少让人啼笑皆非的笑话，也使得国人在谈及本土文化时成了"聋哑人"。这样的现象是非常不正常的，一个无法谈及本国文化的学习者也无法得到别国学者的尊重，使得"跨文化交际能力"成了空谈。

因此，在教材的编写过程中，要适当地调整教材的内容，加入一些中西文化对比的文章作为课文，同时在练习题的设置中也应该加入一些使用英语表达本土文化的训练，把本土文化渗透到课堂的各个环节中，这样就能培养学生对自己母语及其文化的理解与热爱，能推广和发展自己的民族文化，让外语教学真正成为沟通跨文化交际的桥梁：既能引入外国文化，又能推广本国先进的优秀文化。尤其要通过英汉两种语言所承载的文化差异来提高教学效果。因此，科学生态模式下的语言文化知识内容的选取应该正确处理外国文化与本土文化的融合问题。在学习西方文化的过程中，适当增加中国社会文化的容量，阐述中国文化传统及先进理念。在文化知识的选取上，应平衡兼顾本土文化与西方文化知识，培养既了解西方文化又精通热爱本土文化、能学贯中西的本土文化传承者和接班人。

（三）教学方法

1. 讲授方法

英语教学生态模式在选择教学方法时应该体现灵活性和切实性，而反对教学方法的单一性、绝对性和权威性，只要能促进学生语言知识、文化知识、语言技能和学生全面发展的教学方法都可以引入英语教学生态模式中来。

具体而言，要让教师从传统的教学方法中解放出来，采用多种教学方法来提高大学生英语的应用能力和文化输出能力，促进学生提高学习效率。在多种教学方法中，直接采用教师与学生会话、交谈的方式，提高学生的听说能力，但对语法讲解不足，导致学生写作能力不强。而认知法可以让学生举一反三，调动学生的主动性，利用所学知识去探索未知的知识，这就是智力和语法所起到的作用。但认知法的缺点是忽视学生的交际能力，因此我们可以用交际法和情境法来设置情境，提高学生的交际能力，可以将传统的翻译法和直接法、情境法、认知法、交际法和任务驱动型教学方法结合起来，采用以直接法和认知法为主，其他几种方法为辅的方式，形成平衡和谐的教学。在积累知识、趣味学习和交际对话基础上，任务驱动可以将语言知识和技能结合起来，在教师的启发下，可以小组为单位，进行任务设置，注重学生独立思考，让他们积极参与到任务闯关的游戏中来，不但可以把所学知识结合起来，又提高了团队配合能力和交际能力，从而更有效地完成教学任务。

2. 文化沉浸

现在许多大学生对中国古代著名的思想家、教育家知之甚少，对于中国文化典籍等更是说不清楚。语言是文化的载体，同时语言也是文化的主要表现形式。不同的民族由于其各异的风土人情、风俗习惯而使得其文化也是千差万别的，同时各民族的文化和社会风俗又都在该民族的语言中表现出来。因此，语言无法离开文化，文化依靠语言。从某种意义上讲，文化其实并不是教师教会的，也不是教材特有的，而是学生在各自的文化环境中洗礼出来的，即文而化之。因此，沉浸法就是教学活动中最好的文化知识熏陶的方法，它能够营造英语语言文化的课堂内外的文化环境，使学生沉浸在英语语言文化与本土文化交融的氛围中，从而达到文而化之的效果，使文化在学生体内"自然地流淌"。

语言输入是语言习得的首要条件，只有大量的语言输入才有可能促成语言习得的发生。根据这一观点，在外语学习环境中，语言输入同样是第一位的，也是促进语言习得发生的基础，而这种语言输入必须是有效的。有效的输入应具有可理解性和趣味性的特点。

首先，"可理解的语言输入"对掌握语言是非常重要的。无论是母语的自然"获得"，还是二语、外语等其他语言的学习，都需要有足够的可理解输入。在日常教学中，我们可以用英文讨论，英文解释解答本土文化问题，以此提高学生的本土文化英语表达，扫除学生英文思维障碍，使其跟上全球化思维发展趋势。"可理解性输入"还可以用在本土文化的学习上，可以通过视听资源使学生能深入了解本土文化内涵，关注本土文化的发展过程，使学生摆脱死记硬背的痛苦过程，转变成活学活用和爱学爱用。除了在校有意识、有规则地学习本土文化知识外，自学也不失为一种更佳选择。主要原因是自学可以控制学习进度，可以在课外自然的条件下，通过阅读本土文化著作或文化英译典籍潜意识地获得文化知识、提高表达能力。自学还可以根据个人不同的目标和兴趣决定掌握知识的进展程度和"可理解性"输入的量，更好地吸收学习的内容。

另外，有效的输入还需要具有一定的"趣味性"，一方面，教师可以通过其闻道在先、学业专攻的人格魅力以及教师幽默的风格、渊博的知识以及博大的胸怀对学生感染，使学生不依附任何规章制度，也不受制于教师的强权压制，从而达到相对独立自由、有趣学习、教师和学生更加平等的状态。另一方面，教师可以创设情境，为学生营造轻松愉快的英语语言学习环境，如英语口语课上，教师和学生可以选在空旷的户外，大家围圈席地而坐，以做游戏的教学方式引导学生随时用英语问答。在相对轻松有趣的语言环境中，学生就可以充分利用动作、体态、表情、语言，并借助丰富的户外语言情景，在情境化的教学文化氛围中轻松、自如地训练自己的英语，同时还可以更好地感知英语学习和文化学习的积极情感，从而激发英语学习的兴趣和动机。最后，在课后，学生也可以在通过网络等渠道收集一些有关本土文化方面的资料，包括画报、杂志、图片等。通过这些资料的收集和分享，增强了这些知识的趣味性，也使学生能更好地了解和对比本土文化与西方文化不同的风俗习惯、建筑风格、政治文化、审美标准和风土人情等，让英语学习融汇在学生日常生活、学习、娱乐和休息等各种场合中，潜移默化地让学生接受各种文化的熏陶。

3. 教学评价

在生态教学模式中，教学评价往往反映了教学的本质，它是一种协调下建构的"心理常识"，在多元化价值观的指导下，抛弃陈旧的"管理主义"。将评价的重点从结果和考试成绩转移到能力的培养，评价的内容不再拘泥于测验和考试，而是学生主导学习的过程。生态化英语教学评价一定要抛弃过去那种评价的硬性指标，或者检测的片面性指标，而是建立在全面的综合性的评价基础之上。参与生态教学评价的主体除了教师和教育部门外，学生、家长也是重要的因素，评价也不应当以某一个人或某一个机构的意见为主，而是各方因素综合作用的结果。评价内容，包括书面作答、人机测试等内容，另外，还包括学生在课堂的学习效果，课后是否参与学业思考，以及学生在语言学习的过程经历的各种信息的结合。评价目的和评价结果建立在教师、学生和教育机构共同作用的基础上。以教师为考查对象：教师既是教学语言的教授者，又是教学行动的实施者，且在教学活动中起到引导的作用。以学生为考查对象：生态语言教学能够帮助学生建立一种信息反馈，在一段时间内，观察学生对于教学行为是否满意。建立学生学习追踪系统，使其及时了解自己的学习进度和学习内容，发掘自身的学习潜力。以教育部门为考查对象：教学评价反映的是一段时间内整个学生智力和能力的发展趋势，从宏观上干预本地区教学政策法规的制定。并且生态语言教学评价是以内容、测量、干预和反馈等方式对学习行为进行调整，因此，生态教学评价是一个较为完整的动态体系，在评价—反馈—再评价的循环中不断前进。所以说，生态语言教学评价是建立在协商的基础上，将多维信息融合到一个体系内，目的是促使学生语言学习能力的提高和自身价值的发展。

过去，学生的考试成绩以及过级率成为英语教学水平和教师的专业素质评价的主要标准。这种评价标准严重制约了学生的发展和交际能力的提高，造成许多大学生学习了很多年的英语，却无法做到最基本的英语交流。教师拘泥于课本和考试，大量地讲解应试技巧，很少对学生进行实际能力的培训。学生也将大部分精力集中在浩瀚的英语试卷和解题过程中，造成为了考试、为了过级而学习的现状。这种评价体系导致了许多学生高分低能，使部分考试能力很强的学生处于无法与国外人交流本国文化的尴尬。

而如今，生态化英语教学是以学生为核心建构起来的教育评价，本质就是实现学生的综合长远发展，从评价的形式来看，形成性和终结性的评价建立在对教学资源的重新建构基础上，学生在学习过程中积累的经验能更好地为今后的学习服务。对学习效果进行评价需要不同的评价标准，可以是学习档案的记录，也可以是学习活动的演示，或者是测验和考试。形式并不是评价的最终参考标准，归根结底仍是为教师和学生的长远发展服务的，学习成绩的优异也不是评价个人能力的唯一标准。生态英语教学评价就要打破教师的"一言堂"，构筑平等的互动式评价标准，让与教育直接相关的各个方面的人和机构都参与进来，教师、学生、家长及教育部门等不一而足。

因此，生态化的英语教学评价应该注重建立能够促进学生全面发展、教师专业水平提高和改进教学实践的评价体系。生态化英语教学评价不仅要关注学生的英语语言知识、本土文化的交际能力，还要发现和发展学生更多方面的潜能和特长。并且在了解学生语言学习和个性发展需要的基础上，评估学生在多元文化学习中如何提升本土文化交际能力和跨文化交际水平。生态化英语教学评价希望发挥评价的教育功能，促进学生在原有的水平上有所提升和发展。生态化英语教学模式中，除了对学生能力的培养和关注外，还致力于对教师素质的长远发展，教师和学生同处于一个教学模式中，教与学的过程本身就是一种文化的互动，是建立在对学生的评价和启蒙基础上的，并且促进教师能力的可持续发展，以学生学习语言的评价来反映教师的教学行为是否正确。经常反省自己的教学行为是否恰当，教学效果是否起到激发学生兴趣的目的，能否带动学生建立学习的成就感，根据学生的学习过程来评价自己的教学水平，不断在授课方式和教学方法上加以完善，促进教学相长的教学目标实现，从而达到教师的可持续发展。

第三节　文化认知理论观照下的大学英语混合式教学

一、汉语文化认知图式对大学英语学习的影响及作用

英语作为一门语言学科，其学习方法与学习思维的培养与其他学科的学习不一样，不仅需要通过理解、记忆、练习来加以巩固，还需要通过交流来提高英语表达的能力。通过学生自己对英语体系的理解，来构建一个自主的知识体系。而对大部分的人来说，从小到大，在潜移默化中都深深受到汉语文化的影响，在脑海中都会深深根植着相关的汉语文化图式，比如在语言学习习惯上、行为方式以及思维方式上，都与英语的学习习惯有着极大的不同，而这些都会对英语学习有一定的影响。而从这一角度切入，分析汉语文化图式对英语学习的影响，从中找出提高学习效率的方法，对英语学习具有重要的意义。

（一）汉语文化图式的相关概念

1. 文化图式的概念与内涵

人对于外界事物、事件以及形成的认知体验就是图式的产生过程。图式是一种人在接触、感知与学习时而形成的知识结构。图式形成的认知结构，并不是对于事实经验的一种简单罗列，而是围绕在不同的事物与情景下形成的知识系统。图式在不断地被构建，也不断发生作用。

2. 汉语文化图式的概念

语言是文化载体及表现形式的一种，而文化则是语言的重要内容。文化是人类在长期的生产劳动中所形成的物质财富与精神财富的总和，其影响着人的认知与图式的形成。汉语文化是我国一项重要的文化遗产，所形成的文化图式已经根深蒂固。图式所形成的知识结构指的是在一定的社会文化环境中所形成的思维框架，会受到潜意识的支配，而这种结构的不同就决定着彼此是否能够进行交际。而当人在学习一样新事物的时候，特别是对英语学习来说，只有在已有的图式上与新事物之间相互联系起来，才能够被理解。而汉语的语言习惯与文化思维对英语学习又存在一定的偏差，这也就是大多数人都觉得英语学习难的一个原因。

（二）汉语文化图式对英语学习的影响

在不同的文化背景与内涵下，人们脑海里所存在的文化图式在人们学习或者是接触新事物的时候被不自觉地调动起来。而对英语学习者来说，在英语学习的过程中，头脑中所存在的汉语文化图式对于新的认知活动的适应程度不同，会影响到学习的效率，而这就需要进一步地对脑海中的汉语文化图式进行调整或者是改动，从而正确地接受新的认知事物，提高学习的效率。

在英语的学习中，不可否认的是中英文化存在的差异是影响学习的重要因素。比如，在碰到一个不认识的英语习语的时候，英语学习者会习惯于按照汉语的思维模式去直译出它所表达的意思，只有在上下文之间说不通的情况下才会去联系上下文来猜测它的整体意思。而这样的思维方式对于不同的情况有不同的影响。首先，如果是所翻译的英语句子与其直译的汉语意思的表述是相同的，就能够激发出脑海里的文化图式，来提高英语学习的效率；其次，两种表述之间虽然存在一定的差别，但是学习者还是能够借助其他的知识途径或者是学习的方法来建立起相应的联系，这对于提高英语的学习还是有帮助的；最后，汉语与英语习语在字面表达与文化内涵上没有相似之处。这样，英语学习者就只有通过猜测来判断词语在上下文中的意义，这样所产生的错误率较高，也容易使意思具有二义性。因此，受到汉语文化图式的影响，英语学习者在学习英语的时候，就会习惯先从字面意思入手，在脑海中搜索是否具有类似或者是相同的表述，而这样的思维习惯对英语学习来说，容易产生思维定式，不利于构建英语的学习图式。

（三）文化引领大学英语教学

1. 培养文化自觉

"文化自觉"定义为：生活在一定文化中的人对其文化有"自知之明"，自知之明是为了加强文化转型的自主能力，取得适应新环境、新时代文化选择的自主地位……不是要复旧，同时也不主张全盘西化或全盘他化。实现文化自觉是一个复杂过程，要求对自身文化有深刻认识和了解，且能根据环境变化思考和反思，既能适应多元文化又能保持本心，既不能让西方文化占主流，也不能重视不符合现实的文化，以虚怀若谷之心在多元文化中取长补短，树立普遍认可的基础规则和兼容并蓄的文化价值观。

大学英语教学应以"文化自觉"为基本原则，处理英语教学中的文化冲突。在文化双向交流中，认可、重视中国文化，接受但不盲从西方文化，明确文化平等地位，积极主动传播中国文化。

2. 拓展教学内容

从国际交往角度而言，研究两种文化共性十分必要，能够揭示文化继承性（文化传播与交流）、社会性（文化本质）、民族性（寻找不同民族间沟通基础）、时代性（寻找文化共同走向）、系统性（寻找内部结构特点，以便取长补短）。对大学英语学习者而言，经过中学阶段英语学习，一般已具备日常交往能力，但缺乏文化共享内核的交流。

近年来，大学英语教学忽视中国文化教学，问题主要体现在两个方面：一是现行大学英语教材缺少中国文化内容。多年来，我国大学英语教材课文均取材于英美国家报刊及文学作品集，学生学习过程中学习西方语言与文化而忽视中国传统文化。同时，因教材、学时、语言环境局限性，即使到大学阶段，学生英语水平也无显著提高，对西方文化的认知浮于表面。既未将西方文化引进来，亦未将中国文化带出去。二是教师的中国文化知识积累不足。语言学习与文化紧密相连，将中国文化知识引入英语教学可帮助学生有效联结母语与目的语。

3. 明确大学英语教学重点

一是在跨文化交际和对比中，更深刻地揭示目的语文化的一些主要特征，从而加深对本民族文化本质特征更深入地了解；二是通过对学生本民族文化心理的调节，培养学生对外族文化和外语学习的积极态度。在大学英语教学中，中国文化和西方文化内涵应相互促进、相互支持。教师可在讲解西方文化某一现象时，以类比或对比方式向学生介绍相应中国文化英语表达方法，同时按照虚拟场景给学生分配任务，以文化对比方式传授文化内涵，促进学生更好理解，通过作业发现学生"文化缺陷"，在下一步教学中做出相应调整，提高学生用英语传播中国文化能力，从而培养交流意识，最终形成文化创造力，实现文化引领大学英语教学的目标。

文化是语言内核，语言是文化载体，英语教学应有机融合语言教学与文化教学。在英语教学中，文化与语言关系将逐步从"从语言角度教文化"转变为"从文化角度教语言"。这一转变不应改变英语课程性质，而应服务于培养学生综合英语技能的基本目标。

二、基于文化认知理论的大学英语混合式教学

随着信息化在教育中的应用越来越广泛，传统教学与基于网络教学相结合的混合式教学模式也越来越普及。教材作为课程实施的重要组成部分，又应怎样改革，才能顺应教育信息化的时代背景，发挥混合式教学模式的优势呢？以下以大学英语教材为例，通过分析传统大学英语教材在教学目标设定、信息技术应用及互动性体现方面存在的问题，提出大学英语教材改革思路。

（一）大学英语教材改革思路

1. 传统教材存在的问题

（1）教学目标缺乏明确性与统一性

教材评估四项原则第一条就是教材应满足学习者需求，应与教学课程的目标一致。制定课程目标的三个依据是学生发展需求、社会发展需求和学科发展需求，而传统大学英语教材已满足不了这三个方面的需求。此外，长期以来，英语教学缺乏统一能力标准规定，传统教材教学目标也缺乏明确性与统一性。在大学英语教学中，教师缺乏参考标准来设计教学，就不能很好地把握学生英语学习差异化需求。大学英语教学急需一个统一的标准规定，使英语教材教学目标制定具有连贯性和完整性。

（2）未充分发挥现代信息技术优势

在混合式教学模式下，信息技术不再仅仅是辅助教或辅助学的工具，而是要通过与学科课程的有效整合创建理想的学习环境和学习方式，从而改变传统的教学结构和教学模式。虽然第四代教材已经开始将现代信息技术应用于英语教学，比如课堂教学越来越多地结合网络学习平台等。然而，大多数学习平台只是将各种电子版材料简单融合，未能发挥出信息技术的强大功能，也不能满足混合式教学的需求。

（3）缺乏互动性

混合式教学包括课堂教学和线上教学两大部分，强调线上、线下教与学的有机结合，强调学生与教师、学生与学生、学生与教材等教学要素之间的互动。传统教材无法实现与学生的互动，也不能促进学生之间、学生与教师之间的互动。学生仍然是以传统的方式被动地接受知识，学生学习自主性、创新性、个性化的发挥必然受到限制。只有实现线上资源和线下资源有机结合，才能真正将传统学习方式优势和数字化学习优势结合起来，促进教学要素之间的互动，实现课堂教学和在线教学两种教学模式优势互补。

综上所述，目前的教材很难适应混合式教学需求，不利于大学英语教学改革的推进。因此，新教材如何突破现有教材存在的问题，满足课程目标制定需要及线上线下混合式教学需要成为教材改革亟待解决的问题。

2. 混合式教学下的大学英语教材改革思路

（1）教学目标应以《中国英语能力等级量表》（以下简称《量表》）为指导

《量表》是首个面向中国学习者的英语能力标准，是描述英语能力的纲领性文件，旨在引导我国英语教学和测试加强对学生实际语言运用能力、文化意识和跨文化交际能力的培养。

新教材的编写应以《量表》为指导思想，明确教学目标、统一标准，设计具有完整性、先进性、适应性、简洁性的教材。完整性是指教材应包括听说读写译、知识、策略等系统完整的教学内容，实现教、学、测协调发展，实现单元与单元、册与册之间在内容、难度上的衔接；先进性是指教材编写应与国家课程标准一致，吸收各种教学理论的合理部分，最大限度地利用信息网络技术优势；适应性是指教材编写要结合实际，满足教师"教"的需要，满足不同层次学生"学"的需要，满足现代教学模式需要；简洁性是指教材内容要科学合理地选择和组织，既要简又要精，要符合学生认知规律和需要，要利于引导学生自主性、创新性的学习。

（2）实现教材数字化与立体化

新教材应突破传统教材单一纸质形式，充分发挥信息技术优势，构建网络学习平台及数字化多媒体资源，成为一个由纸质课本、数字化多媒体资源及网络学习平台共同组成的多层次立体化教材。

新教材在内容呈现方面应突破纸质教材与数字化资源、网络平台的简单融合，而实现线上内容与线下内容有机结合。线下内容主要是纸质课本及数字化多媒体资源。纸质教材重点突出语言重难点，精练基础知识，注重方法指导，通过文字链接引导学生线上学习；数字化多媒体资源对纸质课本内容进一步解释，帮助学生理解，提供视频音频、课件等多媒体材料，使学生获得生动、有趣味性的学习资源。线上教材主要指网络学习平台提供的学习资源及相关链接资源，其内容应由教师根据教学设计及学习者需要不断更新。网络平台提供的学习资源不应是线下内容的翻版，而是对线下内容的拓展及补充，通过拓展阅读材料、线上讨论等相关任务帮助学生内化知识，强化各项技能。

（3）创建互动型教材

新教材应该是"活"的，应将线上线下教学有效结合，实现学生与教材、学生与学生、学生与教师等教学要素之间的互动，鼓励学生自主学习、合作学习、个性化学习。

首先，新教材应实现学生与教材的互动。新教材应根据教学设计和学生需要提供大量的线下、线上学习资源，促进学生学习活动的发生。学生可通过教材呈现内容进行学习，也可以通过教材资源链接拓展学习。此外，教师应根据《量表》标准及教材设计中的重难点，针对不同层次学生需求，调整教材内容、难度及技能培养比例；学生可根据《量表》评价等级，根据自己的学习情况及需要选择下一步呈现的学习内容，并通过教材提供的分层次练习进行测试，实现其与教材之间的有效互动。

其次，新教材应促成学生与教师的互动。除通过传统课堂师生互动形式外，学生可突破时空限制，随时随地通过网络平台参与学习活动；教师可通过论坛讨论、发送消息等形式对学生进行指导、答疑，为学生提供在线式个别化学习。此外，网络平台可提供学生学习进度、内容测试情况等数据，帮助教师掌握学生资源利用、任务完成等学习情况，及时给学生反馈督促。教师也可通过平台数据对学生学习过程进行评价。这种互动方式能在真正意义上促成教学过程中的教师主导性与学生主体性的发挥。

最后，新教材应促成学生之间的互动。根据学习任务不同，学生之间的互动可以一对一的形式进行，也可以小组形式进行；可与其他学生自由互动，也可有教师或学生代表参与引导；可以传统课堂形式互动，也可以线上形式互动。借助学习平台，学生可参与教材创设的真实情境，通过完成线上线下各项交际任务，在真实学习环境中自主探索、合作学习。另外，学生可通过论坛讨论、发送实时消息等形式与其他学习者进行学习交流，拓展思维，内化知识。这种线上线下相结合的互动方式，能够培养学生互助合作、主动自发的学习习惯，避免传统课堂互动中学生因性格等羞于交流的情况，也弥补了传统教学中因时间空间等互动机会少等不足，有利于学生主动参与，增强学习效果。

在教育信息化大背景下，大学英语教材改革只有以国家相关课程要求及标准为指导；应用信息技术，实现教材数字化立体化；创建互动型教材，实现教学各要素之间互动，才能建设出"以人为本，以任务为路径，以交际为目的""材料真实、任务真实、交际真实"的优秀教材，充分发挥混合式教学模式的优势。

（二）AI 背景下大学英语混合式翻译教学模式

人工智能（AI）是一门新的技术科学，将改变整个世界，给世界带来深刻的影响。人工智能技术迅速发展，在各行各业得到广泛应用。在翻译行业，出现了机器翻译。因此，我们可以利用人工智能技术，改革大学英语翻译教学。传统大学英语翻译教学存在许多弊端，AI 背景下大学英语混合式翻译教学模式研究目的是改变大学英语翻译教学的现状，实现"以学生为中心"的互动教学；大幅度拓展教学的空间维度，活化教学资源、丰富教学手段，提供更多教与学的可能性，尊重学习者的个性。

1. 大学英语翻译教学的现状

总体而言，大学英语教学对翻译教学不够重视，学生仍处于被动学习的位置，学生自主学习的积极性没有调动起来，学生的翻译能力没有得到很好的培养，因此学生的翻译能力不强。下面我们从两方面来分析大学英语翻译教学的现状：

（1）大学英语翻译课程开设

有些高校在第三学期开设大学英语拓展课程——翻译课，该课程是作为通识教育必修课开设的，两个学分，每周两节，共 32 学时。开设翻译课是大学英语开始重视翻译教学所迈出的有意义的一步。现在有些高校没有意识到学生具有较强翻译能力的重要性，还是没有专门开设翻译课，翻译教学只是大学英语教学的一部分。如果大学英语学生拥有翻译这项基本技能，就能够迎接时代的挑战，因此开设翻译课，对学生翻译能力进行专门训练可谓明智之举。

（2）大学英语翻译教学的局限性

现阶段的大学英语翻译教学未取得预期的效果。传统的大学英语翻译教学还是局限于语言教学层面，教师的操作模式是备好一份参考答案，估计学生有可能哪些地方出错，布置学生做翻译练习，让学生掉入陷阱，然后分析错误，讲解译文。如此，学生仅仅是进行语言训练并不了解"翻译"的实质。这种传统的翻译课堂枯燥乏味，毫无生机。

尽管传统网络翻译教学没有局限于课堂，由课堂延伸至课外，翻译教学交互性还是不强，依赖"网线"和"电脑"，不能随时随地展开。在翻译的课堂上，教师局限于多媒体课件的使用，有时也会有一些交互教学活动，但这种课堂的交互和延伸到课外的交互都受到时空的限制，教学效果很难令人满意。

2. 大学英语混合式翻译教学模式的建构与应用

AI 背景下，我们所培养的人才是专业技能和外语知识兼备的行业翻译复合型人才，大学英语学生翻译能力的培养是至关重要的，学生的翻译能力的提高是翻译教学的主要目标。现在的大学英语翻译教学存在较多弊端，不利于学生翻译能力的提高，对其进行改革是当务之急。如何提高学生的翻译能力，构建新型大学英语混合式翻译教学模式很有必要。

（1）大学英语混合式翻译教学模式的建构

大学英语混合式翻译教学强调了教师的主导作用和学生的主体作用，具体体现在"线上与线下相结合、理论讲授与技能训练相结合、计算机批阅与教师审校相结合"。在 AI 背景下，根据学生的实际需求，基于具体教育情景，选择合适的教学技术，在适当的教学手段、方法、组织形式之下将学习要素加以整合，研究大学英语混合式翻译教学模式建构流程，建构大学英语混合式翻译教学模式，提高学生的独立思考能力、交互能力、创新能力、翻译能力。尤其是在 AI 翻译背景下的技术能力，培养复合型翻译人才，从而改变单向式灌输的教学模式，加强师生之间的交互，推进翻译教学改革进程，从根本上激发学生的学习动机，改变大学英语翻译教学的现状。

大学英语混合式翻译教学模式是翻译课堂教学和 AI 背景下在线翻译教学二者的融合，仔细研究这一模式的建构流程和操作流程很有必要。通过微信群、QQ 群和论坛，建立多个学习群，如信息资源群、译文商榷群、问题答疑群、翻译练习群、作业交流群，实现在线翻译教学的一对一交互、一对多交互和多人交互。课堂教学的主要任务是向学生导入翻译任务、解决翻译问题、分享翻译成果。在这一模式下，改革大学英语翻译能力评价体系，创建科学的混合式翻译教学的评估方案，对线上学习进行形成性评估，并与期末的终结性评估相结合。

（2）大学英语混合式翻译教学模式的应用

大学英语混合式翻译教学模式应用于翻译教学实践应把人工智能技术与模式的操作流程有机结合起来，让 AI 技术的突破能更好地为翻译教学服务。具体策略如下：

①更新教学资源。收集各种文体翻译资料，建立翻译资料库，同时通过互联网共享教学资源，突破以往的固定载体，打破具体边界，拓宽学生的视野及知识面，让学生从各种资源中吸取营养。

②建立新的翻译训练系统，包括翻译教学内容、翻译实训、训练纠错和数据反馈等子系统。可以利用人工智能大数据分析学生个体的情况，教师可以针对学生的个体情况通过微信、QQ 与学生进行一对一交互。训练纠错是翻译教学的一个重要环节，智能翻译对学生的翻译实训中语法错误和时态错误等进行初步修改，教师再对学生作业做进一步的批阅。每次实训后的数据反馈也是不容忽视的，人工智能收集学生犯错的数据，对学生的错误进行归纳分类，总结出学生犯错的种类。教师了解到这些数据后，往后的教学更能有的放矢，满足学生的需求。

在 AI 背景下，我们借助人工智能技术，通过论坛、微信和 QQ 等，随时随地通过无线网络获得信息资源，进行教学交互活动。混合式翻译教学促进互联网与大学英语翻译教学的深度融合，赋予学生个性化、自主化、探究化的空间与机会，教学更加活化而非千篇一律的固定程式，教师有更多的教学组织形式和资源呈现形式，学生有更多自主性的时间与精力安排自己的学习任务，其学习兴趣得到大幅提高。大学英语混合式翻译教学模式把传统翻译课堂与在线翻译学习相混合、把个性化学习与实时协作相混合，实现学生由被动变为主动的角色转变，解决传统大学英语翻译教学所存在的诸多教学瓶颈，从本质上促进教学活动的达成，提升教学效果，促进学生翻译能力的提高，为企事业培养既掌握专业知识又具备行业翻译能力的复合型人才。

（三）英语口译课堂中培养学生多元文化认知能力的途径

在经济全球化的大背景下，各国间文化交流越发密切，在相互沟通交往过程中，能够增强学生多元文化认知能力，提高学生社会交际能力，从而提升高校大学英语口译课程的教学质量与教学效率。此外，还需要不断优化与革新口译教学模式，因为社会主义经济建设发展需要培养优秀的英语口译人才。

1. 英语口译中跨文化意识概述

中国加入 WTO 以来，与世界各国之间的贸易往来联系越发密切，跨文化意识在相互信息传递过程中显得尤为重要，因此学生在进行口译时应该具备较强的跨文化意识，在了解两国文化差异基础上对相关信息进行准确翻译，学生通过对口译技巧的钻研与学习，能够提高自身口译水平与口译效率。简单来讲，跨文化意识是指两国在交际沟通中，口译专业学生对两国交流过程中呈现的不同文化因素进行敏感认知，根据特定的文化环境与背景对所表述的语言信息进行转化，从而实现相互之间的友好交流。因此，口译专业学生应该增强对多元文化的敏感认知度，以增强跨文化意识，使其更好地融入其中，感受文化内涵，以提升学生口译质量，提升多元文化素养。

2. 跨文化意识在英语口译中的重要作用

由于各国间存在明显的历史、文化差异，且语言表达也存在差别。在两国开展文化交流时，英语口译专业学生应该要准确、快速地对双方国家交流人员所论述的话语进行判断与分析，应使用简短、精练的语句进行翻译，并包含丰富的感情在其中。在进行双语口译前，口译专业学生应该对两国的文化背景及文化素养进行深入了解，在翻译过程中，并不能单独从字面意思理解，而是要对双方交流人员的深层用意进行剖析。跨文化意识不仅能够帮助口译专业学生从异文化层面对语言进行准确理解，还能够增强口译专业学生对不同文化因素的敏感认知度。因此，要求学生在口译过程中，应该熟练掌握语言应用技巧、准确分析语言信息中所蕴含的深意，信息交流中的缜密逻辑思维，分析语言表达者的面部表情，在此基础上，可保证口译专业学生所翻译的话语具有一定准确性。口译专业学生在翻译时还需要对讲话者性格有所了解，如果对方言语直率，在进行口译时应避免使用如大概、或许等不确定词语，对于讲话语速过慢且沉着稳定的北欧人来讲，在口译时应控制语速，最好能够与对方语速持平，做到逐词逐句准确翻译。对于具有较强素养且注重文明礼仪的英国人来讲，口译应尽量使用文明敬语，为促进两国之间实现友好交流提供保障。

3. 跨文化意识对学生的要求

学生在进行口译过程中，应该对交流国国家的社会背景、历史文化背景及风土人情等有所了解。在高校英语专业的英语口译课程训练中，口译专业学生应该尊重对方国家的种族习惯，尽可能避免出现隐晦或是不可言说的词语。在口译过程中，对同样话语进行翻译时，应针对场合及国家的差异性做出准确翻译。要求学生不断提升综合素养，学生须掌握大量词汇，并进行有针对性的练习，以锻炼学生语感及口语表达能力，从而提升口译质量。学生还需要掌握丰富的翻译技巧，口译技巧可提高学生临场发挥能力，也能够避免双方交流时氛围过于尴尬。学生应该重视对自身反应能力的培养，以保证所翻译的内容具备准确性与时效性。相关口译专业学生应该考取从业资格证书。近年来，随着我国对外贸易的不断发展，对商务交流口译工作人员的需求有所提升，但大多数口译专业学生并不具备相应的从业资格，业务能力与业务水平也难以满足口译人员的从业需求，口译专业学生自身素养及专业能力不过关，将会阻碍我国对外贸易实现可持续发展。为从根本上解决此类问题，高校英语专业的英语口译课程教学应对其加以重视，提高学生专业水平，对学生心理素质及随机应变能力也应该加以培养，在双方交流中对重要信息进行准确传达，推动国家之间友好交流，实现共赢。

4. 培养学生英语口译多元文化认知能力的有效策略

（1）针对思维方式差异的英语口译应对策略

在全球经济一体化发展的趋势下，国际文化交流越发频繁。由于各国间文化素养及历史发展背景、饮食习惯等存在差异，其思维方式及语言表达也存在一定差异，因此针对双方在交际过程中思维方式之间存在的差异性，高校英语专业的英语口译课程在对学生口语翻译进行训练时，可要求学生结合实际情况适当增加词语或是变换主语、对较长的句子也可以将其拆分开来，也可以应用抽象概念具体化等方法对其进行准确翻译。比如，为了缩小两国在思维方式方面的差异，口译专业学生可以根据自己的逻辑思维和相关语境，来添加一些词语或者对主语进行一定的更换，从而让翻译出来的句子语义更加清晰。高校英语教师可采取角色扮演方式，学生可自行选择代表方，进行口译训练。

（2）针对表达方式差异的英语口译应对策略

在英语口译过程中，大部分学生会发现自己在翻译过程中，句子语法使用及语序表达正确，但是在表达方式上会有一定的错误。通常学生在进行口译时会忽略语境的重要性，而是按照正常逻辑思维逐句翻译，所翻译出来的句子不一定符合相关国家语言环境及表达规范。此时，口译专业学生可以将目的语中的固定表达方式巧妙套用，使翻译出来的语句与其国家语言环境相吻合。在高校英语口译教学课堂中，教师可要求学生针对相应空缺进行一定补充说明。

（3）针对说话习惯差异的英语口译的应对策略

正因为中国汉字语言博大精深，教师通常会要求学生在发表演讲或是重要场合发言过程中，尽量保证语言对仗工整，且具有一定韵律，且要求学生进行翻译时，应该跳出源语束缚，将句子语法结构进行适当转变，并使用准确词语将其进行表述。高校英语教师可借助互联网多媒体技术，播放经典口译翻译的现场视频，以加深学生的掌握与理解。通常在正式会谈中双方发言人一般会使用一些结构固定的语言，或是固定套用性语言，突出话语表达的严谨性。这时口译专业学生在进行翻译的时候就可以对这些套用性的结构进行有效去除，然后将其意思进行简单表达即可。学生通过正规的交谈国双方口译演示及训练，能够从根本上增强其口译能力与多元文化认知能力，提高学生口译素养，进而提升高校英语口译课堂的教学质量与教学成绩。

高校英语口译课堂作为培养学生实现中外友好交流的主要方法，学生掌握较强的英语口译水平，有利于推动经济贸易交流与发展。而学生具备较强的跨文化知识与多元文化认知能力是开展英语口译过程中不可或缺的重要因素。所以，学生应不断提高自身对多元文化的认知能力，利用跨文化意识对自我行为习惯进行约束管理，使其成为推动社会主义经济建设的应用型人才。

第四节　多元文化视域下大学英语教学与设计的多维发展

一、大学英语对分课堂教学设计

（一）教学环境设计

1. 平台的选择

英语生成性教学设计要求在教学过程中不断对教学设计进行调整和完善，才能符合生成的本质需要。换句话说，在分课堂教学的整个过程中，只有生成性思维会对课堂教学设计形成较大影响，才能创设更加开放、更加有利于学生互动的学习环境，并产生大量生成性教学资源，不断加强对教学过程中产生新信息、新思路和新想法的利用，从而使教学设计获得更好的创意，得到最恰当、最及时地调整和完善。但是，受现实情况制约，在课堂中，师生之间缺少互动，而且教师在有限的课时中并不能做到对学生进行全方位的了解和认识，对课堂教学过程中产生的新思路、新信息也无法及时捕捉。为了更好地加强教师在课堂中和学生的互动，以及帮助教师更好地了解学生的实际情况，可在比较符合教学发展要求的信息技术工具帮助和协助下，进行生成性学习环境的构建，为学生的构建性学习提供便利条件。

生成产生环境具有一定变化性和随机性特征，为了更好地引导学生进行生成性思维的发散和扩展，需要让学生在课堂中具备充分的机会和权利，让他们可以有条件和机会表达自己的想法和建议。

2. 平台功能及生成服务

电脑端和手机端是教学工具的两个类型。电脑端是一种插件形式的 PPT 文件，手机端则对微信公众号进行关注即可使用。外语教学中，可将各种现代化的信息技术进行结合和融入，制成 PPT 文件或者微信公众号内容，而教师起到连接智能终端和学生之间的作用，实现新型的课堂教学活动。丰富的教学资源有利于学生的个性化发展，让学生积极主动地思考，并且在看待问题时能够更加全面和系统化。

教师在进行教学设计时，可以充分利用丰富的学习资源，有效促进学生的学习动机，让学生可以在学习中获得成就感和收获感，让教师可以更加全面系统地了解学生的个体性差异，对学生的评价会更加客观、公正，加强师生之间的联系和互动，为学生创造有利环境。

（二）教学资源设计

教学过程中使用的各种素材和可利用条件都是学习资源。学习资源的设计，在设计分课堂的生成性教学中包含生成性和预设性两种学习资源。

1．预设性资源设计

生成性学习资源是建立在预设性学习资源基础上，其产生受到预设性学习资源的质量影响。若是经验不足的年轻教师，更要注重对教学时运用的教学资源的了解，将资源融入教学中。教师在课堂前准备的资源是预设性学习资源，包括话题讨论、作业与任务等。

（1）设计多媒体资源

多元化的知识表征形式是对媒体资源进行制作的重要内容。知识表征形式需要根据不同的知识类型加以变化。课程使用的 PPT 课件是学习资源的载体，除此之外，图文网页、文档等也是补充性资源。

（2）设计讨论话题和测试

传授知识是整个教学过程中的第一个步骤，教师可以利用课程中的测试和话题讨论，了解学生的学习情况，学生也可以从中得到认知冲突，更好地构建知识结构。

（3）设计作业和任务

作业可以使学生在对分课堂的教学模式中将知识内化，还能够将学生的讨论与教师的讲授进行直接连接。学生在课堂中讨论的参与度和积极性，在一定程度上受到作业的影响。教师的任务是按照学生的层次给学生布置作业，作业任务应当结合学生的学习需求与生活情况而定，使学生的学习热情被激发出来。

2．生成性资源设计

生成性教学设计下的学习资源设计重视偶发性教学事件及其附加价值。学生在课堂结束后对课堂的整体印象是生成性学习资源的来源，教师可以利用这种资源进行学习。这种资源包括发散性资源、分享型资源等。生成性学习资源的生成是随机的，与动态教学共同存在，并以预设性学习资源为基础。

（1）开放性原则

生成发生需要开放，学生在民主开放的学习环境中能够更加畅所欲言，有利于生成性学习资源的生成。要构成民主开放的教学环境，教师需要开放的心态，对学习内容和目标设置也需要富有弹性，教师可以在课程中适当留白；若建立开放的心态，需要在课堂中为学生提供更多的自主性，不应以自我为中心，而是让学生自由地发表观点，对学生的意见充分采纳，进行课程的适当删减与调整，让学生能够更好地适应课堂和学习内容。生成性资源需要灵活的教学过程和课堂留白，从而促进教师与学生之间的合作。

（2）互动性原则

教学是一种交往形式，与日常交往不同，还包括教师向学生传授知识的单向活动，教师与学生之间的互相讨论与合作分享等动态过程。课堂不是教师一个人的，而是师生共同拥有的，课堂中应有教学的互动；师生与生生在课堂中应进行充分交流，让学生充分参与课堂讨论，体会到互动学习的乐趣。

（3）价值性原则

偶发性教学事件具有一定附加价值。生成性教学理念也是一种学习资源，应给予重视，但教学的大方向不应被改变。价值是生成性教学资源生成的前提，偶发性的教学事件是否具有学习资源价值的判断，需要依靠教师敏锐的辨别能力。在实际教学中，很难保证学生在实际教学中可以全身心地投入，并且关注知识的增长。学生在课堂中会制造与课堂无关的意外，这是难以避免的。所以，教师应当在生成性资源中有所取舍，正确地进行教学，营造良好的教学氛围。

二、对分课堂实践的反思和提升

（一）科学选择教材，形成框架式讲授模式

按照教材体系进行授课，并在授课时对体系进行一定的补充完善。因为教材难免会有表述不到位的地方，需要教师进行资料查阅，并在课后给学生布置学习任务，在对教材的不断改进过程中创造最合适的教材。

对分课堂中，教师应进行框架式讲授，学生可以在这种讲授方式下有足够的讨论时间；学生可以提出问题，供教师考查授课的重难点。教师可以找出每个章节的线索，提高教学效率，节省课堂时间；教师可以不局限于课堂的主用教材，利用其他参考书，重新组织自己使用的教材，对教材的知识结构进行不断充实。此外，思维导图可以很好地促进框架式讲解的应用。教师利用图表对授课内容进行梳理，能够让学生的思路更加清晰，更好地吸收知识并对教材进行理解。思维导图也可以在实验心理学中进行应用。

（二）以问题为导向，提高课堂讨论效果

教师应在每个学期的开始前充分准备自己要讲授的内容，熟悉教材，并安排适当的教学进度，将自己的教学目的重点和难点进行充分明确，在教学前应计算每一部分的讲解和讨论时间。对于节假日和活动对课程的影响也要考虑到位。学生可以在教师准备充分的情况下，更加自如地融入课堂中，畅所欲言，从而提高自信。

教师在讨论时可以提出问题并对问题给予高度重视。这正是课程重难点的资源，教师应以这些问题为导向讲解教材内容，让学生更好地理解和接受。通过这种方式，课堂时间也会被节省，从而提高效率。

分组讨论是对分课堂的提倡内容，一个小组3~4人，主要划分方法视班级大小而定。分组时要考虑男女生人数和学生学习情况。在这种课堂中，难度最大的部分是讨论。讨论考虑包括讨论的内容形式和细节等问题。不同的学生有不同的学习状况和学习状态，教师应考虑讨论的各个细节，并且合理地设置讨论问题和形式，在讨论后做出有效的评价和回答。小组和个人都是讨论后考评的单位。同时，教师也要结合理论与实践不断学习。

（三）正确认识对分课堂中的师生角色

教师的基本能力是对分课堂实施的重大因素，包含教师的组织能力、应变能力和语言表达能力等，课堂对这些能力的需求较高，教师应不断培养和锻炼自己的能力。教师的教学功底在对分课堂上能够更好地体现出来，因此需要教师增加组织管理能力和经验。教师需要对"对分课堂"中的学生知识功底和能力进行详细了解，了解学生对哪些课程已经熟悉，以及学生的学习基础、学习背景等。除此之外，教师应当了解学生学习之外的情况，因为教师的教学工作会受到学生年龄、层次和兴趣影响。教师应当合理地分配教授课程和其他课程之间的关系。因为一些学生只能大概记住自己学习过的基础课程，又由于课堂时间的限制，教师并不能带领学生复习知识，只能在课堂中融入一定知识。

学生批判思维能力的培养，也是对分课堂的目标之一；教师的科学态度以及方法是对分课堂的重要推动力，教师应培养自我批判的接受能力，从而使学生养

成良好的思维习惯。师生在课堂实践中互相影响，相互促进。教师在课堂中应了解学生对教材的解读和学生提出的问题，并对此进行解答。学生的表达方式和对各种问题的思考也是教师应学习的内容，教师可以根据这些内容进行教学改善。在这个过程中，师生能够互相促进成长。

（四）合理布置课后阅读和作业

在对分课堂教学模式中，作业非常重要，学生的学习结果需要根据专业指标进行评价。作业可以对讲授与讨论的核心环节进行连接，促进对分课堂的成功，这是实践初期重要的指标。教师应充分考虑学生作业的形式内容、布置和收发。作业布置应避免高难度和高强度，对分课堂的课后作业对时间的占用较多，作业任务过重。对此，教师应根据学生能力布置作业，在接收到合适作业的情况下，学生能够更好地完成学习内容，但学生作业完成的质量，根据个人有所差别。作业是促进学生课后学习的工具，让学生能够更深入地理解课堂学习内容，更好地融入课堂小组交流中。此外，教师不能布置过多的课外阅读材料，材料难度应让学生容易接受，在阅读前为学生讲解材料的重点。

三、大学英语教学的创客理念创新

（一）创客教育理念及其特点

1. 创客教育理念

从创客教育的宏观、中观和微观三个角度的审视可以得出：创客教育是一种指导性教学理论。从终身学习层面来看，个体的终身发展会涉及创客教育，但是在不同时期的侧重点会有所不同：创客教育对创客素质和创客精神的培养是在基础教育阶段的关键内容；对学生创客技能的重点培养主要应该在高等教育阶段，这一阶段需要完成将创客精神和创客素质转化成创客实践能力的重要任务；注重创客实践能力的培养主要是在社会教育这一阶段。

创客教育在各个阶段的表现形式各有不同，从内涵上来说始终保持一贯性，也就是始终坚持教育理念为学习方式和科学技术的结合，都需要通过创造性得到发挥。

（1）基于创造的学习模式

创客教育主张学生在知识和技能的获取过程中采用自己动手创造的方式完成，一般将创客教育分为四个步骤：第一步是创意收集阶段；第二步是模型设计阶段；第三步是原型制作阶段；第四步是分享交流阶段，不论处于哪一个阶段，强调的都是学生的自主性，学生在学习过程中不论是进行问题的发掘还是问题的分析，都应该独立或者相互协作，同时需要自主进行解决方案的设计，并将自己的创意融入动手创作过程中。创客教育要求学生发挥主观能动性，积极探索，并从中获得知识和技能的提升，是通过实践进行学习的重要升级。因此，可以说创造性是创客教育的核心内容。

（2）硬技术与软技术的支持

在创客教育中，创客学习环境的创设以及协助学员之间的交流都可以通过硬技术实现。首先，随着智能材料、数字设计技术以及 3D 打印技术的发展和普及，为创造设计和成果生成创造便利条件，也降低了使用成本，科技创新的成本越来越低，让学生有条件参与发明创造；其次，小组成员之间的沟通和交流有了硬技术的支持而变得更加快速和便捷，有利于学生之间进行远程协助交流。小组成员之间分享自己的经验和观点，不但可以利用实时交流工具，还可以使用非实时交流工具，提高了交流机会。

创客教学方式的理论支持和策略指导的实现，则需要软技术的支持。所谓软技术指建立在硬技术基础上，为创客教学提供方法和策略的一种技术，如创客教育组织方法、创客项目评价方式和创客项目设计策略等，都属于创客教育模式中的软技术。

（3）关注个体全面发展

创客教育的内涵之三是关注个体的全面发展。从全面发展观的角度来说，最高目标是在生命中体会到美、快乐和爱。因此，在教育过程中，要释放学生的天性，尊重他们的意愿，并将学生的客观成就和本质联系起来。基于全人发展观形成的学习观点，主要由六个要素组成：学科知识的习得、创新能力的发掘、自我认知的培养、协作互助、沟通交流能力的提升、社会责任感的培养。

个体的全面发展内涵非常丰富，不仅包括基础知识的学习、创新创造能力的激发，还需要学生不断提升自己的沟通交流能力、自我认知能力以及合作互助精神。培养学生的创造能力不但需要激发学生的创造潜力，更要培养学生的创新意志力和创新情感。创客教育最终是为了让学生释放天性，将创造潜能最大限度地发挥出来，让学生不再局限于对技术和艺术的注重，更要为人类造福，为社会造福，才能更好地完成个体的全面发展。

2. 创客教育的基本特点

(1) 以"专业能力"为教育基础

高校开展创客教育，需要发挥人才优势，并冲破学科边界的限制。任何问题以及解决问题的方法，其核心内容都是要掌握该专业的知识。创客教育的目标是要培养能够适应瞬息万变情况的人才，和创新教育在本质上有着相通之处，但创客教育有别于其他教育的一个最大不同之处在于：其完全以兴趣或者爱好为前提进行学习，不需要建立在生存和就业需求基础上。这一特点有利于着重培养学生的创意，并通过结合计算机软硬件技术和专业能力，使其转变为现实物质或者精神产品。

从构建主义知识观的角度看，学习知识既有习得新知识也有原有知识的重构，创客教育也是同样的，既要能够让学生获得实际问题的解决能力，也要有所创新，突破原有思维，从而将创意转变为产品，并在实践中不断积累经验和知识，才能真正落实创客教育。

(2) 以"工匠精神"为精神内核

匠人精神是追求高品质，是职业精神的最终目标，创客精神是从工匠精神延续而来，是对任何一种事物的精益求精，是对高品质、高要求的追求。数字技术的不断发展，将迎来个体制造时代，而创客人群最早源于日本的御宅文化，是将动漫世界打造成现实世界的一类人。这种想法在工业时代需要通过亲自动手完成，不能大规模地进行生产，其中更加凸显出对个性化的、高品质事物的追求，也是创客精神精益求精本质的体现，要求在创客教育中坚持追求精益求精、卓越不凡、持之以恒的精神和态度。

(3) 以"协同环链"为发展关键

创客运动追求的创新方式是开放性的，并非只是合作完成或者单独制作。从自己做到一起做，让公众对创造有了新的认识。任何专业的、具备不同背景的人才都能够在实践载体创客空间中获得发展空间，并将各个专业、各种资源和优势链接成一个系统化的工程，产生较大的协同作用，从而将资源和知识的优势予以最大化，为资源共享、主体共享以及文化共享创造有利条件和前提，形成一个包括高校、政府、企业、家庭等在内的良性协调链接，同时形成一个融创新和创业、实习和实训、教育和实践为一体的校内协调形式，有利于高校和社会、企业、组织以及其他群体形成良好的校外协调关系。

（4）以"大成智慧者"为终极目标

以技术作为手段，通过整合人类抽象智慧，如知识储备、逻辑思维能力和信息资源工程，被称为大成智能工程。在这个过程中，采用的技术一般是人们对事物进行分析的办法。也就是说，依托对事物的定性分析发展到实践的定量分析而形成一种或者一系列技术。

大成智慧结合了人们的思维、思想以及现实技术。换句话说，是在现有的信息网络上结合人脑信息处理工程，从而形成一个功能更加强大、结构更加复杂的信息处理工程。这一工程很好地证明了理论和实践是相互促进、缺一不可的重要关系。

（二）创客教育理念在大学英语教学中的运用

1. 点燃大学生创客基因

为了激发学生的学习热情和兴趣，为学生创造更加自由的发展空间，可以布置创造性的课外设计作业。例如，让学生进行课本剧的改编、朗诵、表演和演讲等方式，巩固和内化课堂学习的内容，并且让学生充分发挥出个人特长和爱好，不限定学生的发挥时间和发挥形式，让学生可以展示自己的能力，给学生充分展示自己的机会，而不会受到课堂时间的限制。为学生打造一个相对宽松的学习环境，有利于学生发挥自己长处、主动思考，激发学生的创新意识，从而对英语学习产生浓厚的兴趣，并积极主动地参与英语学习实践，将学生的潜力最大限度地挖掘出来。

2. 争做创客型教师

培养学生的创新意识需要教师具备强烈的创新意识，否则教育无从谈起。教师在英语教学过程中，要注意根据学生的学习特点、教材要求等进行教学活动的设计和教学方法的选择，体现出教学特征和教学创造性，为自己成长为一个创客型教师而努力，让课堂转变成知识创造的空间，才能有效激发学生的创造性。教师的表率作用将对学生起到积极影响，让学生更加自主地参与创客教育。

3. 营造创客空间

不论是创新还是创造，都需要一定的氛围和空间支持。在以往的教学过程中，教师一般处于主导地位，为学生安排好每一个环节的学习，为学生的学习提供最大的便捷性，避免学生出错。这种教学模式在一定程度上限制了学生的思维发展，无法获得自我突破和创新性思维的提升。

实际上，创客空间对于英语教学的作用不可忽视。通过英语兴趣社团、校园艺术节以及校园电视台等方式，促进学生的思维发展和创造性能力的提升，为其提供发挥平台，让学生通过情景剧、课本剧的展示突破自我，获得创造的兴趣和热情，也能有效调动学生的英语学习主动性和积极性。

4. 培育创客学生

在创新和探索过程中，难免遭遇失败和挫折。因此，保持心理的自由和安全，才能确保不会放弃创新。一个相对放松的心理状态有利于激发学生的创新思维，而且给予学生足够的心理安全感，才能让其进行创新行为。在课堂中，学生难免会出现误差和错误，若是被教师无情制止和批评的话，将会让学生的创新想法偃旗息鼓，从而抑制学生的创造性思维发展。创新要能够容忍失败，允许犯错。尤其是在英语课堂中，教学需要对学生的创新表现予以肯定，给予赞扬，才能让学生获得足够的心理安全感和心理自由感。

（三）创客教育理念下大学英语教学的创新

创客是对教育的一次重要变革，尤其是在高校的英语教学中，创客教育理念的灌输，能够帮助学生转变成知识的创造者和运用者，而非只是简单地作为知识的接收者。在高校英语教学中结合创客精神，让学生在体验和实践中进行英语学习，有利于加强各个小组成员之间的合作和交流，有利于提高语言输出的效果，同时培养学生的团队合作精神和实际解决问题的能力，为学生的创新思维发展提供更加广阔的空间。

1. 创客教育推动学生学习方式的变革

创客教育能够促进学生的自主探究式学习，从而形成一个生态化的语言学习环境，也是创客教育的初衷和目标。体验式学习模型，是让学生在互联网的环境中进行英语创客学习，结合网络课程资源共享平台，为学生提供在线学习机会，让学生自主完成探究式学习；通过爱课程网等网络课程资源共享平台，将有关的英语知识传递给学生，教师在此基础上进行创客课程设计。例如，教师在针对国际贸易专业学生进行创客课程设计时，可以结合网络购物平台进行实际场景模拟，让学生自主地解决问题，达成交易。更有利于学生发现问题，并进行解决方案的拟订和实施，最终解决问题。将这种类似于个案的课程进行完善和总结，使之成为一个普及化的课程，然后放在创客课程网上，供其他学生进行学习和探究，帮助更多的学生获得学习灵感，这种方式能够确保自主学习得到良好循环，让学生在实践中获得知识的增加和能力的提升。

2. 创客教育推动教师教学方法的创新

创客教育有利于推进以学生为中心的实践探究式教学方法的转变速度，也是创客教育得以实现的前提条件。从项目教学法和创新教育理论角度来看，教师将项目单位定为"topic"，并对创客项目进行设计，用一系列"topics"组成整个学期或者整个学年的教学任务，明确教学目标和任务，同时兼顾学生的兴趣和爱好，才能激发学生的积极性；将学习任务传达给学生，让学生有充足的时间进行准备；教学任务要具备一定挑战性和趣味性，以获得学生的关注。比如，在进行Introducing A Company 教学时，可以将"topic"分成六个教学课时，教授新单词和课文分析可以占到四个课时，而且在这四个课时中还要进行适当的听力训练，剩余两个课时需要留给学生做创客项目的准备。学生以小组为单位，介绍一个毕业后最想去的公司或理想中的公司（教学目标贴近生活，模拟社会，与学生的自身需求息息相关）。三个教学目标为：①这是一个公司的结构；②它们是公司的主要产品和服务；③公司文化。让学生运用课文中的新单词和仿照课文介绍自己感兴趣的公司。这需要综合运用本单元所学知识以及之前所学的知识。

学生若要高效率地完成学习任务，需要进行资料和信息的收集，可以通过图书馆查阅以及网络查找等方式获得，并进行绘画、写作演讲技巧以及手工材料的准备，加强团队合作。这些准备过程都能够帮助学生获得综合运用知识能力的提升，并懂得分享合作的重要性，激发手脑协作，从实践中进行学习，帮助学生认识创新教育的实质。

3. 创客教育推动教学反馈机制的改革创新

英语创客教育过程中要重视和小组的深度融合并进行及时反馈。从社会构建主义理论角度看，加强团队间的合作和沟通，有利于人们在已有的知识基础上构建新的知识框架。在创客教育过程中，核心点在于对知识进行及时反馈，并加强小组的合作精神。因为组成小组的成员特长、特点各有不同，比如有些成员的特长在于口语，有的写作能力强，有的收集资料能力比较突出，有的具有领导能力，通过小组合作，能够有效发挥每个成员的特长，相互促进，达到更好的学习效率和学习效果。

互联网的不断发展和普及，也为英语创客教育的发展创造了有利条件，学生获取信息的渠道更加广泛，信息获取更加便捷，但是海量的信息难免鱼龙混杂，这需要学生具备一定的辨别能力，也是英语创客教育必不可少的一种能力。教学反馈机制能够加强小组之间的沟通和协作，并最大限度地发挥信息的作用和价值。所以，在创客教育中融合团队协作和及时反馈，能够帮助学生更好地进行体验式学习。

为了有效加强创客教育和创新人才培养，需要加强高校和相关企业、教师和有关研究人员的协作，为创客教育的发展和普及创造机会。在创客教育发展过程中，任何一个成员都是不可或缺的，若是不注重协作，将无法完全发挥出最大作用。创客文化和创客运动一脉相承，创客文化中包含了协同创新，所以需要企业、高校、创客以及相关教研教师的通力合作，最大限度地发挥出创客教育价值。

第六章 多元文化视角下大学英语的语言能力教学

第一节　多元文化教育视域下的英语听力教学

一、英语听力的意义

（一）听是人们交流的重要手段

大学生英语综合能力的五个方面听、说、读、写、译，听力排在首位。然而，随着全球化进程的加快，我国与国际交流的范围日益扩大，程度日益加深，在经贸、科技、文化、军事、教育等各个领域都需要与国外展开广泛的交流与合作，社会对听说能力要求更高了。然而，对多数大学生来说，听力是弱项，加强英语听力教学显得越发重要。

（二）听可以促进说读写能力

听是英语五项基本技能之一。听力能力的提高为发展学生其他各项能力如说、读、写的能力能够起到促进作用。听力教学的任务是如何使学生从语言因素中提取信息、理解信息。提取信息是语言表达的基础，只有听懂了，听准了，才能传达自己的语言信息，也就才能达到交际语言的目的。听力能力的培养与交际能力的提高是相辅相成的。听力能力是交际能力的前提和基础，而交际能力是听力能力的结果和目的。只有听力能力的提高，才有说、读、写的顺利进行。此外，只有听力教学质量提高了，才不会影响口语教学、阅读教学和写作教学等课题的顺利进行。

二、英语听力的教学内容

在现阶段的大学英语听力教学过程中，应该包括听力知识、听力技能、听力理解和逻辑推理四个方面的内容。

（一）听力知识

听力基础知识是学生英语听力技能培养与提高的基础，主要包括语音知识、语用知识、策略知识、文化知识等。

语音教学是听力教学的重要内容。在实际的交际过程中，同一个句子会在发音、重读、语调等的变化中产生不同的语用含义，表现出交际者不同的交际意图与情感。在听力教学过程中，使学生掌握英语的发音、重读、连读、意群和语调等语音知识对学生语音的识别能力和反应能力的提高有积极的促进作用。同时，在教学过程中，教师还应对学生进行听音、意群、重读等方面的训练，训练内容既要包括词、句，也要包括段落、文章，使学生熟悉英语的表达习惯、节奏，适应英语语流，从而为学生提高听力理解打下坚实的基础。这种训练还能在无形中培养学生的英语思维能力，促进其二语习得能力的提高。

听力知识还包括语用知识、策略知识、文化知识，这些知识的科学教学也是提高学习者英语听力能力的重要手段。其中，语用知识的学习能够帮助学生理解话语内涵，增加其对话语的理解程度；策略知识的学习能够帮助学生依据不同的听力材料和听力任务进行策略选择，从而提高听力的针对性；文化知识的学习对于学生日后英语的跨文化交际有着积极的促进作用，有利于不同文化背景下交际的顺利进行。

（二）听力技能

英语听力技能的教学能够有效提高学生英语听力的科学性与针对性。对于技能和技巧的合理运用，能够为跨文化交际水平的提高打下基础。

1. 基本听力技能

听力技能主要包括以下几项内容：

（1）辨音能力

听力中的辨音能力教学指的是使学生了解音位的辨别、语调的辨别、重弱的辨别、意群的辨别、音质的辨别等。这种辨音能力的训练不仅能提高英语听力进行的有效度，同时对学生理解能力的提高也大有裨益。

（2）交际信息辨别能力

交际信息辨别能力主要包括辨别新信息指示语、例证指示语、话题终止指示语、语轮转换指示语等。交际信息的辨别能够提升听力的有效性和针对性，促进学生对话语的理解效率。

（3）大意理解能力

大意理解能力主要包括理解谈话或独白的主题和意图等。大意理解能力的提高为学生在整体上把握话语内容做好了铺垫。

（4）细节理解能力

细节理解能力是指获取听力内容中具体信息的能力。在英语学习和考试过程中，对细节的理解能力能够帮助学生提升做题的准确度。

（5）选择注意力

选择注意力是指根据听力的目的和重点选择听力中的信息焦点。针对不同的听力材料，进行注意力的选择训练十分重要，这种练习有助于学生把握话题的中心。

（6）记笔记

记笔记技能是指根据听力要求选择适当的笔记记录方式。掌握良好的记笔记技能可以提高英语听力记忆的效果。

教师应该了解，听力水平的提高并不是一朝一夕便可以完成的，需要教师循序渐进地进行针对性教学工作。同时，不同的学生有着不同的学习习惯和学习特点，教师需要因材施教，进行特色教学。

2. 听力技巧

听力技巧主要包括猜词义、听关键词、过渡连接词、预测、推断等。掌握正确的听力技巧，可以事半功倍并有效提高听力理解的能力。例如，在与他人交际的时候或听语音材料的时候，学生可以根据上下文或者借助说话者的表情、手势等猜测出生词的含义，从而促使交际顺利进行，或顺利理解语音材料。因此，训练听力技巧的各种听力活动也是听力教学的必要内容。

（三）听力理解

英语听力知识的学习与听力技能的教授是为英语听力理解服务的。语言由于使用目的、交际者等因素的作用会带有不同的语用含义，因此对话语的正确理解成为英语听力教学中的重点和难点。教师在听力理解的教学过程中，应该使学生懂得如何从对字面意义的理解上升到对隐含意义的把握，继而提高英语的综合语用能力。具体来说，英语听力理解主要包含以下几个阶段：

1. 辨认

辨认主要包括语音辨认、信息辨认、符号辨认等方面。尽管辨认处于第一个阶段，属于第一层次，却是后面几个阶段开展的重要基础。一旦学生无法辨认听到的内容，那么理解也就无从谈起了。

辨认有不同的等级，最初级的辨认是语音辨认，最高级的辨认则是说话者意图的辨认。教师可以通过正误辨认、匹配、勾画等具体方式训练和检验学生的辨别能力，如根据听到的内容给听力材料的句子排序。

2. 分析

分析要求学生能将听到的内容转化到图、表中去。这个阶段要求学生可以在语流中辨别出短语或句型，以此对日常生活中的谈话内容有大致的理解。

3. 重组

重组要求学生用自己的语言将听到的内容以口头或书面的方式表达出来。

4. 评价与应用

这是听力理解的最后两个阶段，要求学生在前面三个阶段即获得、理解、转述信息的基础上，能够运用自己的语言对所获得的信息进行评价和应用。在实际教学中，可以通过讨论、辩论、问题解决等活动进行。

以上这几个阶段是一个循序渐进的过程。任何级别的听力学习都必须经历由辨认到分析再到应用的一系列过程，然后才能逐步得到提高。

（四）逻辑推理

除听力知识、技能和理解以外，语法和逻辑推理知识也是正确判断和理解语言材料的必要条件。因此，现代英语听力教学必须重视对学生语法知识的巩固和逻辑推理的训练。例如，以下四句话都是关于 Marshall 的，学生可以利用自己的语法知识和一定的逻辑推理能力对 Marshall 的职业进行推断。

（1）Marshall was in the bus on his way to school.

（2）He was worried about controlling the math class.

（3）The teacher should not have asked him to do it.

（4）lt was not a proper part of the janitor's job.

听到（1）句时，学生可能认为 Marshall 是个学生。而从（2）句判断，Marshall 应该是教师，但是（3）句又推翻了这一判断。直到看到（4）句，学生才知道 Marshall 原来是学校的勤杂工。在推断 Marshall 职业的这个过程中，没有一定的语法基础和逻辑推理能力是无法顺利得出正确结论的。

语感在语言教学过程中发挥着重要的作用，同时也是影响听力效果的关键因素。在英语听力教学过程中，教师应该有意识地培养学生的语感，提高其英语思维能力。

三、英语听力的教学现状

随着科技的进步和全球化的日益发展，非英语国家英语学习者的听力技能在交流中发挥着越来越重要的作用。因为在听、说、读、写四项语言交流技能中，听力是使用最频繁的；而且，对语言学习来说，听力是交流的基础，它向学习者提供语言输入。因此，听力教学越来越受到人们的关注。然而，我国当前的英语听力教学存在一些问题，影响着英语学习者听力能力的提高。

（一）学生自身的学习现状

从学生的角度来讲，学生听力水平难以提高一直是我国大学英语听力教学面临的重要问题，究其原因，主要有以下三点：

1. 听力基础薄弱

学生听力基础的薄弱体现在多个方面：

（1）英语基础功底差

很多学生即使到了大学阶段，所掌握的词汇量、语法仍然十分有限，对语音的识别能力还很欠缺。这些都直接成为听力的重大障碍。

（2）不良的听力习惯

我国的英语教学具有很强的应试性，这种环境不利于学生养成良好的听力习惯。另外，学生在课外也很少练习听力，因而导致他们的听力能力欠佳。

（3）畏惧听力

听力是一种综合的语言能力。听力技能的培养涉及理解、概括、逻辑思维、语言交际等能力的培养。但在实际英语听力教学中，很多学生因为跟不上语音材料的语速，且思维缓慢，而不能使听到的语音转化成实际的意义，因而听力效果不佳。也正因如此，学生对听力学习总是心存畏惧。

2. 英美文化知识缺乏

大学生缺乏对英美文化知识的了解是听力水平难以提高的重要原因。听力材料中不可避免地会包含一定的文化信息，而学生对英语国家的历史文化、自然地理、风土人情、思维方式、行为习惯等不了解，也就不了解英美说话者的价值观念和思维方式。这些都会成为他们在听力过程中的阻碍，严重影响对听力材料的理解，甚至会产生错误的理解。

3. 对英语听力不够重视

受传统教学模式的误导，大多数中学英语教学不重视英语听、说能力的训练，加上教学条件有限，学生很少有正式听英语的机会，学生对英语听力的学习缺乏有利的环境，致使母语思维一直处于主导地位，而英语和汉语在语音和表达方式上的差别很大，对母语的过度依赖严重影响了学生听力的发展。到了大学，学生过低的英语听力水平与过高的课程要求之间的矛盾使学生跟不上课，英语听力课堂的教学效果也很差。虽然大学校园中有英语广播等节目，但这些资源非常有限，无法被学生普遍、有效地利用，大学生英语听力的学习仍然缺乏必要的语言环境。而在英语听力课堂上，由于学生的听力水平较低，教师不得不大量使用中文进行授课，如此更加强化了消极的思维定式。

（二）英语教师的教学现状

1. 机械的教学模式

当前我国英语听力教学多采用"听录音—对答案—教师讲解"的教学模式。

这种模式下的听力教学不仅缺乏对学生的有效监督，而且忽视了学生对于语篇的整体理解，只是毫无目标地、机械地播放录音，一遍不熟放第二遍、第三遍，教师盲目地教，学生盲目地听，丝毫无法产生听的兴趣，教学效果自然不佳。

2. 缺乏适度引导

在应试教学的影响下，英语听力教学也多是围绕考试这个指挥棒而转的。教师大多将教学重点放在如何应对考试上，以考试的方式训练学生的听力能力，而不对学生做任何引导就直接播放录音。这就很容易使对生词、相关的知识背景等尚不熟悉的学生在听的过程中遇到种种障碍，不仅降低了听的质量，而且使学生产生挫败感，因而对听力学习失去信心和兴趣。

与之相反的是：有的教师总是在播放录音之前对学生进行过多的引导，不仅介绍了生词、句型，还将材料的因果关系等一并介绍给了学生。这样一来，学生即使不用仔细听，也可以选出正确答案，这就很难激起学生听的兴趣，听力教学也就失去了意义。

由此可见，如何对学生进行适度的引导是关系听力教学质量的一个重要问题，太多或太少都会影响教学效果，教师应根据实际情况进行把握。

四、多元文化对英语听力教学的启示

（一）加强文化背景知识的传授

在英语听力课教学中，教师在传授语言知识的同时，应注重文化背景知识的传授。文化背景知识的传授应该密切结合实践课，其目的是使学生更加深刻地理解英语，更准确恰当地使用英语。因此，在英语教学流程中，应该根据学生的英语水平和教学内容需要，有计划、有针对性地导入文化背景知识，在提高学生语言能力的同时，丰富英语国家的文化知识。

第一，培养学生的文化意识，增强学生学习兴趣。

在课堂教学中，教师不但要传授英语的语言知识，同时要帮助学生树立正确的思想观念，有意识地培养学生的文化意识。学生必须认识到，背景知识的学习有助于听力水平的提高，因为语言是融合在相关背景知识中的，这些知识有助于预测讲话人会说些什么，并在听的过程中去核对、证实。相关的背景知识既可以增进听者对讲话发生的地点、时间和周围环境的了解，也可以帮助学生熟悉讲话人的年龄、性别以及对一些事物的观点、看法。成功的听力理解取决于听者的语言知识和背景知识的相互作用，这两者缺一不可。除此之外，学生也应该认识到文化背景知识的学习有助于自身文化素质的提高。英语学习的目的不仅是掌握纯英语的语言能力，也是进一步了解西方文化，拓宽知识面。

第二，改变教师的教学观念，提高教师自身素质。

向学生传授文化背景知识，教师本身应有强烈的文化意识，重视学习积累和传授文化背景知识，在平时的课堂中注意将语言与文化相融合，逐步在课堂中向学生介绍英美国家的风土人情，渗透西方文化的背景知识。

在树立了正确的教学观念的同时，教师应广泛地阅读与文化背景知识有关的书籍和材料，掌握和了解丰富的文化背景知识，深刻了解中西方文化在不同层次、各个方面的异同。只有提高自身的素质和文化修养，教师才能在课堂上不仅讲解语言知识，更能在有关文化背景知识的传授中引导和教育学生。

第三，精心选择实践性的教材。

语言教学与文化背景知识传授相结合，必须有相应配套的教材。选择英语听力教材时，应选择那些包含有英美文化背景知识介绍的相关材料，既重视东西方文化差异的介绍，又重视词汇文化意义的介绍。在实践中应选用一些真实材料，可以采用一些国外原版的英语教材。某些原版教材包含了许多英美文化、风俗习惯的内容，可以作为练习听力的好材料。此外，西方的电视电影节目具有时效性、实践性和趣味性，是介绍西方文化知识的有效而直观的手段。在听力教学中，可以选取西方电视电影节目的片段作为课堂上的理解材料，同时也可以推荐给学生在课外进行泛听。

第四，采用丰富多彩的教学方式。

文化背景知识不应只限于在英语课堂上，根据实际情况，教师可要求学生预习时对相关的背景知识进行搜索和学习，并在课后做进一步的了解。在课堂上，应充分利用视频、网络等的多媒体资源；教学方式除了传统的"教师讲，学生听"外，还可以采用合作学习的组织方式，让学生分组去收集某一方面的文化背景知识并在课堂上做介绍，教师做相应的指导，让学生参与到教学中，增强学习的兴趣。

在课外，教师应鼓励学生进行广泛的阅读和大量的听力训练，可以向学生推荐富含西方文化内容的书单或视听节目。如有可能，可以举办文化专题讲座，介绍如西方节日、跨文化交际原则等。

（二）加强文化意识的培养

在英语听力教学中加强学生文化意识的培养是很重要的。听力材料的理解不仅依赖好的英语知识水平，还受到文化因素的影响。很多学习者能够听懂英语听力中的句子却不能很好地理解句子含义，其中一部分原因就是对材料中所反映的文化不了解。因此，培养学生的文化意识很必要。

在听力教学活动中，教师可以有意识地多选择一些能反映各国文化、风俗习惯、宗教信仰的材料，在听力教学中渗透跨文化意识的培养。在课上的时间是有限的，教师可以引导学生自己主动探究不同文化之间的差异。在听力教学中教师可以向学生推荐一些关于体现不同文化特点的电影，这样的电影既可以帮助学生提高英语听力水平，又同时让学生了解了文化差异。

听力教师可以在听力课上组织学生听一些反映各国不同文化背景的材料，并将学生分为两组，让学生自己找出所涉及的文化差异的具体体现，并写下来，最后看哪一组写得多。

第二节 多元文化教育视域下的英语口语教学

一、英语口语教学的意义

（一）口语能够帮助学生丰富词汇量

孤立的单词不容易记，而语句、文章是有情节的，词放在句子里，联系上下文更便于识记。学生经常进行口语训练，接触到的生词、句式日益增多，这对学生灵活运用常用词以及短语十分有益。实践证明，英语表达能力强的学生都善于口语，通过口语积累词汇。

（二）口语能够提高口语表达能力

学英语只有开始时就注意语音、语调，大胆效仿，及时纠正口型和舌位，才能讲出标准的英语，对于学生的英语口语表达能力的培养，口语训练就更为重要了。其作用有二：其一，如前所述，口语训练有助于学生冲破心理障碍。学生敢于大声朗读英语课文，就敢于开口说英语。经过学习和练习，学生将不再是会英语的"哑巴"。其二，反复大声朗读英语课文，特别是长期坚持以后，能够使学生形成一定的语感，并初步养成用英语思维的习惯。

（三）口语能够促进学生听力和思维能力的发展

教师范读或播放课文录音，能使学生保持高度的注意力，唤起他们的感知和想象。这些具体的形象既能帮助学生增强对词汇和语言结构的记忆，又能增强学生的语感。学生示范口语可以用于新课之始，也可在熟悉新词语之后进行。

（四）口语训练有助于培养学生的语感

学习语言就必须培养语感，语感对学好一门语言起着很重要的作用。语感强调通过对语言文字的直觉感受，最终达到语言文字快速领悟的境界，是构成一个人英语素质的核心因素。而语感是由后天的培养而产生起来的，在言语实践中，听觉、视觉等各种感官通过与语言材料的接触中，不断积累语言知识，体会出其语音、语义、语调及语气，日积月累，便逐渐培养了对语言的感知。

二、英语口语教学的内容

大学英语口语教学的内容主要包括语音训练、词汇、语法、会话技巧、文化知识等。

（一）语音训练

语音是学习英语口语的基础。语音训练的目标就是掌握正确的语音和语调，包括重读、弱读、连读、音节、意群、停顿等。错误的发音或不同的语调会造成对方理解困难，甚至产生误解。

例如：

A：This movie is meaningless.

B1：It ↘is. （非常肯定）

B2：It ↗is. （可以是漫不经心的附和，也可以是表示不耐烦）

B3：It ↘↗is？（稍带责备口吻，意思是"你怎么会这样认为"）

根据上述例子可知，语调不同，句子表达的意义也不同。

（二）词汇

词汇是英语学习的基础，无论是英语听力、阅读、口语还是写作都离不开词汇。没有足够的词汇量就没有足够的输出语料，因此就不能进行信息的交流和沟通。词汇是信息的载体，如果没有足够量的词汇，就不能在脑中形成既定的预制词块，这必然会影响英语的输出效率。有效的词汇输入是词汇输出的条件，口语交际功能的实现离不开充足的词汇量做支撑。在口语教学中应该加强学生词汇量的积累。

（三）语法

语法是单词构成句子的基本法则，要想实现沟通的目的必须构建出符合语法规则的句子。只有句子符合语法规则才可以被听者理解。词汇是句子含义的载体，语法是句子结构的基础，二者必须有机结合才能实现口语表达的实用性和高效性。

（四）会话技巧

口语教学的最终目的就是交际，学习并运用一些会话技巧可以使交际顺利进行。下面介绍几种常用的会话技巧。

1. 表达观点

例如：

It seems to me that …

I'd like to point out that …

To be quite frank/perfectly honest, …

2. 获取信息

例如：

Could you tell me ...?

I'd like to know ...

Got any idea why ...?

I wonder whether you could tell me ...

3. 承接话题

例如：

To talk to ..., I think ...

On the subject of/Talking of ...

That reminds me of. ...

4. 转换话题

例如：

Could we move on to the next item?

I think we ought to move on to the problem. Just to change the subject for a moment, ...

5. 征求意见

例如：

What is your opinion/view?

How do you see ...?

Have you got any comments on ...?

6. 拒绝答复

例如：

It is difficult to say.

It all depends.

I'd rather not say anything about that.

（五）文化知识

在口语交际中，文化知识也十分重要。交际的得体性决定了学生必须掌握一定的文化知识，包括普通的文化规则和不同文化之间的交际规则。这就是说，学生除了要具有扎实的语言基础知识外，还要具备一定的文化知识。

三、英语口语教学现状

英语口语教学的目的是培养学生运用口语进行交际的能力，因此英语口语教学应将教学重点放在能力的培养上，而不是一味地进行知识的传授。口语表达能力的获得主要依靠教师的指导与学生的练习。就目前来讲，英语教学在我国已引起广大专家和学者的关注，英语教学改革也取得了一定的进展，但是英语口语教学的现状仍不容乐观。英语口语教学依然面临一些问题。

（一）学生自身的学习现状

1. 语音不标准，词汇匮乏

受汉语语言环境的影响，语音基础不好的学生有的发音不准，影响了语义的表达；有的带有地方口音，听起来十分可笑；还有的不能正确使用语调、重音等，直接影响了英语口语语音语调的标准性。另外，由于缺乏练习，学生往往很难将学到的词汇用在口头表达中，而造成无话可说或不知如何去说的尴尬。

2. 缺少练习

从学生角度来看，他们已习惯了长期养成的上课记笔记、下课做练习的学习模式，在口语学习中处于被动的接受地位。他们往往在没有语境的情况下做大量机械的替换、造句等练习，没有形成主动参与课堂活动的意识，甚至害怕提问、害怕开口，学生的口头表达能力自然难以提高。

3. 心理压力大，缺乏自信

受应试教育的影响，初、高中的英语教学将重点放在了阅读和写作的训练上，而忽视了英语口语的教学。这就使学生即使日后意识到了口语的重要性，也总是心虚、不自信。虽然有些学生的口语能力不像他们想象得那么差，却仍然不愿意开口说英语。即使有一小部分学生愿意做口头交流，也总是带有紧张不安的情绪，担心自己说错、被批评、被耻笑，更不要说那些发音不好的学生了。这些负面的情绪和压力对学生口语能力的提高显然十分不利。

（二）英语教师的教学现状

1. 教学方法滞后

我国的英语口语教学是作为英语整体教学的一部分而出现的，而并未被独立出来进行专门教授，因此英语整体教学中存在的问题也直接体现在口语教学上，其中教学方法滞后就是一个重要的问题。口语教学中，教师也习惯性地采用传统的"讲解—练习—运用"的教学模式。这看似体现了教学的规律，实际上却制约了学生说的积极性。在此教学模式下，学生只能被动地接受教师所讲授的词汇和语法知识，在没有语境的情况下做大量机械的替换、造句等练习，这样根本无法有效地锻炼口头表达能力。

2. 汉语授课

提高英语口语能力的一个重要方法就是多听、多说。然而，很多英语教师考虑到学生的英语水平参差不齐，为了使所有学生都能跟得上教学进度，而不得不放弃英语授课，这无疑恶化了英语使用的环境，减少了学生用英语进行交际的机会。另外，为了追赶教学进度，应对大学英语四、六级考试，教师也多用汉语讲授知识点。

3. 教师指导方法欠佳

在英语口语教学中，很多教师在对学生的口语表达进行指导时缺乏科学合理的方法。具体表现在以下四方面：

①很多教师在口语教学中使用逐字逐句的纠错方式，这容易使学生产生依赖心理，打击学生学习的积极性。

②很多教师没有对口语话题提供足够的语言支持，如给学生提供一些必要的词汇、重要句型等。

③很多教师没有对口语话题进行适当或必要的解释，没有从观念、情感、文化、价值观等方面对话题进行拓展，学生对话题理解不透彻，自然很难进行有意义的互动。

④很多教师没能从学生的角度出发去指导口语使用策略，如如何根据说话者的意图、语言功能、语境等对口语内容与方式进行组织。

四、多元文化视野下的英语口语教学

（一）文化差异给口语带来的影响

1. 词汇等交际文化对英语口语的影响

各种语言除一部分核心词汇外，许多词汇都有着特定的文化信息，即"文化内涵词"。这些词会影响到学习者对英语的正确使用。比如说，"黄色"一词在中文有淫秽的含义，中国人很容易把"yellow book"理解成黄色书刊，殊不知在美国这是指黄页电话号码簿，因为美国人是用黄色的纸印刷电话簿的。此外，有些词语的表意也是很丰富的。英语的"cousin"一词对应中文中的堂兄、堂弟、堂姐、堂妹、表兄、表弟、表姐、表妹这些词，可谓一词多义。汉语中表达烹饪的词汇有 50 多个，英语中却只有十几个，所以不能简单地将英汉词汇对等。

2. 习语文化差异对英语口语的影响

不论是在中文里，还是在英文中，都蕴含着丰富的习语。它们简短生动，是历史文化积淀的产物，不深入了解文化背景就根本无法理解习语，最典型的莫过于两种文化对待狗这种动物的态度上了。汉语中含有狗的习语大都是贬义词，如狼心狗肺、狗急跳墙；而西方人则认为狗是人类忠诚的朋友，因此和狗相关的习语是没有贬义的，如"Every dog has his day"意思是凡人皆有得意日，"Love me，love my dog"译为爱屋及乌，"You are a lucky dog"则是夸对方是幸运儿。因此，认识习语中的单词，并不代表理解这个习语的意思，想要在英语口语中正确使用习语，必须掌握和习语有关的文化知识。

3. 句式和语篇思维方式的文化差异对英语口语的影响

英语的句式较紧凑，以介词和连词构成的长句居多；而汉语句式则爱用动词，以短句为主。如：It is a truth universally acknowledged that a single man in possession of a good fortune must be in want of a wife. (J. Austen. Pride and Prejudice)凡是有钱的单身汉，总想娶个太太，这是一条举世公认的真理。

从语篇看，英语语篇模式大多为直线型思维，其特点是单刀直入，先提出主张再具体说明。以下面的一段话为例，①首句：Soccer is a very difficult sport. ② A player must be able to run steadily without rest. ③Sometimes a player must hit the ball with his head. ④Player must be willing to bang into and be banged into others. ⑤ They must put up with aching feet and some muscles. 英语国家的人说话时先开头点题（在此段话中表现为第①句）再具体分析（在此段话中表现为第②③④⑤句）。而中文语篇则体现出"螺旋式"思维，曲折迂回，先说明理由再提出主张。如果用汉语表达上段话的意思，则为：足球运动员必须能不停奔跑，有时候得用头顶球，撞别人或被别人撞，必须忍受双脚和肌肉的疼痛，所以说，足球运动是一项难度很大的运动。由此可以看出，中文的表述隐喻婉转，先说明理由再提出主张，和英文有很大不同。所以为了培养好英语口语能力，与英美国家人交流时，应注意这两种思维方式的不同，以便更好地沟通。

（二）多元文化对英语口语教学的启示

1. 在口语教学中要培养学习者宽容的语言态度

英语作为一种语言，非母语使用者人数大大超过了母语使用者。据估计，使用英语的人数目前已经接近世界总人口的四分之一，而学习者的人数更是不可胜数。面对这一现实，从事英语教育或学习的人应充分认识到英语学习的目的已不局限于同"英、美、加、澳"等母语使用者进行交流，而是运用英语与来自不同背景的人进行跨文化交流。所以我们的英语教学面临着双重任务：调和、认清英语各文化背景间的不同，以保持国际交流中的互通性，也就是教授地道的标准英语，同时也要照顾到英语的最大使用者群体，即非母语使用者的社会及心理需求，特别在口语教学中应增加学生对多元化语境的感性认识，熟悉各种英语文化培养学习者开放、宽容的语言态度，即对多元文化英语的容忍度，提高跨文化交际的意识和能力。

2. 增加自然语言的输入

英语的多元文化首先是语言上的差异，在口语训练中需要有所革新，适当增加多元文化语境的能见度，在所选的口语教材中应当增加自然语言的分量。如按照日常场景进行的真实谈话，这些话语含有重复、省略、简化、停顿，世界各地不同的口音，甚至含有不合语法规则的成分。要使学生能够掌握英语中各种自然表达方式，口语课不能只固定采用一套教材，而应该添加一些辅助的听力材料，特别是真实的录音材料。因为在现实生活中人们的语言千差万别，口语课的教学内容也应该是丰富多样的。要让学生听到和习惯各种不同的文化下的口语语境，以增加学生学习的灵活性，适应时代的需求。

3. 对学生的参与动机起决定作用

在口语学习中，交际的动机以及对英语国家的社会、文化的认同态度对学生的参与动机起决定的作用。

学习口语的目的是要把英语作为交际工具来使用。当今社会多元文化发展迅速，口语课堂也要随时代而进步，所传授的知识必须与时俱进，适应社会的需要。要让学生拥有将英语作为交际工具的动机支撑，并且对英语国家的文化差异有主动学习了解的欲望，因而学习参与的态度会是积极而主动的，效果也会是明显的。教师应从主观上对英语的多元文化有丰富的理解，从他们对英语国家的社会文化认同方面来增强学生学习的积极性，调动学生的参与精神。教师更需要考虑到学生将来走出校门能否用到所学的知识，能否真正用所学的知识去交流。所以，平常应当给学生讲授一些有实际操作性的知识。

4. 提高师生的文化意识

促使学生对文化产生兴趣并培养学生主动学习文化的意识是口语教学的一个重要方面。

教师在教课过程中应该有意识地给学生介绍一些关于不同国家不同文化之间差异的知识，激发学生的兴趣。教师在关于英语口语资料的讲解中可以给学生提供一些视频资料来直观地体现不同文化在生活中的不同表现。也可以让学生分成几组，对英美两个国家文化上的不同点来进行对比，看哪一组找到的差异最多。学习一种外语就要适应一种外国文化。

在基于文化差异的英语口语教学中，教师需要激发学生的文化意识，只有这样才能习得更加地道的英语，培养学生的英语思维，同时对英语水平的提高也很有必要。

第三节　多元文化教育视域下的英语阅读教学

一、英语阅读教学的意义

英语阅读既是我国英语学习者的学习目的，又是其学习手段。进行英语阅读教学具有多方面的重要性。

（一）阅读是培养语感的最好方法

好的英语是读出来的，好的语感更离不开大量的阅读。语感的获得方式有两种，其中之一就是"自然语言实践"，即通过大量的言语接触，使言语本身的规则在主体大脑中积淀到相对完整和巩固的程度，从而形成一种言语结构。中国人常说"书读百遍，其义自见"，提倡的就是这种自然习得。这种输入和接触就是大量的阅读。

很多的英语学习者都视英语阅读为苦读。事实上，英语阅读应该是轻松愉快的，也可以是轻松愉快的。要乐读就要求选读，即选择材料（或书籍）的阅读。在选材上要遵守简单原则，坚持从最简单处出发，从简单处学起。建议学习者从简易读物读起，选择生动、有趣、富有吸引力而又能启发心智的读物，而不是一开始就抱着英文原著苦读、死读。简单的东西可以学以致用，从而提高学习的兴趣，即阅读的兴趣原则。

（二）阅读可以提高技能及兴趣

英语学习者通过阅读培养了英语阅读能力，并以阅读能力为基础发展其他能力，如听、写、说、译等的能力。随着阅读能力的不断提高，语言知识的不断增加，英语阅读量就会不断增加。学生的注意力就会有一部分转移到阅读材料的内容上。对题材、内容发生了兴趣，英语学习者在英语阅读上感到了英语学习的进步与成就，反过来又进一步激发了英语学习兴趣。通过广泛大量的英语阅读，英语学习者猎取了知识，增长了见识，开阔了眼界，进一步增强了英语学习动机。

（三）阅读有利于全面发展

英语阅读不仅使英语学习者增长知识，提高兴趣，也会提高其抽象概括、归纳综合、逻辑思维、理解记忆方面的能力。阅读一方面由文字到思想，另一方面由思想到文字。对于文章的理解离不开读者已经具有的背景知识，也离不开读者依据上下文进行的推测。

（四）阅读是获取信息的主要渠道

对大学生来说，学习外语的目的，除了满足与国外同行直接用外语沟通的需要之外，主要是利用外语获取专业信息，服务于自己所从事的工作。获取信息可以通过"听"，但主要的渠道还是"读"，无论信息的载体是互联网，还是电子书或者纸质书籍。

二、英语阅读教学的内容

无论哪种教学，教学内容都必须以教学目的为出发点。英语阅读教学的目的在于培养学生的阅读能力，使学生能够通过阅读英语材料获取所需信息。基于这一目的，大学英语阅读教学应包括以下内容：

第一，辨认语言符号，猜测陌生词语的意思和用法；

第二，理解概念及文章的隐含意义；

第三，理解句子言语的交际意义及句子之间的关系，通过衔接词理解文章各部分之间的意义关系；

第四，辨认语篇指示词语，确定文章语篇的主要观点或主要信息；

第五，从支撑细节中理解主题；

第六，总结文章的主要信息；

第七，培养基本的推理技巧；

第八，培养跳读技巧；

第九，培养览读技巧；

第十，将信息图表化。

三、英语阅读教学现状

培养学生的阅读能力是大学英语教学的首要任务之一，也是掌握语言知识、打好语言基础、获取信息的重要渠道。但在大学英语教学中一直存在一些问题。

（一）学生自身的学习现状

1. 母语思维影响

受文化与思维方式的影响，英汉两种语言在遣词造句上也有很大不同。例如，英语句子中只能有一个谓语动词，动词受形态变化的约束，是句子的中心，并借助一些连接词把句子的其他各个语法成分层层搭架，呈现出由中心向外延扩展的"分岔式"结构。而汉语一般通过多个动词的连用或流水句形式，按照时间的先后顺序和事理推移的方式，把一件件事交代清楚，呈现出一线形的"排调式"结构。

再如，中文习惯将次要的描述性信息放在句子的前部，而将重要的信息放在句子的后部；与之相反，英文句式的表达特点是将重要信息放在句子前部，而将次要信息置于句子的后部。学生如果对中英句式上的这种差别熟练掌握，在阅读中就可以适当分配注意力，提高阅读的速度和效率。

因此，在英语阅读教学中，教师的教不应仅仅局限在语言知识的讲解上，还应注重对学生进行跨语言文化的思维训练。

2. 阅读习惯不良

阅读习惯对阅读学习有最直接的影响。每位学生都有自己的阅读习惯，良好的阅读习惯能让学生在短时间内获得最多的或需要的信息，而不良的阅读习惯则会抑制阅读的成效。放眼我国大学生的阅读现状，可以发现，很多学生在阅读时都有这样那样的坏习惯，现总结如下：

①用笔或手指着，一个字一个字地读。

②读出声来或在心里默读。

③重复阅读前面读过的内容。

这些坏习惯大大降低了阅读的效率，也严重影响了阅读学习的效果。对此，在教学过程中，教师应及时发现和纠正学生的这些不良习惯，培养正确的习惯，以帮助学生提高阅读和阅读学习的效率。

3. 背景知识欠缺

学生是教学的主体，是影响教学效果的主要因素。因此，学生方面存在的问题很大程度上制约着英语阅读教学的顺利开展。就目前来看，学生背景知识欠缺的问题比较严重。

缺乏必要的背景知识是造成阅读困难的主要原因之一。背景知识指学生掌握的各种知识，包括语言知识本身、文化背景知识和学生已有的各种生活经历与经验。丰富的英语文化背景知识能促进学生英语阅读能力的提高；反之，背景知识的缺乏则会造成阅读理解的误解或困难。就目前来看，我国学生普遍缺乏英语文化背景知识，对英语国家的历史、地理、文化等不了解，从而制约了英语阅读教学的顺利开展。例如：

The eagle always flew on Friday.

"eagle"是美国的国家象征，经常出现在美国钱币上，由此"eagle"在这里喻指美国钱币，于是我们可以推测这句话是想表达"美国人总是在周五发工资"。如果将其理解为"老鹰通常周五都飞来"就大错特错了。所以，学生只有进行广泛阅读，多了解英语国家的背景知识，才能提高阅读速度，保证阅读理解的准确性。

(二) 英语教师的教学现状

1. 教学机械化，缺乏创新

大学英语教学仍旧采用传统机械式教学法：课前预习；课中简要概括介绍，解释难点，提问问题；课后记忆。这种教学方法存在很多缺陷。

①学生没有明确的目标如何进行课前预习。

②课中一直是教师的介绍，学生并未参与其中。

③单纯的理解性练习只能检测学生理解的结果，但是并不能检测学生的理解能力。

总之，这种缺乏互动式的教学法必然将学生局限在教师的知识圈中，并不能提高学生群体的世界知识和理解技能。

2. 应试教育倾向严重

在我国的英语阅读教学中，还存在应试教育倾向严重的问题。

教师在阅读教学过程中多注重对应试技巧的讲解，而忽视了学生阅读能力的提高。例如，大学英语四、六级考试就有应试教育之嫌。而且，大学英语等级考试皆为笔头考试，尽管对英语教学起到了一定的正面反拨效应，但是在语言的表达上也仅仅是做出判断。并且，在进行各类水平的测试时，只要抓住其中的几个重点词，问题就能解决了，这就使学生的阅读水平只能局限于粗略理解上，而不能得到真正意义上的提高。

即使有些教师知道应试教育对学生能力培养具有一定的阻碍作用，但是迫于教学压力和业绩等因素，着实没有精力进行改变，于是陷入进退两难的境地。教师在英语教学中的作用十分重大，这些问题除了需要教师提高自身的专业水平之外，同样需要相关教学部门的支持与协作。

3. 教学观念落后

英语阅读教学目前在教学观念上仍然存在比较严重的问题。很多教师只重视知识的传授，一味地讲解生词、进行逐句逐段的分析，然后对对答案，而轻视了对学生阅读理解能力的培养，甚至忽略了学生在学习过程中的主体性。阅读作为一种重要的语言技能，其能力的培养对于学生分析、思考和判断能力的提高十分有利，对于提高学生的人文素养、激发学生学习兴趣、拓宽学生的视野、提高学生综合语言运用能力也有重要的意义。教师应该意识到，阅读是学生的主体性的、个性化的行为，教师不能以自己的分析来代替学生自己的阅读实践。因此，教师必须努力改变英语阅读教学中旧有的观念，多给学生自己阅读和锻炼的机会，帮助学生提升阅读水平，从而提高阅读教学质量。

四、多元文化下的英语阅读教学

（一）文化差异给阅读带来的影响

文化差异在很大程度上决定了语言的差异，从而影响对阅读材料的理解。

1. 联想意义中的文化差异

由于中西方文化渊源不同，人们对同一事物的理解各不相同。例如，"dragon"这个词给西方人和中国人引起的心理反应是有很大不同的。中国古代用龙作为帝王的象征，把龙字用在帝王使用的物品上，中国人历来把"龙"视为"吉祥"和"权力"的象征，因而我们的语言里就有了"龙飞凤舞""望子成龙"等一系列习语。然而，在西方的文化中，"龙"被看作是长翅膀、大多会喷火、穷凶极恶的怪兽，代表凶恶和残暴，在俗语中还被认为是"凶狠的人"。如果对一位英国朋友说："I wish your son to be a dragon." 这位朋友一定不高兴。同一篇文章，不同文化背景的人会读出不同的感受。

2. 句子层面的文化差异

文化障碍不仅存在于丰富词汇的层面上，而且存在于句子层面上，包括典故、习语和谚语。句子蕴含的文化差异给外族人对句子的了解构成障碍。习语是文化的一部分，英语丰富的习语活跃在英语文化圈内，给中国学生的阅读带来了障碍。例如，"She can talk the hind leg off a donkey." 句子中短语 "to talk the hind leg off a donkey" 中 "talk" 为不及物动词，后面本来不直接加宾语，很难理解，而知道这是习语的人就很容易理解此句。意思是她一直不停地说了很多以至于驴子的后腿都掉下来了，所以可以翻译为："只要她一开口，就能滔滔不绝。"又如，"The world was my oyster …" 这个习语的意思对我们来说，生活中充满着无限的机遇。在这个世界里我们可以做任何事情（或许能在牡蛎中找到珍珠），因而可以翻译为："整个世界就是我的盘中餐。"

3. 成语典故中的文化背景

语言不仅是文化的重要组成部分，而且是文化的载体。每一种语言都是一个国家文化发展的产物，都有其悠久的历史背景和丰富的文化内涵。每个国家都有其独特的发展历史、生态环境、民情风俗等，因此，每一种语言都有其特定的负载着文化的词汇、成语典故等来反映这些观念和事物，导致非母语学习者理解这些词时常常会遇到障碍。例如，某单元主题是人与动物，仅仅就动物福利与权利意识的增长和运用法律手段来保护动物免受人类虐待这一主题来说，中国的学生就不易理解。而且，课文中还涉及了有关动物的成语典故和表达方式。例如，

"She let the cat out of the bag when she told everyone about Mum's party." 中的 "let the cat out of the bag" 源自一个成语故事：旧时纽约州农民把猪放在袋子里卖，但因为猫不如猪值钱，有时不诚实的人会试图把猫装在袋子里当作猪卖，买的人如不打开看就会受骗上当，有时猫会从松开的袋子里钻出来露出真相从而毁掉买卖。所以 "let the cat out of the bag" 是指 "无意中泄露真相" 的意思。又如，"A little bird told me it's your birthday today！" 中的 "A little bird told me" 意思是 "我通过一个我不想告诉你的线索得到信息"。这个习语的由来是鸟类很久以来就被认为和送信有关。再如，"My cousin is the black sheep of the family and nobody likes to talk about him." 中的 "the black sheep of the family" 意思是家族中最糟糕、最不受尊重、表现最差的成员，即家族中的败家子。因为基因突变，哪怕是在一群白羊中偶尔也会生出黑羊来，但这并不是人们希望的，因为白羊的羊毛可以被染成各种颜色，而黑羊的毛无法染色，所以这只黑羊会被当成怪物和麻烦。

（二）多元文化对英语阅读教学的启示

1. 因材施教

不同的学生有不同的个性、语言水平。在当下以学生为主体的教学理念指导下，英语阅读教学必须按照因材施教的方式进行教学。这就要求教师要选择合适的教学方法满足不同水平、不同目标的学生的特殊需求，使每个学生都能得到阅读技能的提升。具体来说，教师需要注意以下两个方面：

①对于阅读能力较差的学生，教师应选择较容易的文化阅读材料（如短小故事等），设计相对较简单的问题。当学生回答问题正确时，就会产生成功的喜悦感，同时找到了学习的自信和乐趣，从而以更大的热情投入阅读学习中去。

②对于阅读能力较强的学生，教师可选择具有挑战性的阅读材料（如世界名著、杂志等），同时布置一些富有挑战性的任务，让学生在拓宽视野、增长见识的同时挑战新的高度，从而达到更高的水平。

2. 多样化

多样化包括两个方面：导入内容的多样化和导入形式的多样化。

（1）导入内容的多样化

导入内容的多样化要求教师做到以下两点：

第一，所选材料应经常变换体裁，而不能局限于一种体裁，这样才能满足学生的多样化需求，使学生熟悉各种体裁文章的不同行文特点，从而提高阅读理解的准确性。

第二，所选材料不能局限于一类主题，而应经常变换题材。这样才能增加学生的不同文化知识，以提高阅读理解水平。

（2）导入形式的多样化

导入形式多种多样，主要有以下两个方向：

第一，根据实际情况，运用比较、融入、注释、体验等多种方法导入相关文化知识。

第二，通过图片、视频、音频等材料来对某一个文化现象进行解释和说明，从而让学生从真实的文化环境中了解与掌握语言所负载的文化内涵，体验英语国家的文化。

需要注意的是，作为教学活动的引导者和组织者，教师承担着文化传承的角色。因此，教师除了要在文化导入过程中注意上述几个方面以外，更要在课内外不断加强自身的文化素养，并能在阅读教学过程中融入相关的文化背景知识和内容，讲授语言深层的文化内涵。

3. 运用多种方法导入文化

（1）差异对比

英汉文化差异巨大，关于这些差异的对比无论是从方法上来说，还是从内容上来讲，都有助于调动和培养学生学习的直接兴趣。

通过对比英汉两种文化之间的差异，教师要让学生明白不同的语言以及语言背后不同的文化，了解不同的语言有不同的习惯表达方式。通过这种文化差异的对比，增强学生的文化感悟力。例如，学生看到"black tea"知道其意思不是"黑茶"，而是"红茶"。需要注意的是，文化差异的比较不应仅仅局限于课本所提供的材料内容，就课文讲课文，而应该透过语言看文化。通过课本提供的语言材料了解与把握其中所蕴含的民族文化语义，使枯燥无味的词语讲解和篇章结构分析变得生动活泼，有滋有味，这样才能最大限度地激发起学生的学习兴趣，使学生既能学到英语语言知识，又能领略英语国家的文化。

（2）教师介绍

教师是学生获得相关英语文化知识的重要来源，因此教师应该充分发挥自己的作用，在英语阅读教学中通过介绍和讲解导入文化知识。在阅读理解课堂教学中，教师可以结合教材，有计划地安排一些专题，介绍英美国家文化背景知识。例如，可以安排英美国家宗教专题、价值观专题、婚恋专题等，结合这些专题介绍和讲解英美国家的文化背景知识，从而使学生对英美国家的文化背景知识有一个比较系统的认识。

（3）课外阅读

英语阅读教学不应该仅仅局限于课堂教学。课堂教学的时间毕竟是有限的，教师应该引导学生充分利用课外时间阅读，接触到更多的英语文化知识。教师可以向学生推荐一些有关英美国家文化知识的书籍，包括小说、杂志、报纸等，鼓励学生通过广泛阅读不断增加、积累英美国家的文化背景知识。

（4）角色扮演

在阅读教学中，教师可以紧密结合教学内容，根据日常生活中的交往风俗，按照不同的功能，如"greeting、asking the way、shopping"等，设计相关的情境，让学生分角色扮演，对所设计情境进行演绎，从而增强学生的学习兴趣，刺激学生对课堂学习的参与性，并提高学生对文化知识的实际运用能力。

4. 循序渐进

由于学生的语言水平参差不齐，在阅读教学的基础阶段，教师在选择导入内容时不能一上来就选择那些较难理解的文化知识，而应按照循序渐进的方式，由浅入深、由简单到复杂地逐步导入相关的文化知识和内容。此外，教师在导入英语国家的文化背景知识时，应尽量选择那些与学生的生活密切相关的内容，或想办法将要导入的内容与学生的生活联系起来，这样才能更好地激发学生学习英语的兴趣和热情。

5. 关联性

所谓关联性，即要求阅读教学中导入的文化知识应以与材料主题、文章作者、写作背景等相关的文化背景知识为主。因为这些信息往往影响文章的写作，继而也就影响了学生对语篇的理解。因此，教师在阅读教学中导入文化知识时，一定要对此给予足够的重视，从而帮助学生更准确、深刻地理解所读材料。

需要指出的是，关联性原则虽然要求教师在阅读教学中应包含背景知识，但这必须在不影响材料本身讲授的基础上开展，文化导入应占据适当的比例，不能喧宾夺主，最终将阅读课变成文化课。在此前提下，教师还应进一步保证所导入的文化背景知识的基础性、相关性和必要性。

第四节　多元文化教育视域下的英语写作教学

一、英语写作教学的意义

写作是人类表达思想和传播知识的最重要手段。无论在母语还是二语的习得过程中，写作对大多数学生来说都是一个难题。尤其在中国学生将英语作为第二语言学习时，英语写作就不仅是一种表达思想的媒介，更是综合衡量学生掌握语言水平情况的重要尺度。作为学习者语言输出的重要手段，英语作文最能全面反映出学习者的语言基础、认知水平、思想高度和文字综合运用能力。因此，写作教学在英语教学中具有重要的意义。

二、英语写作教学的内容

英语写作其实是把清晰严密的思维以"论点+论据"的形式表现出来，是一种对英语综合能力的表现，其包含了对语言的逻辑分析、组织、运用表述的各项能力。具体来说，大学英语写作教学的内容如下：

（一）发现论点

主要知识点：主题句的位置与构成，主题句的写作要求。
能力培养要求：让学生了解什么是主题句，怎么写一个合格的主题句。

（二）开头与结尾段落的写作

主要知识点：开头与结尾段落的主要写作手法。

能力培养要求：让学生了解如何写作文的首段与结尾。

（三）写作过程

主要知识点：构思的主要方法，如自由写作、提问、草拟提纲等；修改的步骤。

能力培养要求：让学生明白好的作文开始于好的构思以及修改作文的必要性与具体步骤。

（四）段落一致性

主要知识点：具体细节与恰当细节的应用。

能力培养要求：使学生学会用具体论据支持论点。

（五）段落的连贯与过渡

主要知识点：组织论据的常用方法，如时间顺序、举例、因果、对比、定义、分类等；过渡词以及其他连接手段（如重复、代词、近义词）的应用。

能力培养要求：让学生了解如何组织、连接论据来支持论点。

（六）遣词造句

主要知识点：学习排比、前后一致、用词简洁而具体、变换句型；修改作文的主谓不一致、悬垂修饰语，修饰语错位、破句、粘连句等错误。

能力培养要求：通过对遣词造句技巧的介绍，让学生学会在写作中正确地选词、用词，并能构建形式、结构多样的英语句子。

三、英语写作教学现状

（一）学生自身的学习现状

1. 思想认识方面

我国英语写作教学中还普遍存在教师不愿意"教"、学生不愿意"练"的问题。从学生角度看，由于写作涉及语言和内容两个方面，学生存在语言表达困难、缺少及时反馈问题。而如果学生得不到及时、有针对性的反馈，便会进一步挫伤他们提高英语写作能力的积极性。

2. 重模仿、轻创作

重模仿、轻创作是我国英语写作的一大弊病。尽管模仿是写作教学的起始状态，也是学习写作的必经阶段，更对我国学生（尤其是初学英语写作的学生）学习写作起到了促进作用，但模仿并非写作的最终状态。它虽然能够提高学生写作学习的效率，但过度模仿并不利于学生写作能力的持续发展。因为写作不仅是一种个体的心智行为，更是一种创造的过程。从构思、行文到修改，写作过程始终体现着作者的个性特点与独立思考能力。写作过程中的意义和价值都是由学生创造而来的，一味地模仿必然会抑制学生的写作积极性与主动性，进而影响学生的写作动机和兴趣。

（二）英语教师的教学现状

1. 写作教学系统性不足

（1）教学目标

任何一种技能的学习都不是一蹴而就的，其教学也不可能取得立竿见影的效果。因此，英语写作技能的培养也需要一个循序渐进的系统过程。这种循序渐进首先就要体现在教学目标的系统性上，这是实现英语写作目标的基本保证。

英语写作目标缺乏系统性是因为总体目标（针对学生的生理、心理特征，结合写作教学的自身规律，并在英语课程要求中明确规定的总体任务）与阶段性目标（根据总体目标制定的一系列的阶段性目标）之间互不协调，总目标与子目标之间连贯和衔接的科学性严重缺失。造成这一现状的原因可能是显性目标与隐性目标系统不平衡导致的，也可能是教师对写作的目标体系与学生实际写作之间关系的模糊认识所造成的。无论是什么原因，这种写作总体目标与阶段目标的不协调显然会影响目标的实现。因此，学校、教师都必须克服这些不利因素，把握好英语写作教学的总体目标和阶段性目标。

英语写作教学目标之所以难以实现，一个主要的原因就是教师对英语写作教学目标与学生实际之间关系的认识不清。事实上，目标是教师和学生对学习结果的期待，是一个未实现的状态，因此教学目标与学生的实际之间必然存在一定的差距，适当的差距对学生写作能力的提高而言是有利的，而过大或过小的差距则不利于学生写作能力的提高。基于这一点，英语写作教学可被视为帮助学生向目标逼近的过程。英语教师和学生可以借助目标与实际之间的距离，设定一些教学或学习步骤，并熟悉实现每一环节目标的条件、困难和可能性。否则，一旦教师对写作教学的目标与学生实际之间的关系和意义认识不清，就会导致行动和反应上的迟缓，直接影响写作教与学的质量。

（2）教学方法

英语写作教学系统性不足还体现在教学方法上。所谓方法，就是一种对活动程序或准则的规定性，是一种能够指导人们按照一定的程式、规则展开行动的活动模式。系统性是英语写作教学方法的内在规定，是有效运用教学方法的重要基础。离开了系统，教学方法也就失去了意义和价值。这是因为，教学方法实际上是整个教学系统的一个子系统。它与教学目的、教学内容以及师生间的互动均联系密切：没有明确的教学目的，写作教学就会迷失方向；而脱离了教学内容，教学方法也就毫无意义；缺少了师生之间的互动性和双边性，教学方法也就没有了价值。因此，不同的教学目的、内容、师生关系应该对应不同的写作教学方法和运作。不同的内外条件，写作教学方法的系统运作会呈现不同的水平和层次。因此，英语写作教学方法的运作必须根据教学系统中的各项组成部分来实施，否则就会造成种种矛盾和冲突，影响写作教学的效率。而对照我国英语写作教学中所使用的教学方法可以看出，这些方法大多是无效的、失败的，因为它们大多不系统、不连贯，缺乏针对性。

（3）写作指导

写作指导思想是否系统对写作教学质量的影响极大。写作技能和写作能力的生成虽然需要通过大量的练习来获得，但多练不等于泛练。如果写作练习缺乏目的性，即使花费很多时间也是无用的。另外，从遣词造句到段落和篇章的生成，从撰写记叙文到写议论文，从构思、行文到修改，整个写作是一个由浅入深的系统操作过程。因此，教师对学生的指导也应具有系统性。然而，我国的英语写作教学大多缺乏这样一种系统性。教师教的时候以及学生写的时候都没有一个明确的目标，更没有一个长远的规划，而是跟着教材随机地教授写作方面的知识和技能，这就大大降低了写作教学的效果。

2. 重形式、轻过程和内容

长期以来，我国英语写作教学一直存在重形式、轻过程和内容的问题，导致这一问题产生的原因如下：

（1）欠缺英语思维

英语写作教学中，教师往往强调学生要用英语思维来写作，避免使用中式英语。然而，要做到这一点很难。毕竟对中国学生来说，英语是一种外语，汉语才是母语。学生的汉语思维模式已经根深蒂固，要想使英语思维成为习惯是极为不易的。

另外，很多人认为，英语写作中侧重语言形式的作用是必然的。所以，在英语写作教学中，重视文句的规范性与文章结构，忽视文章的内容和思想的现象仍然大量存在。部分教师也将文章结构和语言形式看作写作教学的主要内容。而初学写作的学生更是将学会把握文章结构和形式视为写作学习的终极目标。这些最终都使写作的教与学流于形式，很难触及写作的核心。

（2）受历史传统影响

在早期的英语写作中，为了快速写出一篇符合要求的英语文章，人们常常模仿类似文章的语言形式和文章结构来写作。久而久之，教师和学生都将形式作为英语写作教学的重点，而忽视了写作的过程和内容，写作变成了一种模仿，而非创造。

事实上，内容和过程对写作来说也是很重要的。一篇好的文章应该具有丰富、深刻的内容，而这些内容仅仅靠对形式的模仿是无法实现的。语言的形式和文章的结构仅是作者表达思想和情感的一种手段。学生能否把握文章的结构和格式固然重要，但如果过分强调它们的作用显然并非好事。因为文章的思想和观点是写作和写作教学的根源，而文章结构和语言形式则是写作和写作教学的支流，根源上得不到保证，支流显然就失去了存在的基础。因此，英语写作教学必须处理好源与流、本与末、主与次的关系，在注重写作形式教学的同时还要重视写作内容的教学以及学生写作能力的培养。

3. 教与学相互颠倒

写作教学也并非一种知识性课程，学生的写作技能无法靠教师的讲解来获得，原因如下：

第一，写作是一种实践性活动，涉及写作的技巧和能力。因此，写作教学应该以学生的实践和操练为主，以教师的知识传授为辅。

第二，写作教学的目的在于提高学生的写作能力，因此写作应该是一种学生个体的活动，从构思、写作到文章修改，都应该使学生参与其中，教师过多的讲解只会耽误学生的写作时间，进而影响学生写作的积极性和主动性。

然而，我国英语写作教学一直存在教与学相互颠倒的现象，主要体现在以下两个方面：

第一，写作教学中仍存在教师大量讲解理论知识的问题，尤其是初学写作的学生，很容易觉得写作枯燥、无用，产生厌倦、畏难等情绪，因而丧失写作的兴趣，最终影响英语写作教学目标的实现。

第二，教师常以自己的写作经验为基础来指导学生写作，常对学生使用一些不恰当的话语指令或规则指导学生，剥夺了学生的话语权，限制了学生的独立思考，简化了学生写作过程的心理体验，遏制了学生写作中的创造性，使他们产生盲从的心理。这显然颠倒了写作教学中的师生地位，而且也很容易使学生在写作过程中在构思、行文和情感体验上出现雷同现象，写作创造能力得不到真正的提高。

4. 批改方法缺乏有效性

作文批改的方式方法也是写作教学中存在的一个显著问题。很多教师在批改作文时，重点仍然放在纠正拼写、词汇以及语法等方面上，而忽略了学生在写作过程中思维能力的培养，这会使学生过分追求写作时的语言正误，而忽视对文章结构、逻辑层次的把握。

另外，教师对学生作文的批语也同样重要。有的教师一味指责学生写作中的错误，而缺少鼓励，这会制约学生写作的主动性，导致他们消极应付、望而生畏，对自己写作中出现的错误不能很好地改正。

四、多元文化下的英语写作教学

（一）英汉写作中的文化差异

汉语与英语是两种截然不同的语言符号系统，中国学生在学习英语时因受汉语的影响，习惯用汉语思维。无论从词法、句法、篇章结构上，还是思维模式上，他们的作文都难免带有汉语的痕迹。

1. 词法方面

每一种语言的词汇都可以反映使用这种语言的社会面貌、制度和风俗等。如果不了解该语言所处的特定文化背景，就难以理解词汇的准确意义。另外，英语中有些词类的划分与汉语也有所不同。例如，英语中名词分为可数名词和不可数名词，动词分为及物动词和不及物动词，形容词分为表语形容词和定语形容词。在英语的写作过程中，学生应特别注意英语词汇的特征。

（1）词汇的虚实

汉语思维是整体、综合的，而英语的思维是分析、独特的。这种思维差异表现在语言上就是：汉语往往偏好种概念的词，即泛指，用词概括而模糊；而英语偏好属概念的词，即特指，用词具体而细腻。

（2）词性的差异

汉语对词性的界定相对宽松，词语的词性往往在句子中才会彰显。如果单独呈现，则难以判断词性，而英语大部分词放入句子之前一般都有较明确的词性。由于受汉语的影响，中国学生对英语词语的词性把握相对缺乏严谨性，在用英语写作时只注意词汇的词义而忽视了其词性，结果导致了许多语言错误。例如：

Many people against the plan. （将介词 against 误用为动词）

I'm regret to inform you that the sports meeting han been cancelled. （将动词 regret 误用为形容词）

（3）词语的搭配

由于文化背景不同，英语词语搭配存在一定的差异。比如，汉语中某些词语在不同的语境中会有英语不同的表达，而且这些表达是约定俗成的，如果忽略了这种差异就会出现语言错误。

比如，许多学生习惯把"学习知识"说成"learn knowledge"，这显然是错误的，正确的表达应该为"acquire knowledge"。如果照汉语的习惯来构建英语表达就会导致搭配不当的语言错误

（4）词义的文化差异

中西文化背景以及思维方式的差异导致英汉两种语言所包含的文化内涵也存

在差异。例如，"龙"（Dragon）在中国人眼里是吉祥的特征，而在西方象征邪恶。若将"望子成龙"译为：to hope one's son will become a dragon，英美人士会感到奇怪。

但译为：to hope one's son bright future，英美人士可以获得与汉语读者相近的或相同的理解。

2. 句法方面

英语与汉语在句子结构方面最基本的差异是：汉语句子重意合，英语句子重形合；汉语句法关系主要靠词序和语义关系表达，并不追求形式上的完整，往往只求达意；英语句法重句子结构形式上的完整和逻辑上的合理。具体来讲，英语中有语态、时态、人称和数等多种形态变化。英语句子一般都有一个明确的逻辑中心，不论句子中的附加成分多么复杂，总与中心的成分保持清楚的逻辑关系，从而形成了以主谓宾结构为核心，用各种从句、短语进行修饰、扩展的句法结构。

（1）句子的词序

词序是指单词在句子中的排列顺序。汉语和英语都有严格的词序要求，但两种语言在结构上有所不同，在词序方面也存在差异。具体来说，汉语的词序排列由远及近，由大到小，由重到轻，由普通到特殊，由主观到客观，由整体到个体，而英语则恰恰相反。因此，不少中国学生在写作中出现语序错误。

例如：我还记得发生在我和他之间的一切事情。

（误）I still remember everything that happened to me and him.

（正）I still remember everything that happened to hin and me.

（析）这例子的错误是汉英词序不同的典型反映。汉语里一切从"我"开始，而英语则恰恰相反，"我"永远在最后。

（2）句子的时态

不同的语言有不同的时态，有的语言很少甚至没有时态。汉语基本上就是借助词汇来表示各种时间和动作的。汉语中除了"着""了""过"的若干说法与英语中的进行时、完成时、过去时相对应外，别无其他与英语相对应的时态形式。而英语不仅有时态，而且种类繁多，区分细微。英语通过这些时态将事物的状态或动作进行的过程描写得准确而精细，有时甚至能表达说话人的感情色彩。

例如：You are always asking me such questions!

你怎么老问我这样的问题！（用现在进行时表示厌烦）

（3）句子的语态

汉语中被动语态极少使用，即使使用也大多表达一些对主语而言是不如意或不希望发生的事情，如"被打""受罚""挨批"等。但是，英语中被动语态使用的频率较高，尤其是科技英语文献和英语新闻报道中。另外，汉语中如果不强调动作的执行者，且主动意义和被动意义不至于发生混淆时，一般不使用被动语态。而英语中只要具有被动意义的句子一般都要使用被动语态。汉语和英语在语态使用上的差异经常导致学生犯语态方面的错误。

例如：（误）This book is his father gave him.

（正）This was gaven by his father.

（4）句子的结构

中式英语还经常表现在句子主语的选择上。一般来说，汉语句子主语可以很长，而英语句子主语则尽可能简洁，使句子结构保持平衡。中国学生因忽略这一差异而导致错误。

例如：明天天黑前能否找到帮手并完成工作是我们必须面对的问题。

（中式）Whether we can find helpers and finish the work by tomorrow evening is the problem we have to face.

（英式）The problem we have to face is whether we can find helpers and finish the work by tomorrow evening.

（5）句子的衔接

英语句式具有多变性，而汉语句式则较为固定。英语的句子常以主谓宾结构为其核心，用各种连词、短语和从句进行修饰、扩展，句子结构复杂，但读起来形象、生动。由于受汉语句式影响，中国学生在写作中往往会使用一连串简单句或句式雷同的复合句，造成句式单一，读起来单调、乏味。

例如：社会发展很快，学生了解外面的世界很重要。

（误）It is important for the students to know the world outside the campus. Because now the society is developing quickly.

（正）With the fast development of the soceity, it is important for the student to know the work outside the campus.

3. 语篇方面

英语民族崇尚理性，重视形式逻辑和分析思维，他们的思维方式可形象地称为直进式。而中国人重悟性，注意辩证思维，思维方式是螺旋式（陈三东，2005）。反映在写作上，英语写作强调结构清晰，篇章连贯，逻辑性强，要求开门见山。英语文章常常把主题放到句首，且每段只有一个主题，然后围绕这个明确的主题用扩展句进行层层论证或说明。而汉语文章受到中国传统文化和思维的影响，开篇一般不点题，而是经过反复论证后才将最重要的信息呈现出来。这种由于思维方式不同而导致的语篇差异使学生写的英语作文前后不一致，层次不清，逻辑性差，缺乏必要的过渡和连贯性。请看下例：

We haven't got time for sports or movies. We don't have enough time to read after class. The teachers give us too many exercises and we are busy finishing the homework when class is over. We have no method. The teachers can change the situation …

从写作角度来看，这段文字除了句式缺少变化，句与句之间缺乏衔接外，整个语篇的信息分布以及展开方式与英语的行文习惯不符。

（二）文化差异给写作带来的影响

语言至少有两个方面的作用，一是其结构，即语音、词汇、语法等；二是其应用，即决定使用语言是否得体的因素，比如说话者是否符合其身份，社会习惯，是否达到了其交际的真正目的。因此，学习和使用英语必须了解与英语密切相关的文化以及中英之间的文化差异。下面仅从中英两种语言在措辞、造句等两个方面来探讨中英文化差异对大学生在英语写作方面的影响。

1. 措辞

同一个事物或概念，在某些语言中可能只有一个词语来表达，而在另一种语言中可能有几个或更多的词语来表达。中英两种文化背景的人在进行交际时，有时会产生理解的困难。比如，英语中"Mary's sister married David's brother"这句话就很难翻译成汉语，因为我们不知道"sister"是指"Mary"的姐姐还是妹妹，"brother"又是指"David"的哥哥还是弟弟呢。其实在汉语中，用这种称呼来指各种具体的关系的词语很多，在此不一一列举。但从这个例子中，我们知道，对中国学生来说，要想进行英语写作，并提高其英语写作能力，首先要在用词上多下功夫。可以说，用词准确是写作的基本功，因为词汇是语言的基本要素，是语言赖以生存的基础，所以文化差异在词汇方面表现得最为突出。例如，人们往往认为汉语中的"请"相当于英语中的"please"。但是在实际英语的应用中情况不是这样的。比如，让其他人先上车，实际上我们不说"Please"，而是说"After you"。再比如，当你请人一起用餐的时候，在餐桌上你可能说"Help yourself"，而不是简单的一个字"Please"。所以用词准确是写作的基础，而用词的技巧又是提高写作质量的关键所在。

词汇所表达的意思是由它的内涵（denotation）和外延（connotation）构成的。而成语、谚语和格言是一个社会的语言与文化的重要组成部分，尤其是成语，不仅很难理解，更主要的是很难运用得当。如果运用得不好或者错误，就会产生误解，甚至造成对方的不快。比如，有这样一个例子：一个在美国学习的外国学生坐在窗前看书。她听到有人在喊"Look out!"（当心！）她以为人家说"往外看"呢，就把头伸到窗外去看。上面掉下一块板子，差点儿砸到她。她又生气，又害怕，往上一看，见一个人正在修屋顶。那个人说：Didn't you hear me call "look out?"（你有没有听见我喊"look out"呢？）她回答说：Yes, and that's what I did.（听见了呀，所以我才向外看呢。）

再者，英语的词语与汉语的词语尽管在分类上有相同之处，但从词的功能角度分析又与汉语的词语存在不同之处。比如，有这样一个句子：

I am sitting in a local restaurant offering takeout homestyle meals, surrounded by exhausted but happy shoppers, families out for Friday nightdinner, and students taking a break from college exams. 我坐在邻近的一家餐馆里，该餐馆提供具有家庭风味的外卖饭菜，并围满了人，有疲惫且快乐的购物者，有周末夜晚就餐的一家人，还有考完试休息一下以便再战的大学生。

汉语句子中动词用得很多，像"坐""提供""围满""购物""就餐""考试""休息""再战"等一系列动词形成了动态现象，构成了独特的汉语的写作方式。而英语句子中名词用得很多，形成了静态现象，体现了英语写作中的严密性和庄重性。所以，在英语写作中，如果学生能注意到中英文在用词方面的差异，灵活运用所要表达的词语，这对其英文写作有很大的帮助。

2. 造句

英语句式多为句尾开放的树式结构，语义重心在前；汉语句式为句首开放的竹式结构，语义重心在后。西方人惯于先开门见山，往往是主句在前，从句在后的语序。中国人惯于先介绍外围信息进行铺垫，再层层逼近主题，倾向于偏句在前、正句在后。比如：能在有生之年，为国家做些事，乃是我最大的愿望和追求。译文是："The wish and pursuit of my life is to do something for my country."

再者，英汉句子中，成分与成分或分句与分句之间的连接方式是不同的。英语句子多靠形合，"以形统神"，非常注重句子的结构完整，外在逻辑形式严谨规范，句间连接依赖各种语言形态手段，因而句子显得紧凑有序，其关联照应手段是显示的，多样的；汉语句子多靠意合和悟性，句间连接主要靠语义和内在的逻辑关系，连接标记的有无关系不大，句子的形态就会显得很松散。其关联照应是隐示的。例如：

①太阳光催开了那些桑拳头上的小指儿模样的嫩叶，现在都有小小的手掌那么大了。

译文：The rays of the sun forced to open the tender, fingerlike little buds. They had already grown to the size of a small hand.

②坚持干下去，你一定会成功。

译文：You're sure to succeed as long as you keep at it.

③病人发高烧，又抽搐不止，的确很危险。

译文：His case is really serious, because he is suffering from high and continuous convulsions.

由此可见，英语句子能够形成紧凑严密的树形结构，是因为各种连接词起到了黏合剂的作用。汉语句子的线形结构灵活流畅，是因为没有过多的"黏合剂"，句段之间可以不用任何连接符号，而靠语义上的联系结合在一起。据此，我们可以把一个英语句子比作一棵大树，主谓好比是树干，而各种附加和连带成分就好比是树干上的树杈枝丫，句子成分的复杂化则如同树上的树枝和树叶。中国学生未熟练掌握英语句法的内在规律时，很难摆脱母语的思维定式，这无疑影响了学生英语写作的发挥。

（三）多元文化对英语写作教学的启示

1. 文化导入

为了尽量减少汉语对学生英语写作的负面影响，英语写作教学中，教师应鼓励学生通过多种渠道掌握中西方的文化差异以及这种差异带来的英汉写作上的不同，提高学生实际运用语言的能力。

中国学生的英语学习处于汉语文化环境中，思维、表达、写作无不受到汉语文化的影响，这对学生了解和使用英语思维、表达，写出地道的英语作文而言是十分不利的。因此，英语写作教学中，教师可以利用图片、音频、视频等教学手段为学生创造有利的英语学习环境，让学生多了解英语文化背景；还可以安排学生和外籍教师、学者等沟通交流，了解英语文化的方方面面。通过多种渠道的了解和接触，学生开阔了视野，加深了对英语的感知力，提高了英语使用能力，久而久之，逐渐学会用英语思考、表达和写作，避免中国式英语。

2. 英汉写作对比分析

文化差异使英汉语篇写作也各具特色。对此，教师不妨有意识地剖析与演示英汉语篇的遣词造句、文章结构等方面，使学生了解二者之间的差异，并在写作时有意识地避免汉语思维的影响，写出更符合英语表达习惯和英美文化的作文。例如，在精读教学中，教师可通过细致地分析课文使学生了解和掌握各种题材和体裁文章的写作技巧、注意事项，如课文是如何发展主题、组织段落、完成连贯的，帮助学生对正确的英语语篇结构形成一个立体的、综合的认识。

另外，教师在批改作文时应指出学生写作中不符合英语表达习惯的语句，并可将其和地道的表达方式加以对比，使学生更清楚地看到差别，并在不断的修改过程中逐渐学会用英语进行思考，形成正确的表达。

3. 读写结合

俗话说："读书破万卷，下笔如有神。"由此可见，读和写有密切的关系，读是写的基础。作为语言输入的一种方式，读能够为作为语言输出的写积累语言材料，不仅能够使学生知道写什么，还能使他们知道如何去写。因此，英语写作教学中，教师应让学生通过阅读大量题材广泛、体裁各异的英语材料来了解英美人士的思维方式、思想情感、价值观念、道德标准、社会文化、历史传统等各个方面；为英语写作积累素材，培养语感，学习名家写作技巧和经验等。

需要指出的是，要想充分发挥读的作用，教师要让学生养成边读边做读书笔记、读书心得的良好习惯，从而为开拓思路、汲取经验、模仿写作做铺垫，这样学生才能更快、更有效地提高写作水平。

4. 仿写训练

中国学生在写英语作文的时候不自觉地会依照中文思维，一边想汉语是如何说的，一边将其翻译成英文写出来。这样近乎"汉译英"的写作模式不仅效率低下，还避免不了汉语思维和表达习惯对英语写作的负迁移作用。为使学生摆脱这种机械、低效的写作模式，写作教学中，教师可引导学生仿写英文材料。仿写材料既可以是教材里的课文，也可以是文学名著。仿写时允许学生使用词典等工具书辅助表达。通过仿写，学生不仅能够积累一定的写作素材，还能清楚、快速地了解地道的英语语篇是如何开展的，从而培养良好的英语语感和写作习惯。

第五节 多元文化教育视域下的英语翻译教学

一、英语翻译教学的意义

听、说、读、写、译是大学生应掌握的五项基本技能。但在实际教学中，更注重的是听、说、读、写，常常忽视翻译教学。随着社会的发展，英语翻译的意义逐渐显现出来。

（一）翻译是学习外语的一种手段

近年来，教学法在不断改进，大多数人以听说为主，而一改以往的传统教学法——翻译教学法。实践证明，在外语的基础学习阶段，翻译法教学不利于培养学生的外语思维能力。但在学生已经具有一定外语水平的情况下，教学中应适当加强翻译练习。只有通过英汉对比分析和翻译，学生对语言才能从整体上做深刻理解。学习外语的最合理的方法是还原翻译法。即将外语译成本民族语，然后再译为外语。这也说明了通过翻译学习外语是一种切实可行的手段。

(二) 培养学生的各种综合能力

翻译是利用一种语言将另一种语言所表达的内容重新表达出来。翻译过程是将原语义进行语义和语法分析，然后找出目的语的对应结构并按目的语的语义和语法规则重新组织语句，最后整理出语篇，如果不了解其中规律，即使掌握了外语，翻译时也会有困难。可见，翻译是一种复杂的认知现象，是一种细致的思维活动，它要求正确理解原文和创造性利用另一种语言予以再现，因此它涉及语言的研究及文化背景的研究。翻译教学则是在教学过程中通过对上述几个方面的探讨，以有目的的实践训练来培养学生各种综合能力。

(三) 翻译成为一种交际手段

尽管中国人学外语的动机各有不同，但绝大多数人是把外语作为一种交际手段，或者说作为一种工具来学的。而要使用这种工具就必然涉及翻译。没有翻译，我们与世界各国在政治、文化、国防、科技以及文艺等领域所进行的交流就是不可能的，也谈不上与外国的经济技术合作。翻译是使这些交流得以实现的唯一手段。

二、英语翻译教学的内容

翻译教学的内容主要包括：翻译基本理论、英汉语言对比、常用的翻译技巧。

(一) 翻译基本理论

翻译的理论知识主要涉及对翻译活动本身的认识、了解翻译的过程、标准、翻译对译者的要求、工具书的使用等。

(二) 英汉语言对比

对英汉语言的对比，既包括语言层面的内容，又涉及文化层面和思维层面的对比。在语言层面上，主要是对英汉语言的语义、词法、句法、文体篇章进行比较，发现它们的异同。对英汉文化、思维的比较，利于更加准确、完整、恰当地传达原文的信息。

（三）常用的翻译技巧

翻译中的常见技巧有语序的调整、正译与反译、增补语省略、主动与被动、句子语用功能再现等。

三、英语翻译教学现状

（一）学生自身的学习现状

1. 学生对英语国家文化背景了解不深入

语言是文化的产物和外现，无论是从社会观还是从语言的基本符号来看，语言都带着非常明显的文化特征。语言作为特殊文化背景下的特殊载体，只有在特定文化范围内才具有其本质的意义。语言和文化相互影响相互作用。翻译是两种文化的交流，真正成功的翻译，熟悉两种文化比掌握两种语言还重要。因为词语只能在其相应的文化背景下才能体现出其真正的意义。然而，如果学生不能很好熟悉英语国家的文化，显然无法更精准地理解原语言包含的深刻内涵，甚至是习惯于我国的思维模式来对英语进行分析和理解，这样一来，很容易导致他们翻译中出现常识性误译。一些错译、漏译现象也便不足为奇了。

2. "的的不休"

在实际的翻译操作中，中国学生每每看到英语形容词就自然而然地将其翻译成汉语的形容词形式，即"……的"，导致译文"的的不休"，读起来很别扭。

例如：

The decision to attack was not taken lightly.

原译：进攻的决定不是轻易做出的。

改译：进攻的决定经过了深思熟虑。

It serves little purpose to have continued public discussion of this issue.

原译：继续公开讨论这个问题是不会有什么益处的。

改译：继续公开讨论这个问题没有益处。

3. 语序处理不当

英语句子通常开门见山地表达主题，然后再逐渐补充细节或解释说明。有时要表达的逻辑较为复杂，则会借助形态变化或丰富的连接词等手段，根据句子的意思灵活安排语序。相比较之下，汉语的逻辑性较强，语序通常按一定的逻辑顺序（如由原因到结果、由事实到结论等）逐层叙述。这种差异意味着将英语句子翻译成汉语时必须对语序做出适当的调整。而很多学生意识不到这一点，译文也大多存在语序处理不当的问题，读起来十分别扭。

例如：

The doctor is not available because he is handling an emergency.

原译：医生现在没空，因为他在处理急诊。

改译：医生在处理急诊，现在没空。

4. 不善增减词

由于语言、文化等方面的差异，翻译时不可能也没必要完全拘泥于英语形式，即逐字逐句地翻译原文。事实上，根据原文含义、翻译目的等方面的不同，译文可根据实际需要而适当增减词。而很多学生并不明白这一点，因而其译文大多烦冗啰唆。例如：

Most of the people who appear most often and most gloriously in the history books are great conquerors and generals and soldiers ...

原译：在历史书中最常出现和最为显赫的人大多是那些伟大的征服者和将军及军人。

改译：历史书上最常出现、最为显赫者，大多是些伟大的征服者、将军和军人。

5. 不善处理长句

英语中不乏长而复杂的句子，这些句子大多通过各种连接手段衔接起来，表达了一个完整、连贯、明确、逻辑严密的意思。很多学生在遇到这样的句子时往往把握不好其中的逻辑关系，也不知如何处理句中的前置词、短语、定语从句等，因而译出的汉语句子多不符合汉语表达习惯。例如：

Since hearing her predicament, I've always arranged to meet people where they or I can be reached in case of delay.

原译：听了她的尴尬经历之后，我就总是安排能够联系上的地方与人会见，以防耽搁的发生。

改译：听她说了那次尴尬的经历之后，每每与人约见，我总要安排在彼此能够互相联系得上的地方，以免误约。

（二）英语教师的教学现状

1. 传统教学模式带来的束缚

传统翻译教学往往不能以学生为主体，教师作为学生进行翻译的仲裁者，学生往往将教师的参考译文作为一种神圣不可侵犯的东西，对其不敢有任何的质疑和改动。这种古板的教学模式，显然束缚的学生对译语的创造力和表达的积极性。除此之外，当前外语界被广为接受的交际教学法，给英语翻译带来了新的误区：英语教学更崇尚盲目的单语化，甚至对翻译和母语形成一种完全排斥和否定的态度。经常可见一些高校英语教学中，教师在课堂中采用全英式的教学，目的就是为学生创设一种所谓的英语氛围，以此来提高学生的听说能力。然而这种做法没能将学生的实际情况很好地融入课堂中，而且实际的英语教学中教师的讲解也更多地局限于课本之内，不能真正给学生创设英语的交际氛围和环境，课堂中教师说出来的英语也并非全部规范，增加了学生理解的难度。另外，高校英语教学以阅读理解和听力的训练、培养为主，使得教师在教学过程中不能系统地将一些翻译技巧、翻译常识进行讲解。

2. 对翻译教学的重视程度不够

对翻译教学的重视程度不够主要体现为以下五个方面：

①翻译教学中，教师往往不注重翻译基本理论、翻译技巧的传授，而仅仅是将翻译作为理解和巩固语言知识的手段，将翻译课上成另一种形式的语法、词汇课。

②学生做完翻译练习后，教师大多只是对对答案，对翻译材料中出现的课文关键词和句型等进行简单的强调，而缺乏对学生进行系统的翻译训练。

③就时间而言，教师花在翻译教学上的时间很少，通常是有时间就讲，没有时间就不讲，或只当家庭作业布置下去，由学生自己学习。

④英语教学大纲中对翻译能力培养的要求不具体。

⑤英语考试中虽然包含翻译试题，但其所占的比重远远不如阅读、写作等。

以上这些问题最终致使翻译教学质量迟迟得不到提高。

四、多元文化下的英语翻译教学

(一) 英汉翻译中的文化差异

文化是一个复杂的整体，其中包括知识、信仰、艺术、道德、法律、风俗以及人作为社会成员中的一分子所获得的任何技巧与习惯。它是人类后天习得的，并会一代一代传承下去。正是文化的这一特点使得不同地区、不同国度的人们在后天的习得过程中，由于地域、气候、群体组织形式和整个所属生态环境的不同而引起人们在价值观、人生观、道德观、思维方式、宗教信仰、风俗习惯等方面产生了巨大差异，即文化差异。而文化差异在两种语言中所造成的理解障碍，往往比语言障碍本身更严重。因此，要在两种语言之间进行翻译，除了通晓两种语言之外，还必须深刻理解两种文化之间的异同点。

1. 地理位置的迥异对文化差异形成的影响

我国位于北半球，亚洲大陆的东南部，东临太平洋，西北深入亚洲大陆。全国约有90%的土地处于温带和亚热带，气候具有鲜明的大陆性季风气候特点。而英国地处西半球，北温带，气候则是海洋性气候。这一巨大差异决定了每年给英国人带来春天信息的是西风。所以，对英国人来说，西风是温馨的，雪莱的《西风颂》正是对春天的讴歌。而中国文化中，西风则不免给人萧瑟、悲凉、让人伤怀之意。"昨夜西风凋碧树，独上高楼，望尽天涯路。"（《蝶恋花》晏殊）而与之相反，在中国东风是春天的象征，"等闲识得东风面，万紫千红总是春。"（《春日》朱熹）故人们总是将"东风"视为吉祥之兆，古语道："万事俱备，只欠东风。"

在中国，自古至今，南面为王，北面为朝，南尊北卑的传统认识一直盛行，人们常把"南"的方位放在前面，如"南来北往""从南到北"等，而英美人理解汉语中的"从南到北"则用"from north to south"来表达，"北面的房间"在英语中则说成"a room with a southern exposure"。又比如，在方向性的表达中，"东南、西南、东北、西北"在英语表达中与中文表达正好相反"southeast、southwest、northeast、northwest"。

2. 风俗文化差异

风俗文化指的则是贯穿于日常社会生活和交际活动中由民族的风俗习惯形成的文化。例如，在中国结婚是喜庆的事情，新娘总是喜欢穿大红色的衣服，因此红色在中国风俗中是吉祥、如意、喜庆的意思。而在西方，婚礼上新娘往往穿着白色的婚纱，白色在西方表示圣洁无瑕，而在中国只有家中有人故去才会披麻戴孝，身穿白衣。又如，在中国尽人皆知的传统京剧中，画上白脸的人物，往往是为了表明他是个奸佞的小人，而英语中"a very white man"则表示的是非常忠实可靠的人。英汉风俗的差异另外比较典型例子是对狗、猫的认识。在中国，狗往往使人联想到低级的、龌龊的东西，因此与狗有关的习语大都含有贬义，如狐朋狗友、狗改不了吃屎、狗仗人势、狼心狗肺、狗腿子等。在西方英语国家，狗则被认为是人类最好的朋友。英语中有关狗的习语大部分都没有贬义，如"help a lame dog over a stile"（雪中送炭）；"top dog"（最重要的人）；"luck dog"（幸运儿）；等等。与此相反，中国人十分喜欢猫，认为猫可爱、温驯，用"馋猫"比喻嘴馋，常有亲昵、撒娇的意味，而在西方文化中，猫是魔鬼的化身。因而"The women is a cat"的真正含义是"她是一个居心叵测的女人"。鲁迅笔下曾赞美"俯首甘为孺子牛"，这正说明了中国人对于牛的感情和态度。"老黄牛"是中国人心目中憨厚、老实、勤恳的代名词，而与我国大部分农耕都靠牛不同于西方都靠马，所以外国人对马情有独钟。他们觉得马是吃苦耐劳，能给他们带来收成的保证。故他们将"力大如牛"翻译成"as strong as horse"。

3. 思维方式的差异

不同的思维角度决定了语言的不同表达方式和风格。汉语的思维模式是因果循环式，而西方人的思维方向是线性单方向。例如，在中国，很多人认为两个人结为夫妻是前世有缘，所以今生才相聚。而在西方，结婚只是两个人相爱的延续，不存在原因和结果。在中国，传统文化一向崇尚"以人为本"。《孝经》中提到"天地之性人为贵"。荀子也强调："人有气、有生、有知，亦且有义，故最为天下贵也。"这种将人置于自然之上又融入自然的文化观念，潜移默化地影响了汉语言。所以，汉语习惯以动作的执行者作为句子的主语，而英语则常把陈述的重点放在行为、动作的结果或承受者上，并以此作为句子的主语，所以英语中的被动语态要比汉语使用的频繁得多。例如：

English has been studied for 3 years off and on at the spare-time school.

我们已经在夜校里断断续续地学了三年英语了。

Plastic bags full of rubbish have been piled in streets.

人们把装满垃圾的塑料袋子堆放在街上。

在这些句子中，英语的表达都是以动作的承受者为主语，句型为被动语态，而翻译成汉语则应遵守汉语习惯，以动作的执行者为主语，使用主动语态。这种现象正好印证了中国"以人为本"的思维模式。在英汉语言的翻译中，明白此思维模式的不同，就可以使译文地道而又自然。中西思维方式的不同还体现在表达方式上，英语民族重直线思维，在表达思想时直截了当，要点放在句首说出，再补进次要内容。而汉民族重曲线思维，习惯于从侧面说明、阐述外围的环境，最后点出中心。在语言表达上表现为英语句式结构多为前重心，头短尾长。Research had been centered on the improvement of natural building materials before synthetics were created. 而汉语句式结构多后重心，头大尾小。同样这句汉语则说"合成材料造出之前，研究工作集中在改进天然建筑材料上"。

综上所述，两种语言之间的翻译不仅是两种语言传递互换，更是两种文化的碰撞。作为语言工作者，除了要熟练掌握两国语言文字，还必须对两种文化有深入的研究和理解，这样才能使翻译工作不仅停留在字面上，更提高到文化意义层面，使翻译在语言上更精准，在文化上更贴切。

（二）文化差异给翻译带来的影响

翻译不仅是一种语言间的转换活动，更是一种文化之间的信息交流活动。从某种程度上来看，译者对英汉文化差异的正确解读对翻译的成败起着至关重要的作用。概括来说，文化差异对翻译的影响主要体现为以下两个方面：

1. 翻译空缺

翻译空缺就是指任何语言间或语言内的交际都不可能完全准确、对等。更何况，英汉语言分属不同的语系，翻译的空缺现象在英汉语言交际中表现得尤为明显，给翻译的顺利进行带来了障碍。在英汉翻译教学中，教师应该提醒学生注意这一现象：英汉翻译中常见的空缺有词汇空缺和语义空缺两大类。

（1）英汉词汇空缺

尽管不同语言之间存在一定的共性，但同时也存在各自的特性。这些特性渗透到词汇上，就会造成不同语言之间概念表达的不对应。这和译者所处的地理位置、自然环境，所习惯的生活方式、社会生活等相关。

有些词汇空缺是因生活环境的不同而产生的。例如，中国是农业大国，大米是中国南方主要的粮食，所以汉语对不同生长阶段的大米有不同的称呼，如长在田里的叫"水稻"，脱粒的叫"大米"，而煮熟的叫"米饭"。相反，在英美国家，不论是"水稻""大米"还是"米饭"都叫"rice"。

语言是不断变化发展的，随着历史的前进、科技的进步，新词汇层出不穷。因此，教师在英汉翻译教学中要特别注重词汇空缺现象的渗透，要求学生认真揣摩由词汇空缺带来的文化冲突，指引其采用灵活的翻译方法化解矛盾，翻译出优秀的文章。

（2）英汉语义空缺

英汉语义空缺是指不同语言中表达同一概念的词语虽然看起来字面含义相同，但实际上存在不同的文化内涵。以英汉语言中的色彩词为例，它们在大多数情况下都具有相同的意义，但在某些场合，表达相同颜色的英汉色彩词被赋予了不同含义。

因此，教师在日常的翻译教学中要不断引起学生对语义空缺现象的注意，遇到空缺时尽量寻求深层语义的对应，而不是词语表面的对应。

需要说明的是，语义空缺还表现在语义涵盖面的不重合，即在不同语言中，表达同一概念的词语可能因为语言发出者、语言场合等的不同而产生不同的含义。例如，英语中"flower"除了做名词表示"花朵"以外，还可以做动词表示"开花""用花装饰""旺盛"等含义，而这种用法是汉语中的"花"所没有的。相应地，汉语中的"花"做动词时常表示"花钱""花费"等含义，这也是英语中的"flower"所没有的。可见，英语中的"flower"和汉语中的"花"表达的基本语义虽然相同，但在具体使用中，二者差别极大。因此，教师应引导学生注意词语在语言交际中产生的实际语义，从而在翻译时实现语义空缺的弥合。

2. 文化误译

文化误译是由文化误读引起的，是指在本土文化的影响下，习惯性地按自己熟悉的文化来理解其他文化。文化误译是中国学生在英汉翻译中经常出现的问题。例如：

It was a Friday morning, the landlady was cleaning the stairs.

误译：那是一个周五的早晨，女地主正在扫楼梯。

正译：那是一个周五的早晨，女房东正在扫楼梯。

英美国家有将自己的空房间租给他人的习惯，并且会提供打扫卫生的服务。房屋的男主人被称为"landlord"，房屋的女主人被叫成"landlady"。所以该例中的"landlady"应译为"女房东"，而不是"女地主"。

John can be relied on, he eats no fish and plays the games.

误译：约翰为人可靠，一向不吃鱼，常玩游戏。

正译：约翰为人可靠，既忠诚又守规矩。

该例中的"to eat no fish"与"to play the game"的字面意思为"不吃鱼，经常玩游戏"，但在这句话中显然是讲不通的。实际上，这两个短语都有其特定的含义。英国女王伊丽莎白一世规定了英国国教的教义和仪式，部分支持此举的教徒便不再遵循罗马天主教周五必定吃鱼的规定，于是"不吃鱼"（eat no fish）的教徒就被认为是"忠诚的人"。而玩游戏的时候总是需要遵守一定的规则，因此"play the game"也意味着必须守规矩（follow principles）。不了解这些文化背景，想要正确翻译是不可能的。

可见，在英汉翻译教学中，教师应引导学生不断地扩充英语文化背景知识，要求学生在英汉翻译时根据具体语境，并结合文化背景，准确地理解原文的含义，然后选择恰当的翻译技巧进行翻译，切忌望文生义。

（三）多元文化对英语翻译教学的启示

1. 多元文化意识的培养

（1）重视不同文化背景知识的传授

当前的英语翻译教学中，教师如果只从词汇、语法、句法等字面层次来教授翻译内容，忽视从文化差异方面进行分析和判断，往往会导致学生学习翻译效果不佳，尤其是对中西语言文化差异的问题还会出现误解和误译。

例如，在翻译"I got a photo from Jack with his John Hancock behind as a token of our friendship."时，学生可能不假思索地翻译为"杰克送了我一张背面写有约翰·汉考克的照片作为我们友谊的信物"。实际上，学生的误译在于他们对 John Hancock 这个人名的历史文化背景不了解。John Hancock 是美国独立战争时期的一位领袖人物，他在《独立宣言》上第一个签下了自己的名字。为了表明自己反对英王统治和建立一个独立国家的政治立场，他的签名粗大醒目，比宣言的主要起草人 Jefferson 和 Franklin 等人的签名大两倍还多。由于他是《独立宣言》的第一个签名者，而且签名又独具特色，后人便用他的大名 John Hancock 作为"亲笔签名"的代称。因此，这句话的正确译文应为："杰克送了我一张背面有他亲手签名的照片作为我们友谊的信物。"

（2）进行不同文化差异对比

在英语翻译教学中，除了加强对其他国家文化背景知识的传授外，还可以采取通过对不同国家之间文化差异的对比来提高学生的多元文化意识培养。例如，在翻译："这位小姐，德性温良，才貌出众，鲁老先生和夫人因无子嗣，爱如掌上明珠。"时，可以翻译为："I know the young lady, and she is virtuous, gentle and beautiful. Because Mr. and Mrs. Lu have no son, they treat her like the apple of their eye." 成语"the apple of one's eye"来自《圣经》。古时候人们注意到眼睛的瞳孔像苹果，便把瞳孔称为"apple of the eye"，由于它是人身上宝贵的东西，所以英语用它来指代珍贵或宠爱的人或物，与汉语"掌上明珠"的含义类似。虽然"apple"与"明珠"形象不同，但英语读者对"the apple of one's eye"非常熟悉，所以翻译时应充分了解不同语境中的文化差异，通过对比教学来增强学生多元文化的意识。

（3）进一步加强本国语和文化的学习

英语翻译教学的一个重要目的，是促进对外交流的平衡发展，学生能对本国优秀的文化通过翻译介绍给外国人，同时还能对外国的文化和事物，用准确的表达介绍给国人。比如，在旅游英语翻译中，旅游景点的介绍经常涉及中国的历史、地理、宗教信仰以及民族风情等各个方面，这就要求译者具有丰富的文化背景知识，对翻译中涉及的中国传统文化元素能够准确适当地传达给受众，让外国游客领会旅游景点的文化内涵，同时也向外国游客传播了中国的文化。因此，在英语翻译教学中，教师应鼓励学生加强汉语表达能力，增强中华文明的学习和认知，进一步培养学生对本国文化的认同感和自豪感。

2. 注重翻译中的跨文化意识

如今，随着文化全球化的深入，使以前无法翻译的文本都能流畅通顺地译出。从翻译技巧角度看，倘若翻译者能够挖掘某些语句的文化内涵而不是逐字翻译，便能从整体上把握原文要义，译文文本能使读者一目了然。

（1）表达意义的融合

语言中存在不同的意象。然而，面对同一个意象，来自不同文化的人们观点未必一致。比如，汉语可能会用"鼠"作为喻体形容胆小的人，正如成语"胆小如鼠"一样。在英语中，同样形容胆小的喻体却是"chicken（鸡）"或"hare（野兔）"，因而他们会用"chicken-hearted"或"as timid as a hare"形容胆小懦弱的人。

这一点可以通过许多例子证明。同样的意思在不同文化中会用不同意象表达。在翻译中，有时就需要通过意译而不是直译表达。

（2）文化渗透和语言适应

随着政治、经济、社会和人类生活的发展，文化渗透现象已经普遍存在，并对语言的语法、句子结构和语篇构成产生了深远影响。正如语言适应理论所述，语言应用的过程就是持续选择的过程，在此期间，语言的应用必须适应沟通交流的社会语境。要适应语境，则须考虑多方面因素，主要包括心理素质、社会情境和物质世界状况等。

3. 积极开展网络教学与第二课堂教学

从目前来看，我国的英语翻译教学仍沿用传统的教学策略和教学工具。在科技、经济、生活发生巨大改变的今天，传统的教学策略与工具已经无法更好地提升学生的翻译能力。基于此，教师应积极主动地探索新的翻译教学策略与教学工具并身体力行。

互联网是一门信息技术，是 IT，是信息传播、整理、分析、搜寻的一种技术，其主要任务是传递信息。互联网中存储海量的信息，且这些信息、资源的更新也非常及时。因此，在翻译教学中教师应充分发挥互联网的优势，将网络作为翻译课堂教学的补充，既可以实现由教师现场指导的实时同步学习，也可以实现在教学计划指导下的非实时自学，还可以实现通过使用电子邮件、网上讨论区、网络通话等手段的小组合作型学习等。

另外，由于翻译课堂时间十分有限，所以教师还应在课下开展一些有益学生增加文化知识、提高翻译水平的活动，如要求学生阅读英文原版书报、杂志等；观看英文电影、电视，听英文广播等。

4. 对翻译教育者的启示

跨文化翻译中错误的出现都有其缘由，也都能为翻译教学提供相应启示。

一方面，英语学习者习惯于逐字翻译。这点似乎很普遍，教育者应运用多种方式增强学习者的跨文化意识。例如，教育者可以有意识地在课堂中增添文化素材，如创设模拟情境等，并采用有效的文化对比策略，培养学习者的跨文化交流能力。

另一方面，无法准确理解英语语言的结构是导致翻译不当的一大原因。因此，教育者有必要引导学习者阅读一些外文文章或外国文学作品等。这样，学习者将会自然而然地习惯于英语的语言结构。

值得注意的是，一些英语学习者缺乏对文化差异的理解也会导致翻译不当。教育者需要引用更多丰富且实用的跨文化素材，使学习者不仅从书中习得翻译知识及技巧，还能够切实行动，从做中学。

第七章 新时代外语教学中文化自信教育与建设策略

第一节 外语教学文化内涵的重塑

一、开展文化教学，拓展教学内容

经济全球化的格局使得世界上的诸多国家在政治、教育、文化、制度等方面也有了更多的交流和沟通。不同国家有着不同的文化，不同国家的人的交流势必带来不同文化的碰撞与融合。因此，提升学生的外语应用能力和交际能力成了当代高校外语教学的重要目标，开展文化教学是一个十分有效的途径。

就当今世界来说，各种文化思潮此起彼伏，因此开展文化教学不仅能有效拓展教学内容，还具有多重积极意义。

（一）体验文化的多元性

不同的文化在不断的发展过程中，总有其不可替代的理由。因此，各文化群体间应该多层面地进行文化合作与文化交融，对不同族群的文化予以尊重和理解，尽可能地采用最有效的手段避免产生不同文化间的矛盾和冲突，实现国家与国家之间、种族与种族之间的平等合作与交往。

在高校外语教学中开展文化教学能够培养学生对待不同文化的态度，通过不断的对比，让学生深刻地了解两种文化及两种文化的差异性，从而能够用开放的心态对待两种文化。

（二）培养批判性思维

多元文化的兴起引发了人们对一元文化的批评和思考。在很多专家学者看来，一元课程主要是从主流文化来说的，甚至教科书的内容也是根据主流文化来制定的。但是，一元文化课程将重心置于优势群体的文化传统上，忽视了劣势群体的需求，这很容易产生强者对弱者的压迫。因此，通过高校外语教学中的文化教学，学生的批判性思维能力能够得到有效的培养和发展。

（三）培养跨文化交际适应能力

在对两种文化进行了解和接触的过程中，不可避免地会出现两种文化的冲击和碰撞，并且会产生一定的不适应。因此，大力推进高校外语教学中的文化教学能够为学生创造更多的学习异质文化的机会，从而不断提升和培养学生的跨文化适应能力。

二、高校外语文化教学的原则与方法

为了充分发挥高校外语文化教学的意义，在具体的教学实践中应遵循一定的原则，并采取一定的方法。

（一）高校外语文化教学的原则

1. 认知原则

文化教学中的认知原则，一方面指关于外语文化和社会的知识，另一方面指可能会进一步涉及诸如观察力、识别力等某些能力的培养。

外语中有很多词汇、语句、习语、典故等来源于神话、文学作品、文学故事等。如果学生对这些词汇、语句或典故所蕴含的文化不了解、不熟悉，那么就难以理解这些语言所表达的内涵意义。

在高校外语文化教学中，教师应该注意培养学生发现、分析、总结目标文化的能力，并据此掌握西方文化在价值观、生活风俗等方面的特点，以及中西方文化的区别。为此，教师可以鼓励学生收集相关资料、撰写相关论文。

2. 循序渐进原则

文化知识有着自己的科学体系，教师应遵循循序渐进原则，合理安排不同阶段的学习内容，以使教学内容符合学生的认知特点和发展规律，使学生由简到繁、由浅入深地掌握文化知识。具体来讲，在文化教学的初始阶段，以日常生活的主流文化为主；在中间阶段，可以教授文化差异带来的词语的内涵差异及其运用差异；在最后阶段，可以渗透一些文化差异引发的思维方式、心理方式以及语言表达差异，使学生深层次地了解外语文化。

3. 理论与实践相结合原则

任何知识的习得都要经历理论与实践相结合的过程。将知识学习与实践结合起来既符合知识学习的规律，又符合文化教学的要求。基于此，在外语文化教学过程中，教师向学生传授文化知识只是教学过程的第一步，同时要设法创造机会，使学生能够在真实或模拟的情境中运用所学知识，从而进一步加深他们对所学知识的理解，最终目标是培养他们运用所学知识的能力。

知识掌握的最终目的是运用，不会运用就不能算作真正的掌握。在外语文化教学过程中，如果教师只是向学习者传授文化知识，而不给他们提供练习或运用所学知识的机会，他们还是难以获得正确运用文化知识进行实际交际的能力。就像语言形式教学不能培养学习者的语言运用能力一样，单纯的文化知识教学也不能够培养学习者的社会语言能力。因此，高校外语文化教学过程中，教师一定要让学生将学到的知识用于实践之中，在实践中巩固知识，加深对外语文化的深刻理解。

4. 以理解为目标原则

文化知识导入的目的是培养学习者的文化意识，这是文化教学的第一步。文化意识是文化理解的基础，是指学习者对文化间差异的敏感性。而文化理解则是学习者以客观、正确的态度看待、理解母语文化和目的语文化，并能以得体的行为方式与非本族语者进行跨文化交际。文化理解是国家间交往的重要桥梁，没有对自身及他国文化的正确理解，就很难实现跨文化交际。没有对母语文化和目的语文化的正确理解，学习者就无法获得跨文化交际的能力。

因此，外语文化教学应坚持以理解为目标的原则。在进行文化教学时，教师不要过于强调知识的灌输和行为的简单模仿，而要通过对目的语文化的分析和解释等手段使学生认识到目的语文化与本族文化的异同以及异同的渊源和生成原因。

此外，在对教学进行评价时，要注重学生对目的语文化的共情能力，而不应强调他们对非本族文化的排斥或接受情况。例如，在讲授美国人对老年人的态度时，不要以中国人的标准去衡量美国人的行为。在美国，"老"意味着精力衰退，生存能力降低，是非常可怕的一个词。所以，美国人都害怕说老，避免说老，老年人常被称作"senior citizens"。对待老年人的不同态度与中美文化中深层的价值观、世界观以及不同的社会现实等因素有关。因此，在教授这一文化现象时，不能简单地判定对错，而应该从一种文化现象的渊源上了解其生成的原因，从而理解其存在的现实。通过了解和研究现象产生的文化渊源，帮助学生更好地学习文化知识。

5. 以学生为中心原则

在高校外语文化教学中，教师应以培养学生的自主学习能力为中心，以学生为主体，引导学生感受和领悟语言与文化，进行文化体验，促使学生进行知识与意义的内在建构。具体来说，教学的设计和活动的安排要考虑到各种因素对学生的影响，不仅考虑外语语言知识学习，还要注重学生对本族语和本族文化的理解和体验、对目的语文化的态度、学生个人的综合素质等。外语文化教学的内容与目标相较于传统的高校外语教学扩大了数倍，但教学时间并没有随之扩大，因此为了实现教学目标，培养学生的文化意识和跨文化交际能力，教师需要在以学生为中心的前提下培养学生的自主学习能力。

（二）高校外语文化教学的方法

1. 对比教学法

中国和西方由于不同的历史沉淀，形成了不同的文化和社会风俗等。教师在进行文化教学时，将母语文化和外语文化进行对比讲解，从而提高学生对母语文化和外语文化差异性的敏感度。学生对目的语文化了解得更透彻，就更有利于避免交际中的误解和障碍，这样能够促进学生增强跨文化交际的能力。

2. 互动教学法

外语文化教学中的互动教学法涉及两个方面：一是全体师生通过讨论导入文化；二是学生通过表演导入文化。

（1）讨论

教师通过与学生进行讨论，使学生在文化讨论的过程中感知外来文化。例如，教师和学生可以某一文化现象为题展开讨论，学生在讨论的过程中感知教师对文化的不同看法，然后进行自我判断，可以采用的方法有文化专题研究、文化疑惑解析、文化冲突化解等。这种方式主要用于培养学生的文化态度，让学生在平等的、开放的、交流式的讨论中自觉地形成开放、平等、尊重、宽容、客观、谨慎的文化态度。当然，要想营造这样的讨论氛围离不开教师的努力。教师应在讨论的过程中引导学生保持良好的文化态度，并将这种态度融入整个教学活动中去，只有这样才能真正有助于学生形成相应的文化态度。

（2）表演

教师可以通过让学生表演短小的戏剧对学生进行文化的导入，每个微型剧包括 3~5 幕，每一幕都有 1~2 个反映文化冲突的典型事例。学生通过参与戏剧，会体验一些文化困惑，从而寻找导致文化障碍的根本原因。

3. 背景讲解法

要在进行语言教学时，对学习材料中的相关文化背景知识，教师做一些说明介绍，其目的是帮助学生更好地理解所学材料。这是课堂教学常见的一种方法。通常情况下，教材所选的课文都有特定的文化背景，有的是作者背景，有的是内容背景，有的是时代背景。如果学生对这些背景知识忽略不计，就难以准确理解所学材料。

（1）听说教学中的背景讲解

教师根据单元的主题，可以加上这方面的文化引导。教师可以让学生先进行对话表演，从中能够听出他们已经了解了哪些文化知识，还有哪些部分需要介绍，再通过操练加强印象。每个国家都有丰富的节日文化，了解各国节日的来历、风俗等也有助于了解这个国家的文化。教师可以采用任务教学法，预先要求学生小组合作查明节日的来历、风俗等，然后在课堂上陈述或表演出来。

（2）写作教学中的背景讲解

不同的文化造就了不同语言运用者迥异的思维方式。在应用外语表达自己的思想时，母语文化思维方式、价值观、语言修辞等影响着中国学生的外语写作。由于中西方思维方式和表达习惯的巨大差异，中英两种语言在遣词造句、谋篇布局上均有不同的表现。中国螺旋形思维一般不会直接切入主题，而是由反复讲一个问题展开，最后再总结。西方的思维方式是比较偏向于直线形的，在外语段落结构上一般遵从：从总到分、从概括到举例、从一般到具体、从整体到个体。西方人撰写的论文往往在文章开头就已经表明了作者的态度，而且文章总是会有一个固定的中心论点，文章中的细节都是按照该中心展开论述。"螺旋式"的中文表达方式往往使得以母语为外语的读者迷惑不解，甚至认为中国学生外语表达拖沓、主题不明确。因此，教师应该加强锻炼学生的外语写作思维。

4. 影视欣赏法

影视作品涉及社会生活的方方面面，包含大量文化信息，是进行文化教学的有利途径。教师可以在课前备课时查找与英美文化知识相关的电视剧和电影，然后在课上通过多媒体放映出来。通过多媒体放映影片使原本无声无形的文化知识以声像并茂的形式出现在学生眼前，让他们对英美文化知识的了解不再仅仅局限于课本的文字和图片上，而是有了更加深入的了解。

这不仅为学生提供了多种不同的文化背景知识，还可以吸引学生的注意力，以及进一步提高学生学习外语的兴趣。在欣赏影片的过程中，学生可以身临其境，感受大量有声与无声、有形与无形的社会文化知识。正如一句谚语所说："一幅图画胜过千言万语。"电影就是这样一种让我们轻松愉悦地学习西方社会文化的手段。那些以社会变迁和发展为主题的纪录电影，其直观的画面与所要教授的文化内容——呼应，使得学生获得更直观的体验和感受，这比从书本上学的知识更难忘。

第二节　大学外语教学的文化自信教育

一、大学外语教学文化自信的现状

进入 21 世纪以来，随着建设"文化强国"、提高国家文化软实力的国家战略的实施，高校外语教育在重视外国语言文化教育的同时，强调跨文化交流，强调中华民族文化的对外推广和中华民族文化走出去，强调提高中国在国际事务中的话语权。当下，中国与世界的交往已然发生了巨大转变，以英语世界为核心的国际交往正在转变为全球成员的参与；以中国单向借鉴世界正在转变为世界与中国的双向交流，中国开始向世界提供中国智慧和中国方略。外语教育理应主动对接这些变化，全方位、多维度训练学生在对外交流中不卑不亢，尊重自身文化，欣赏他国文化。

同时，"一带一路"倡议给高校外语教育的文化自信带来了机遇，让世界重新构建中国国家形象。过去，由于外部对中国的刻板印象和偏见，内部对外宣传媒介的局限，导致内外信息不对称，对中国国家形象的构建有一定的消极影响。"一带一路"倡议，中国从点到面，提供给世界在政治、经济、文化、外交、教育等重新认识和了解中华文化的全方位视角。中国国家形象建构由此前的被动、单向、双边状态开始转向主动、双向和多边状态。中国在"一带一路"上展现的新姿态，为外语教育的文化自信提供了实践方向和参考，既练好内功，掌握中华优秀文化的来龙去脉和未来趋势，在相关领域适时推介中华文化，让其在世界绽放光彩；又对接地区的文化记忆和文化基因，通过取长补短，协同共进，为强化文化自信、构建国家形象注入新力量，带来新机遇。

但是，长期以来，高校外语教育由于深受"工具性"的影响，其教育教学都专注于外语的各种专业技能和专业知识的训练与传授，忽视了对文化知识的深刻解读，忽视了引导和培训外语专业学生对异文化的批判意识和对中华民族文化的情感态度。高校外语教育在文化自信上存在一些较为普遍的问题。

（一）高校外语教材中，中华民族文化被挡在了门外

一些高校外语专业以引进外国语言和外国文化的原版教材为主，着重介绍传授目的语国家的语言知识和文化，这样一来，中华民族文化就很容易被挡在门外。教材的中国文化比例过低，未能在"中国文化走出去"和"加强中国价值的国际传播"过程中发挥更大的作用。或许正是这个原因，导致现代大学生甚至外语专业学生在国际交往和跨文化交际中，很难用外语正确表达和传递中华民族文化，更遑论对其进行传播与推广了。

而即便有部分涉及中华民族文化的教材，也多以介绍中国传统文化知识为主，如中国龙、饺子、中国功夫、中国汉字等，对红色文化、革命文化、中国特

色社会主义先进文化丝毫未有涉及，没有展现真实、立体与全面的中国，不足以改变中国在国际社会中的刻板印象。

（二）高校外语教师的民族文化自觉意识淡薄

当前高校外语教师学历普遍较高，有的甚至在国外取得了学历与学位。外语教师长期在外语环境里熏陶和学习，加之外语教育教学多年来一贯的"培养具有扎实的外语语言基础和广博的文化知识"的目标定位的引导，外语教师对外语专业知识、专业技能和外国文化等信息表现为一种积极的开放性，因而积淀深厚，造诣较高。

但与之相对的是，由于没有站位高远的"弘扬传承并传播中华民族文化"的外语教育教学目标的引领和指导，外语教师对继承中华民族文化、传递中华民族文化、反思中华民族文化、创新中华民族文化的文化自觉意识还较淡薄。表现在：其一，对中华民族文化主体性地位认识不足，对其前世今生只知其一，不知其二，尽管可能知晓一定的中华传统文化，但对优秀传统文化的历史渊源、内涵、精髓、本质与独特文化价值以及未来发展趋势等了解不全面、不深刻，对中国革命文化、社会主义先进文化的内容和精神不求甚解，甚至认识有偏差或认识错误。其二，对中华民族文化认同感疏离，民族文化个性没有得到彰显，较少反思与追问"我是谁"。全球化时代，每种民族文化不可避免地与他文化或产生交融，或产生冲突，或产生对抗，这个过程中，站稳脚跟，认清"我是谁"，对自身文化的强烈认同与肯定就显得尤为关键。但由于外语教师长期接触强势的西方文化，易于用彼之长比己之短，产生身份的摇摆甚至身份迷失，导致文化不自信，这种不自信甚至可能会传染给学生，造成较大负面影响。其三，对中华民族文化进行传承创新的社会责任感和使命感淡薄，对中华民族文化与世界文化的关系认识模糊，没有意识到文化传承创新"是文化自觉的落脚点与归宿"。

一旦外语教师的文化自觉意识不够，那么他对中华民族文化的批判、继承与创新就难以成为可能，更难以对学生提供适切的引导。一旦外语教师对中华民族文化的系统学习、通盘掌握以及与之相关的文化素养的积淀不够，就可能导致不能深刻、批判地用目的语表达与传播中华民族文化，导致中华民族文化在国际交流中的弱化这对培养具有国际视野、中国情怀的外语专业学生来说是严重不够的，很容易导致培养的外语专业学生仅仅熟知外国文化，对中华民族文化了解甚少，理解甚浅，最终导致外语专业学生对中华民族文化缺少认同感、自豪感和自信心，而反过来倒追异国文化。

二、大学外语教学中"文化自信"教育现状

（一）课时偏少

中华传统文化源远流长，具有体量庞杂、内容丰富的特征，因此教师为保证文化自信教育真正发挥实效性，须以一定的课时投入为基础。而现有高校不同专业在外语课程规划设计上存在一定差异，例如某高校将非外语专业的大学外语课时设为每学期60课时，其中近30课时均以阅读、交际、语法为主要授课内容，约有20课时侧重于培养学生在口语对话、写作与阅读等方面的实践能力，剩余10课时用于渗透中华传统文化教育等德育内容。在此模式下，难以保证在有限课时内达到预期教育效果，这影响了文化自信教育的实效性。

（二）教学认知模糊

在大学外语阅读课程中，很多阅读材料体现了传统文化内容，阅读教学成为文化育人价值效用发挥的主要途径。但部分教师在教学实践过程中对此缺乏清晰认知，较少占用课堂时间进行对阅读材料内容的集中讲解，而侧重于安排学生在课后进行自主阅读。部分学生在解答阅读理解题目时习惯将题目代入阅读材料中寻找答案，由此造成本末倒置问题，难以做到对语篇材料内容的完整理解，进而影响外语教学中文化自信教育的实施效果。

（三）学生缺乏兴趣

部分高校在将传统文化融入大学外语教学中后，学生表现出了缺乏学习兴趣的现象。造成该问题的原因主要体现在两个方面：其一是受文化差异的影响，教师将传统文化内容翻译为英文，增加了文本阅读理解难度，从而导致学生产生较大的学习负担；其二是内容选择不当，多数学生对于传统文化有一定的了解，而部分教师在外语课程中选取的传统文化题材、内容往往与学生的已有知识经验重

合，这导致教学内容缺乏新鲜感，难以有效提升教学实效。

三、大学外语教学中的文化自信教育内容

（一）以学生为本，引导大学生建立自觉的文化主体意识

文化自信课程建设的成效在大学生，检验课程是否有效的标准是大学生的文化自信获得感。大学外语要坚持大学生学习效果教育理念，首先大学外语教师要加强对大学生研究，探求他们的成长规律，达到外语教学的因材施教效果。当今的大学生，伴随网络发展和新媒体成长，他们完全身处思想舆论的多元化时代，显得更加自我和个性化。他们来自全国不同地域，思想观念差异较大，正直感、宽容感、公益感、奉献感、探究感、乐学感、自信感、专业感、表达能力、人文美感和科学美感等都需要加强。大学外语课程的文化自信要以大学生为中心，引导他们感悟生活，乐学、自信和探究，真正地建立自己的文化自信和文化自觉。大学生要更热情大胆地去拥抱自己的传统文化，建立一种自觉的文化主体意识。所谓自觉的文化主体意识，就是要对传统抱有理解、认同和尊重，要对中国文化有信心，这样才有可能与其他文化平等地比较与交流，才能清楚而理性地看到自己文化的不足和其他文化的长处。文化自觉就是要把中国文化根植到传统中去。同时，大学生要通过外语学习走进国际化的新时代，做一个 21 世纪的世界公民，认真了解、学习和遵循地球村的交通规则，跟上全球化时代的科学和民主进程。

（二）以文化为源，形成和而不同的文化自信

大学外语课程的文化自信教育就是要实现真正意义的跨文化交际，不仅研究外国语言文化，更要把与课文主题相关的中国文化及其社会主义核心价值观引进大学外语课堂教学，同时发掘教材文本中的中华优秀传统文化元素。

目前，大学外语教材不是缺少传统中国文化元素，而是缺少真正的优秀文化发现，需要教师阐释或者师生共同寻找，一起把中华优秀传统文化"点"连成"线"，把"线"编织成"网"，把中华优秀传统文化全方位展示在大学外语课堂上。这个过程就是文化自信的建构过程。

其实，世界任何优秀文化都是相通的，尽管西方文化灿烂多彩，而博大精深

的中国文化更是毫不逊色，中国文化精神在外语世界更是随处可以找到印记，这更坚定大学生的文化自信。中华优秀传统文化独一无二的理念、智慧、气度和神韵，真正能够增添包括大学生在内的中华民族每个分子内心深处的自信和自豪。"君子和而不同"的"和"的思想是不同的"协和"，可以融合多种相互矛盾的文化思想，正是典型中国传统知识分子的文化特质。大学外语文化教育要以开放的胸襟和海纳百川的文化心态迎接世界，并用世界的眼光来看中国。大学外语教学既要融入中华传统优秀文化，充分发挥汉语的母语正迁移作用，同时要从西方文化汲取有益文化养料去丰富、创造新时代的中华文化，立足本来，吸收外来，面向未来。

四、"文化自信"视角下将"课程思政"融入外语教学的策略

在高等教育大众化的背景下，德育成为高校育人体系中的重要环节，直接影响人才培养质量。"课程思政"的核心思想是将思想政治教育与多学科进行交叉融合，将德育要素融入其他学科课程教学过程中，借此形成教育合力，实现高校人才培养目标。在全球化时代，大学外语承担着语言交际与文化交流传播的重要职能。将"课程思政"融入大学外语教学过程，形成教育合力，增强学生的文化自信，能够进一步加快中华优秀传统文化的对外传播速度，同时可以引导学生形成正确的价值观，促使学生坚定政治信仰，提升道德素质，从而践行高等教育"立德树人"的任务要求，提升人才培养质量。

（一）强化立德树人价值导向，引领正确教育方向

外语教师应当明确当前高等教育的人才培养目标，坚持将"课程思政"作为核心教育理念，以"立德树人"作为价值导向，转变传统以语言知识讲解为主的教学模式，自觉承担文化传承与传播责任，深入挖掘传统文化的教育价值与育人功能，并将其融入课程思政建设环节，由此在日常外语教学中实现文化教育与德育价值的协同提升。现行大学外语教材内容涉及政治、经济、人文、历史及地理等多个领域，在多元文化、多学科领域内容交叉的背景下，如何突出并强化中国文化的特色与吸引力成为教师亟待解决的问题。

因此，教师要树立坚定的政治信仰与正确的价值观念，从中华五千年文明中

汲取精华，在上课时引入"四大发明"、张骞出使西域、鉴真东渡等典型事例，引导学生进行中外文化差异性的比较；通过介绍茶、丝绸、书画等国学案例，进一步完善学生对中华传统文化的认知。教师通过中外文化对比，能够使学生清晰树立对文化差异性的认知、增强对传统文化的认同感，为学生文化自信的培养创设良好基础。与此同时，教师应注重培养学生增强文化敏感性和提高语言使用的规范性，促使学生自觉抵御多元文化思潮下的文化入侵现象。

（二）完善课程思政教学模式，建立多维联动机制

为确保"课程思政"育人格局的形成，一方面，高校应完成教学目标的分解细化，以现行教材为基准进行单元模块的划分，围绕听、说、读、写、译五个技能进行思政教育素材的挖掘与开发，深化语言技能、经典文化元素与社会主义核心价值观等教育内容之间的融合对接，实现教育目标的统一。另一方面，教师应将课程思政与文化育人理念贯穿外语教学全过程，引入线上线下混合式教学模式，建立教学联动机制，坚持以学生为主体。教师发挥指导作用，课前将学习任务、学习目标与素材资源发布给学生，由学生自主开展学习探究活动；课中借助课堂讨论、小组合作等形式组织学生进行学习困惑与问题的探讨，帮助学生实现对教学内容的有效内化，完成教学评价；课后采用项目式教学法进行拓展练习，使学生增进对文化内容的了解与延伸性学习，从而有效增强学生的批判性思维能力，使学生树立社会主义核心价值观，更好地增强文化自信。

（三）聚焦社会热点事例分析，有效丰富教学内容

高校应在文化自信理念的指导下开展大学外语教学。外语教师应面向大学生的文化素养与价值观念维度进行教育目标的定位，明确认识到外语教学在提升学生政治文化素养、推动中国文化传播等方面的重要作用。教师通过在教学中引入时事热点新闻、典型社会实践等实例可以丰富和更新外语教学内容，为当代中国文化的全球化传播提供有效载体，进而在潜移默化中发挥对大学生思维理念、价值观念的影响作用。教师可采用案例分析教学法，选取一个或多个典型事件、故事、问题或观点，将其重组或串联后构成一个开放性讨论情境，引导学生针对情景开展思辨性活动，对情境中不同人物的行为、态度和观点做出阐释。这样既能

够丰富现有教学内容、拓宽学生的知识视野，同时也有助于增强学生的文化认同感，促进思政教育功能的有效发挥。

（四）拓宽大学外语教育渠道，形成立体育人模式

大学外语课程作为课程思政建设的关键环节，应主动肩负起"以文化人、以文育人"的教育责任，保证在向学生传授知识与技能的同时，使学生的道德品质、情感态度、价值观念也得到良好的培育。为落实"全员育人、全过程育人、全方位育人"的教育任务，形成立体化育人格局，大学外语教师应积极拓宽教育渠道、丰富教育模式，以学生的兴趣喜好与关注热点作为有效切入点，引入第二课堂与综合实践活动，渗透思政教育内容。

例如，教师应把握好五四青年节等重要节日活动契机，策划爱国主义征文竞赛、红色影视作品欣赏、红色剧目文艺演出、红色基地参观和微电影制作比赛等多种主题活动，引导学生在各类活动中尝试用外语讲好中国故事，在实践活动中培养学生的爱国主义精神、增强其对中国文化的自信和热爱，通过这些活动积极影响当代大学生的价值观念、政治素养、文化素质。同时，教师可以借助校园网、官方微博、微信公众号等渠道进行优秀作品的展播和宣传，扩大文化影响力，进一步增强学生的文化自信，深化思政教育价值。

第三节　大学外语教学中培养学生文化自信的策略

一、大学生文化自信存在的问题

（一）社会文化环境多元化

首先，部分的消极影响是来源于社会主义市场经济制度的不够完善。改革开放带动了多行业的经济发展。经济发展的速度与文化的发展速度不匹配就必然会导致信念异化现象的存在，就使得社会在积累大量财富的同时，也在激化更多的问题和矛盾。市场经济的目的是最大限度地获取利益，但是这必然会导致不平衡

现象出现，也是对于社会主义核心价值体系以及一些美德的巨大冲击挑战。经济制度的不完善，各种不平衡现象的出现，使得很多大学生的信念发生了很大的变化，导致越来越多的大学生开始过分地追求物质而放弃了对于精神信念和价值的追求，对物质的过分追求必然带来的是对非物质的精神追求的缺失。

综上所述，我们虽然在经济体制建设的领域内取得了较大的成就，但是对于精神文化世界的建设我们还是存在较多的问题的。这些问题会阻碍文化建设的进步，会拉大精神建设和文化建设的差距，文化发展的制约必然会在文化自信的建立上产生偏颇。其次是互联网产生的消极效应。社会现状表明，网络的发展给大学生带来的不仅是便利，还在不同程度地侵蚀着学生的生活环境，影响着学生价值观念、文化观念、行为习惯等方面。网络世界的环境相比现实世界更多样、更复杂，不良的信息也会更多，这样对大学生的不利影响也更大。开放性的网络发言环境，使得学生接触的信息越来越多，部分学生由于身心还不够成熟，知识储备不够使得其缺乏较高的判断是非的能力，就会轻信那些低俗信息，甚至成为其传播者。

（二）学校教育体系不完善

在培养大学生的文化自信过程中，学校承担着重要的责任。学校是汲取新思想、新知识的场所，学校教育是建立文化自信的关键途径。高校在大学生文化自信培育过程中存在的不足，表现在培养方向偏离、教学方法单一、内容偏重专业知识的传授，忽略文化自信的培养。

1. 教学方法单一

作为当代最活跃的大学生群体，他们对知识的追求不再局限于在教室里听教师讲课，而是更加希望可以得到实践或者网络授课，而学校在这方面关注比较少。

2. 学校的培养目标发生偏离

学校通常以实现人的全面发展为教育目的。在传播人类文化和教育大学生的过程中，学校应为大学生提供全面的知识教育，但当前大学生的教育明显偏离了这一点。目前，而且我们学校所开设的思想政治科学理论课大部分都是讲述现代历史，旨在引导大学生能够通过自己的思想政治科学理论课来了解历史，牢固树立起自己的思想和历史文化观。它越来越少涉及中华优秀传统文化。它更多涉及的是革命性的文化与先进社会主义的文化。但只有优秀传统文化的价值和重要作用得到大学生的充分理解和认识，他们才能在心理上真正认可，并为弘扬我国优秀传统文化而感到骄傲，然后我们才能在行动中对我们的文化表现出信心。

3. 教育内容偏专业知识的传授

大学作为培养学生专业技能的地方，从课程设置到教育方式上都会偏重专业知识的传授，以确保大学生通过大学期间的学习可以掌握自身的专业本领，因此对于文化自信方面的培养弱化。加上我国的思想政治教育课程是由国家统一设置，从课程的设置到教育的方式都比较传统，大学生会感觉文化自信离自己很远，自然而然地不去重视文化自信方面的学习。

4. 学校对文化自信培养的忽视

大学阶段是大学生从不成熟过渡到成熟，从纠结过渡到沉稳的关键阶段，这是大学生文化自信形成的关键时期，而学校在培养大学生文化自信方面肩负着重要的责任。而大学生对文化自信的内容没有透彻的了解，更容易受到西方文化的蛊惑。学校忽视文化自信的培养，使大学生对于文化自信内容了解得不透彻，更容易被西方文化侵蚀。

（三）家庭教育缺乏培育意识

1. 家庭文化氛围欠缺

家庭文化氛围对大学生的成长具有指导作用，父母的一言一行都会对孩子形成影响。父母对优秀文化的态度，能否积极学习和实践优秀传统文化，父母对中国文化的信心程度对孩子的文化价值观的发展有很大影响。面对我国的优秀文化，如果父母能够认识到其文化内涵的重要作用，以身作则去学习和传承文化，那么子女也会效仿。

2. 父母教育观念不一致

家庭是大学生成长和生活的基本环境，在大学生的健康成长和文化素养的培养中起着重要的作用。在培育过程中，许多家庭只注重对知识的硬式教育，而忽视对他们的道德教育。

（四）大学生自身教育不主动

大学生在了解我们国家优秀文化方面的积极性、对外来文化的甄别和筛选能力，以及自身对优秀文化开展实践的主动性等几个方面，共同决定着当代大学生能否更好地树立文化自信。

1. 大学生的心理还不够成熟

当下的大学生是集可为和可信于一身的群体。他们富有朝气，积极向上并有进取心，是实现我们中华民族伟大复兴的重要力量，也是人民和社会的希望和未来，更在我们文化强国事业的建设上发挥着主力军的作用。然而，由于当前大学生普遍缺乏社会实践经验、在心理上和思想上都不够成熟，并崇尚个性、喜欢追求与众不同，倾向于标新立异、独树一帜，他们内心深处其实渴望创新。

与此同时，在西方文化大肆入侵的趋势下，大学生又很容易被这种文化势力所误导，在将我国文化和西方文化进行对比中，容易只看到对方表层的优势而忽略了我国传统文化的独特魅力。很多大学生缺乏一种平静的心态来对文化进行冷静的、独立的思考，在日常生活中，难以对我们优秀的、独特的传统文化进行深层次的转化和创新发展。这种情况对当代大学生养成高度的文化自觉、培养文化自信产生了严重的不良影响。

2. 大学生的文化意识根植不深

大学生对文化自信方面的课程重视程度不高，他们对待文化课的这种心态，实质上体现了对我国优秀传统文化、优秀革命文化和我们独具特色的社会主义文化的不重视、不感兴趣、缺乏热爱，而对这些优秀文化的创新就更无从谈起。也就更缺乏"国家兴亡、匹夫有责"这样的责任感。

即便他们按部就班地学习了这些课程、听从了教师的教学或者在学校参加了一系列的文化活动，对文化的认知也只是停留在表层，并没有做到知行合一，把文化理论和精髓融入自己的思想中去指导实践、转化为实际行动。这对当代大学生文化自信的形成很不利。

二、大学生文化自信培育相关理论

(一) 大学生文化自信培育的内涵

大学生文化自信培育，即培育主体针对大学生这个特定的群体，将培育内容寓于一定的媒介载体之中，通过培养与教育的方式增强其文化自信水平的一种实践活动。文化自信不是天生就有的。从当代宏观文化背景来说，互联网及其衍生技术的发展所带来的虚拟生存给传统文化环境带来了全新的活力，在新的文化背景下，大学生所能接触到的文化种类变得繁多，大学生身处其中必然会产生文化选择上的迷茫。从微观来说，大学阶段正处于一个人自我文化观念形成的关键节点，处于拔节孕穗期的大学生在文化的认知与文化情感方面一般是不成熟的。

因此，基于当代宏观的文化背景与现实需求，大学生文化自信培育是对虚拟生存背景下多样文化思潮所带来的激烈意识形态碰撞的积极回应，是引导大学生走出文化迷茫的教育实践活动。而从大学生群体这一微观角度来说，大学生文化自信培育可以表达为针对大学生这一特殊群体，根据他们所处的文化价值观形成关键阶段这一特殊时期所制订的教育与培育计划。

(二) 大学生文化自信培育的目标

在虚拟生存背景下，基于文化自信生成的逻辑过程，大学生文化自信培育的目标主要有四个，囊括对大学生文化知识的认知与积累能力、对文化的认同情感、对文化认同的意识以及对优秀文化的传承与创新能力等素质的培养与提升。

首先是培育大学生对于文化知识的认知与积累能力。他们能够主动学习与掌握中国特色社会主义文化，把握文化内涵，感知文化精神，树立正确的学习观念。

其次是引导大学生在文化认知的基础上形成认同感情。培养大学生在虚拟生存带来的全新文化环境中坚持对本土文化的认同，肯定中国特色社会主义文化的精神含义，对本民族文化的发展前景发自内心地抱有希望；同时能够客观看待外来文化，既不盲目否定，也不全盘接收，时刻保持理性的情感态度。

再次，培养大学生将文化认同情感转化为文化认同意识的能力。这样，大学生不只在情感层面可以排除干扰，具有坚定正确的文化价值取向，而且可以在当前纷繁复杂的文化世界中掌握独立区分先进积极与消极落后文化的能力，能够具有对社会主义核心文化的认同意识，一以贯之地做出正确的文化选择。

最后，是引导大学生践行积极的文化传承与创新行为。培养大学生主动将中国特色社会主义文化中的精神内涵运用到国家的建设与发展实践中去，并鼓励大学生积极参与文化交流活动，主动承担起弘扬与继承本民族优秀文化的使命。不断开发大学生对于中国优秀文化的创新能力，使中华文化在虚拟生存的背景下紧跟时代步伐，焕发出全新的活力。

（三）大学生文化自信培育的结构

1. 大学生文化自信培育主体

大学生文化自信培育的主体既可以是一个组织，也可以是组织当中的某个群体或个人，但它一定要具有主动培育的能力，可以作为教育者组织开展大学生文化自信培育的行为。大学生文化自信培育主体主要指政府、社会、学校以及其中的群体或个人。

在大学生文化自信培育工作中，党和政府应积极发挥上层引领、带头示范、政策支持与监督检查的作用，统筹兼顾，统领全局，并引导社会、学校等主体联动合作，为营造稳定有效的大学生文化自信培育创造条件。社会应发挥促进作用，增强各界的责任意识，企业努力创造大学生喜闻乐见的文化创意产品，商业媒体平台提升自觉维护网络平台健康发展意识，共同促进文化自信培育效果。作为大学生文化自信培育最主要的主体，高校应发挥其固有教育优势，在虚拟生存这一全新的背景下抓住机遇，创新培育方式，以大学生接受度更高的方式进行培育，并积极开展校园文化活动，以期提升文化自信培育效果。培育主体除了完善自身培育过程外还应丰富主体间的多维合作，力求扩大培育效果。

2. 大学生文化自信培育客体

大学生文化自信的客体包含两个方面：一方面是作为物的客体，主要就是指培育过程中所用到的文化资源、培育方法等；另一方面是作为人的客体，即大学生文化自信培育的接受者——大学生。值得一提的是，作为人的客体的大学生是具有鲜明性格特点的群体，特别是虚拟生存背景下开放的文化环境使他们的个性得到了更大的释放，具体来说，他们所具有的与培育相关的个性特征主要有以下两点：

第一，具有不稳定性与可塑性。大学生处在文化价值观塑造的拔节孕穗期，他们文化认同情感与意志还没有完全形成，可塑性较强，但正因为他们情感意志的薄弱，使其在面对消极文化的侵蚀时容易动摇，具有一定的不稳定性。

第二，主体性的提升。在文化资源的获取与文化思想的交流越发便捷的今天，大学生的学习过程不再是以往传统教育模式下的被动接收，而逐渐转为自主学习，所以他们对于培育内容的接收有自己的评判，并且是具有选择性的。除此之外，他们看待文化信息与文化产品时是以自我意愿为主导的，更加注重自我需求的达成。

3. 大学生文化自信培育内容

培养大学生的文化自信就是要培养他们对中国特色社会主义文化的自信。中华民族上下五千年积淀的优秀传统文化、党带领人民在革命中形成的革命文化、在建设和改革实践中积累的社会主义先进文化共同构筑了具有中国特色的社会主义文化。当代大学生文化自信培育的内容应该是这三者的逻辑统一。

（1）培育大学生对中华优秀传统文化的认同

一个国家与民族优秀的传统文化是其屹立不倒的根本，如果忘却了，那这个国家这个民族就成了一叶浮萍，失去了精神根脉、价值土壤。传统文化是泱泱中华历史发展进程的真实写照，从四书五经到论语大学、从诗词歌赋到舞蹈音乐，无数的文化瑰宝无一不体现着中华民族勤劳勇敢、聪慧善良的品质，生动形象地展示了绵延中华数千年的精神追求。

中华民族优秀的传统文化承载着我们民族的历史积淀，是文化成果的传承，对激发民族文化情感、形成民族文化信念、塑造民族文化品格都起到了十分重要的作用。当代大学生文化自信培育的首要任务就是培养大学生对于中华优秀传统文化内涵的认知与认同，使大学生深入发掘传统文化中的历史价值、精神思想、人文道德，将优秀传统文化根植于当代大学生之心。

（2）培育大学生对革命文化的敬仰

革命文化是在继承中华民族优秀文化的基础上对我国革命风雨历程的追溯和

记载，是革命年代精神的汇集，而革命文化的精神形式正是革命文化内涵的突出表现。党带领人民在与敌对势力进行顽强斗争的过程中展现出了无数值得后世继承和弘扬的优秀精神，例如在新民主主义革命战争期间涌现出来的延安精神、红船精神等，虽然革命精神在不同年代的形式有所不同，但这些精神所蕴含的深层文化内核都是中华民族优秀的价值传递。只有不忘来时路才能创造新未来，在世界文化交流日益密切的今天，大学生的文化选择变得多样化，我们必须使优秀的革命文化成为大学生文化选择中的必选项，引导他们在革命文化中加深历史认同，产生对革命文化的敬仰之情，培育他们吸取文化精粹的能力，让革命文化成为流淌在大学生血液中的精神营养。

（3）培育大学生对社会主义先进文化的践行

中国特色社会主义先进文化是由马克思主义指导的，坚持马克思主义方法论与认识论的科学文化，不是马克思主义原理在中国生搬硬套的使用，而是结合了中国的社会实际，受到实践检验的文化，是具有理论与实践双重来源的先进的、科学的文化。

除此之外，中国特色社会主义先进文化之中还有我国优秀的传统文化，具有中华民族优秀文化一脉相承的精神品质。社会主义先进文化诞生于我国社会主义建设与改革开放的伟大事业中，代表了中国最广大人民的价值追求，是我国文化发展历程的腾飞式跨越。大学生作为建设社会主义文化强国的后备力量，要鼓励他们积极践行社会主义先进文化中所蕴含的精神品质，自觉承担起在我国发展迎来新的历史方位这一背景下进行文化建设的艰巨任务。

4. 大学生文化自信培育媒介

大学生文化自信培育媒介指的是能够承载文化自信培育内容并为培育主客体提供链接的介质，且该介质可以被培育主体控制并有效运用。从发展历程上看，大学生文化自信培育媒介主要可以分为传统媒介与现代媒介两类。

传统媒介指的是通过一定的传媒载体，如报刊、广播、电视等向受众群体展示文化内容的媒介，这种文化内容一般是类型固定且内容经过层层筛选的。传统媒介的历史较为悠久，在长期的发展历程中形成了较为严格的管理体系规范，这就保障了其所发布内容的权威性，使传统媒介具有较强的公信力。但传统媒介也有一定的弊端，如传统媒介文化内容的传播是单向的，缺少相应的信息反馈机制，受众群体只能对文化信息进行被动的接收。

此外，因传统媒介中文化信息的审阅、排期、定稿是一个完整的产业链条，其中任何一个部分出现问题都会导致信息最终延后或无法传递到受众群体面前，极大地影响了信息传递的时效性，且因传统媒介的播放时间、版面等限制，它所能承载的文化信息在数量上也是有限的。

现代媒介指的是随着互联网的产生发展逐步衍生出来的现代新型媒介形态，主要包括自媒体、应用程序等新兴媒介。现代媒介是在传统媒介功能属性基础上的创新升级，在一定程度上克服了传统媒介的不足。现代媒介整合了互联网中丰富的文化信息资源，在传播过程中创新形式，利用图片、音频、视频等多样化的文化形态将文化信息呈现在受众群体面前，具有一定的传播优势。现代媒介虽然具有传播渠道多样、传播内容丰富、传播速度快、互动形式自由等优势，但因其传播门槛较低，致使管理难度较大且传播的文化信息内容缺乏公信力和权威性，亟须加大规范力度。

值得一提的是，大学生文化自信培育媒介的形式是动态发展的，评判一个介质是否属于培育媒介，是要看它是否可以承载文化自信培育内容，是否可以被培育主体有效利用，是否连接了培育主客体。只要做到了这三点，就可以说一个介质是属于文化自信培育媒介范畴的，随着虚拟生存的升级推进，培育媒介的形式必然会越发丰富。

三、外语教学中培育学生文化自信的必要性

文化自信能充分体现出一个国家、民族和政党的自信力，更体现出了其对自身的评定和态度。大学生是青少年中的领头羊和主力，所以更应该着重培养大学生的文化自信，加强自身发展，助力中华民族伟大复兴，让大学生成为中国的未来和希望。为推动高校思政教育发展，为实现中华民族伟大复兴，更为践行社会主义核心价值观起到重要作用。

（一）有助于大学生自身发展

大学生之所以要培育文化自信，是希望大学生对本民族优秀的文化有认同和归属，并从心理上接受其带给自己的积极作用，让其成为精神支柱。多角度多途

径着重培育大学生文化自信，让大学生从认知层面提高自身文化自信水平，这对大学生未来的发展起到了思想指导的作用。大学生要对自身优秀文化的发展和进步充满信心，用坚定的理想信念去引导自身文化价值，积极地去弘扬和发展中华文化。大学在新时期环境下的文化自信培养要结合时代特点继承发展优秀文化作为大学生的精神指导，推动优秀文化的发展。

（二）有助于推动高校思政教育发展

大学生文化自信的培育是新时代高校教育的重要主题。高校正处于新时代高等教育的改革时期，而高校又有重要使命，高校在建设文化高地和辅助大学生树立正确的三观发挥着作用。因此，大学生确立良好的文化自信，使其在学习过程中找到自己人生价值的工作，必须从高校教育改革入手。因此，在针对大学生进行思想政治教育的过程中，高校不应该只是思想政治灌输式教育，更是需要我们注重提升大学生综合观念素质，帮助高等教育学者充分了解和继承我国良好传统文化，树立正确的品格和观念，进一步为建设中国特色社会主义强国贡献自己的一份力量，承担起作为我国广大公民中一分子所应当接受的一份义务和责任，同时，高校应当以爱国、敬业的精神教育工作为要，在大学生思想政治文化自信的培养中进一步进行教育帮扶。同时要着重培育大学生的创新、创业、实际操作能力，帮助推动大学生思想政治教育体制和教育能力的完善。

（三）有助于践行社会主义核心价值观

一个民族，其最强大的力量是文化，对一个国家来说，想要拥有不竭的发展动力，必须有一个共同坚持的社会主义核心价值观，在全国人民共同认知下推动国家繁荣昌盛。为了实现社会主义核心价值观在群众中更好的传播，文化自信是我们避不开的观点，而大学生这个群体在践行社会主义核心价值观上具有极为重要的地位，只有大学生在面对外来文化时可以从中吸取优良的部分以供查漏补缺，免除其中不好的部分以免受到不好文化的影响，这样才能够更好地将我国优秀传统文化发扬光大。大学生是社会主义核心价值观的先锋践行者，是社会风貌的首要体现者，大学生文化自信的系统性教育，有助于在文化水准和文化活力层面上提高大学生文化素质，从认知层面上帮助大学生进行文化真伪的甄别，推动大学生广泛参与特色中国文化建设进程，对践行社会主义核心价值观起重要作用。

（四）有助于实现中华民族的伟大复兴

文化是一个民族绵延的动力，是一个国家不断发展的动力，是我党继续前进的不竭泉水，因此文化自信建设在当前社会发展和民族振兴的进程中发挥着重要作用。大学生作为当下高级知识分子，更应当承担起继承与发展中华民族优秀文化的责任，不断提高文化辨别能力，增强我国文化软实力，将我国塑造成一个文化强国。

中华文化源远流长，博大精深，在这广阔的原野之上，孕育出许多优秀的传统文化，只有认识文化自信的重要性，从文化发展规律入手把握文化发展脉络，传承中华民族优秀文化，推动中华精髓文化走向世界，才能够实现中华民族在文化之林矗立的理想。

四、外语教学中学生文化自信培育的对策

现在的大学生在文化自信的培养方面，取得了一定的效果，但是仍然有很大的缺陷需要填补。根据问题产生的原因，我们提出新时代大学生文化自信培育解决问题的对策。

（一）坚持文化自信的原则

在社会主义各项事业飞速发展的时代，在培育大学生文化自信的过程中，要把握好培育的方向性和渗透性的结合，开放性和民族性的结合，科学培育与系统培育相关联，对传统文化在继承的基础上予以发扬，在培养大学生对文化的自信心时，应遵循上述原则，最大限度地在各个方面打造大学生的文化自信心。

1. 方向性与融合性相结合

在当下的时代趋势中，想要搭建大学生对文化的信心，一定要把握好文化发展的正确方向，以时代的发展要求为主导，要更多地以文化融合的方式来树立大学生的文化自信。把培养方向和文化融合密切关联，辨明确切的培养方向和目的，优化培育的成果。对大学生开展文化自信的培育，要把方向性作为出发点，

坚守政治态度、保证政治方向，遵从中国特色社会主义文化的演化趋势，尽最大可能为当代大学生树立正确的价值观导向，为打造祖国新一代的接班人保驾护航。掌握当代大学生在发展方面的客观法则，为他们指明发展的方向和最终的发展标准，把文化自信的方方面面融入日常的理论学习以及社会实践中，融合他们生活的各个领域，引导大学生以极高的自觉性投入对社会主义核心价值观的实践中。除了把文化教育融入日常教学里、书本里，更重要的是要通过文化融合的方式，使得优秀文化在大学生群体中入心入脑，充分利用好隐性教育和显性教育的不同优势，运用好各类传播载体，通过大家都容易接受的方式开展显性教育，用文化来熏陶大学生的心灵，使他们的文化自信得到提升。全面系统地促进大学生学习文化知识，促进他们全面发展，以积极的手段正面指引大学生建立正确的、积极向上的文化价值观。

2. 民族性与开放性相结合

树立大学生对民族文化的自信心，一定要以民族性为基础，以开放性为前提。民族性是我国文化的最显著、最典型特征，中华民族经历了五千多年，在这个过程中，积累沉淀的是历史，随之形成的是别具一格的中华民族文化。中华文化是中华民族的瑰宝，不论何时都不能抛弃。但是，这并不意味着学生只能接收本民族的文化，排斥外来文化，而是要有选择、有原则地接触外来文化，只有这样，才能更好地体会到中华文化的奥妙。

我们要鼓励大学生，勇于实践，乐于实践，在平常的学习和生活中，自觉地践行文化自信，对民族有信心，对民族的文化有信心。尺有所短，寸有所长，可以自信，但不可以盲目自负。任何文化都有其精华的部分，不可一概而论，故步自封也是不可取的。依照文化自由开放和交流互通的准则，以正向的心态正视外来文明的传播，拓宽学生的文化眼界，丰富其精神世界。开放的过程中，要理性地看待各个民族的文化，仔细辨别外来文化，透过现象看本质，学习外来文化的优秀之处，同时注意防止腐朽文化的侵蚀，以此推动中华文化更进一步。

3. 系统性与科学性相结合

在进行大学生文化自信培育过程中应着重关注系统性同科学性之间的综合。从学生的整体发展出发，培养其文化方面的自信心。在此之前，对培养的方式、内容、目标和效果需要有一个系统的安排和科学的规划。培养大学生的文化自信，首先要遵循科学性原则。学生所学的文化知识的来源首先必须是科学的，不可凭空捏造。根据不同学生的专业背景知识，设置不同的文化课程，例如理工科学生和文史类学生背景知识明显不同，还可以依据学生学习水平设置难度不同的文化课程，例如大一学生和大三学生。有针对性地教学，学生可以更好地进行文化知识的学习，获得更多的文化自信。教师的教学过程也要遵循科学性原则，针对不同层次的学生，采取恰当的教学方法，教授合适的教学内容。在这个过程中，系统性原则同样要重视。教学的过程和内容要做到清晰明了，教师要系统性地进行教学，按照教学目标，制定教学步骤，突出教学每一部分的重难点，让学生可以快速把握课程的节奏，从而可以有条不紊地学习，由易到难，由浅到深系统地掌握文化知识，形成文化体系，从而了解中华文化，增强文化自信。

4. 继承性与创新性相结合

文化的发展是持续的，中华文化独具一格，绵延五千多年，有着深厚的文化底蕴和历史根基。高校需要整合好文化教育的资源，从中华文化角度出发，积极引导学生在实践中不断地学习中华文化的精髓，传承优秀的中华文化。并且让学生不断地完善自己的文化知识结构，向世界展示中华文化。文化自信培养的过程中，创新性原则不可或缺。要想中华文化永葆青春活力，就要做到与时俱进，结合时代发展的特征，创新文化的宣传方式、学习形式以及传承的方法，以此来吸引学生的目光，让学生爱上中华文化。

（二）更新文化自信培育理念

1. 学校方面

随着社会主义市场经济的发展，学校应该转变培育理念，不应该把学生学习专业知识的水平高低作为学生评奖评优的唯一标准，应该增加关于文化自信方面的学习，对学生全方位地培育。随着网络的不断发展，学生的思维比较开阔，学校也应该打开思路，不应该把培养途径局限于课堂学习中，应当结合网络教学，实践教学和课堂教学相统一的培育方式，让文化自信的培育更加自然易接受。

同时，学校要考虑其自身的发展现状，积极主动地开办有关思政品德理论知识课程，在传统思想政治理论课的基础上转变理念开设其他满足大学生提升文化自信方面的课程。学校要考虑本身的校情，积极开展文化思政理论知识课程，并实现这门课程内容的完整化和高效化，拓展大学生的知识圈层，让大学生深入了解民族传统文化，强化他们对传统文化的归属感、认识和认同；对大学生的需求和爱好进行调查并尽可能地让他们得到满足，进而增强当代大学生的综合文化素质，促进大学生的全面发展。

2. 家庭社会方面

家长要顺应新时期的社会发展需要，父母应该摒弃传统的利用促进大学生多方位发展的新型教学理念对大学生的整体全面素养的塑造做出努力与提升。同时，学生的父母应该随时代更新教育理念，在对待大学生的教育上不仅应该关注对大学生理论文化知识的教育，更要加大对大学生的思政教育力度，同时也不能遗忘道德品质教育在学生教育里的重要性。

除此之外，一方面父母也应该放弃"得理者得天下"的过于重视名利的传统，而应该让大学生全面对各种思想有新的认识。除此之外，家长也应重视提升大学生的实际应用能力，新时期的社会发展对当代大学生的要求日益提高，社会对德智体美劳全面发展的人才需求众多，这就需要父母在日常生活中重视学生的实践动手能力，为社会培育拥有更高素质的人才。另一方面，父母应该时不时地教育大学生根据自身特征调整理想信念。毫无疑问，理想信念是我们自身奋斗的前进方向，有利于指明我们的人生前进道路。父母应该把理想信念教育贯穿培育大学生的整个过程中，把大学生培育成服务和奉献社会的高素质人才。社会方面应该加强宣传，制作和播出关于文化自信培育方面的电影和节目。

3. 学生自身方面

大学生在学习自身专业知识的同时要更新思想政治观念，应该强化对思政理论知识课程的学习，提高学习文化理论课程知识的积极性，强化对于马列主义和我们国家独有中国特色社会主义的坚定信念，顺从马克思主义整体发展态势，才能在各种文化交错的环境中，对文化的真假具备甄别能力，提高自己对文化的鉴定、辨别、判断与选择能力。与此同时，大学生要积极继承和弘扬一些我国的先进优秀文化，提高对这些文化的正确理解和认识，可以防止大学生受到不良思想的恶劣影响，提高自己鉴别善恶的能力。

（三）丰富文化自信培育内容

新时代，对大学生的文化自信培养主要着重于大学生对自己民族文化的培养，并且对本民族的优良文化持有高度的重视。与此同时，我们也要传播、传承、宣传弘扬中华民族在优良的传统文化，然后创造新的而又独特的中国特色社会主义优良文化，让文化发挥出应有的价值导向，让大学生身临其境地感受到民族情怀，让大学生成为中华民族优良文化的"弘扬者"和"传播者"。

1. 弘扬中国红色文化

"历史的火车头是指革命。"在新民主主义革命时期，中国共产党通过不断实践发展，总结出了一种具有深刻含义的文化产物，这种产物就是革命文化；这同时也是中华民族奋斗过程中，不忘初心、努力进取、不断奋斗的一项伟大财富。革命文化既是对我国优秀的传统文化的弘扬和继承，又是对其进行了升华，这其中凝聚了无数革命先烈的鲜血和精神意志。

新时期，培养对大学生的革命文化的自信心，应结合时代特征，根据实际情况加大对革命文化的宣传力度，主动继承革命精神。鼓励广大青年大学生树立理想信念，合理规划生活目标，明确奋斗方向，积极面对生活中的苦难，对革命文化进行继承与发扬，对优秀的革命传统进行弘扬，通过对革命文化的重新定位来树立和塑造广大人民群众的思想价值观。

2. 继承中华优秀传统文化

中国传统文化的宣传力度要大大加大，有意识地灌输优秀文化，给广大大学生提供一种文化自信的来源方式。

首先，划分优秀文化的选择标准，让大学生辨别文化的优劣意识得到提高。科学合理地区分中国传统文化，是大学生学习的基础，主动认识中国的主流文化，在学习实践的反复过程中提高辨别文化的水平，辩证地看待我国的文化。

其次，对优秀传统文化的价值正确认识。从情感的角度来看，大学生更容易对持续了数千年的中华传统文化获得认同，而且大学生比较容易理解和接受中国传统文化的传播交流方式。例如，学生时代学习的古诗，其中就包含众多的美德值得我们学习，潜移默化地吸收这些美德，可以更好地接受这些美德并将这些美德运用到现实生活中。文化产业可以根据自身的文化优势和特色自我发展，同时也可以和其他类似的行业进行结合，从而创造出一定的经济价值，发挥出最大的价值。

最后，选择大众的、普遍的、易懂的方法，激发大学生的积极性，主动投入文化创新之中。从内容的角度上出发，我们可以扩大传统文化的学习范围和深化对文化的学习程度。我国的传统美德能够让我们感受到这个世界的美好；传统书法艺术可以让我们体验文字的博大精深。我们可以把这些和实际结合起来创新发展。从形式的角度出发，可以结合如今一些先进技术，促进优秀传统文化的发展创新。

3. 发展社会主义先进文化

在马克思主义思想的指导下，依据中国特色的社会主义伟大实践，吸收了马克思主义作为养分的中华优秀传统文化，以宝贵的革命文化经验为基础与依托，通过自身创新与发展，最终使他们在实践中长出了珍贵的传统文化果实。积极地培育和实施以中华民族为核心的社会主义核心价值观，推动我国文化事业与传统文化产业的繁荣与发展，提升建设社会主义先进文化的生命力，不断促进我国文化的大发展与伟大繁荣。没有先进文化的积极引领，没有人民精神世界的极大丰富，没有民族精神力量的不断增强，一个国家、一个民族不可能屹立于世界民族之林。改革开放以来，我们在探索和建设具有中国特色的社会主义道路上已经取得了非常显著的进步和成果。社会主义先进文化迅速传承和发展，以本民族文化为根基，吸收和借鉴来自世界各地区和国家的优良文化，取其精华，去其糟粕，通过不断改革不断创新，促进本地区民族自身传统文化的综合竞争力不断提升，在应对外来传统文化时，能够更加从容不迫，将由社会主义引导的先进文化让中国焕发出新的生机向全世界宣扬。极力推崇中国特有的社会主义先进文化，引导带领社会青年以及各大高校知识分子明确认同中国特色社会主义的先进文化，树立正确的社会主义核心价值观的理想，将自身的成长与发展同党和国家的成长发展紧紧贴合，从而达到互惠互利的目的，并认清自身所必须肩负起的责任，要坚定相信社会主义先进文化，肩负起创建中国特色社会主义的重担，努力实现文化强国这一目标。

（四）营造文化自信培育环境

文化自信教育是基于一定环境下的人的实践活动，其必然离不开环境因素的影响。在思想政治教育环境学说的指导下，我们应该对教育环境进行一定的优化。培育和增强高校学生的文化自信，需要学校、社会、家庭、个人等多方角色的共同努力，为其打造一个系统全面的文化自信培养环境。

1. 优化社会文化环境

当下互联网和新媒体技术纵深发展，大学生与社会的交互日益频繁。现阶段的高校学生已经不仅是坐落在象牙塔里的知识接收者与旁观者，他们也会观察社会，同时社会的改变对他们的影响也越来越大。

首先，要创造浓厚的社会文化环境。第一，应合理借助媒体的文化信息传播效果，着重对中国历来的优秀传统文化给予记录、传递、扩散，以促进社会发展先进文化。要充分发挥报纸、杂志、图书等传统文化传播手段覆盖率广，传播性强的特点。同时，利用广播、电视等大众媒体的巨大影响力，对中国传统的文化、革命斗争文化以及社会主义文化进行传播与推广，提升大学生的认知途径和认知形式。第二，努力推行在公共场所对学生进行指引；最大限度地利用图书馆、博物馆、纪念馆等文化类公共场地做宣传教育活动，按时举办大学生的文化活动，充分让大学生感知到我国各种文化的特色与魅力。

除此之外，当地政府应综合本地的民俗习惯，以本地特色作为打造内容，推行地方特色的文化传统节日等活动，让大学生也能够积极参加进来。同时，打造社会性的文化交流环境，离不开政府的支持。对于本地的图书馆、博物馆、文化馆、科技中心、美术画廊等文化性的公共场所，应制定适当的免费制度，帮助大学生摆脱客观物质条件的限制，使他们更有动力来主动了解和领会中华文化的优秀成果，感受中华文化的独特魅力和张力，使他们在情感上深化对我国文明成果的认同，增强对我国文化的自信力和凝聚力。社区是大学生认知政治的第一学校，我们应最大限度在文化扩散与教育中利用社区这一关键因素，打造社区政治文化氛围。作为大学生交流最为频繁的地方，社区对培养大学生文化自信的重要作用毋庸置疑。一方面，社区要发挥文化宣传在社区中的重要作用；另一方面，鼓励大学生积极参与社区文化建设，通过社区建设来感悟文化的精神内核。

其次，要强化网络文化的建设，借助网络发展。当代大学生生活在互联网时代，其未成熟的价值观极易被互联网环境所影响。若要进一步培育高校学生的文化自信，势必有一个符合国家发展方向的网络环境。文化和旅游部等部门应着重强化对网络平台发布信息的监督和管控，对平台的信息传播予以约束，让网络平台能够作为国家正确思想传播的阵地和优秀文化交流的空间。强化网络信息的审查，着重推行中华民族传统文化与我国社会主义先进文化，弘扬网络的正能量，尽可能减少传播负面新闻、抹黑英雄人物等不良信息的出现，为大学生营造良好的网络文化环境。

最后，积极打造和发展文化产业生态链。在注重文化事业发展的同时重点发展文化产业，是增强文化自信的时代要求。促进文化产业的长足发展，一方面既要使文化市场合理有序运作，另一方面也需要文化监管部门的严厉监管。要培养大学生的文化自信力，就必须为他们创造一个良好的社会文化环境，就不能忽视文化产业在该领域内对文化自信发挥的巨大作用。某些创新性文化作品得到大学生的一致好评，他们从这些节目中与我国优秀传统文化、红色文化和推进时代发展的先进文化产生共鸣，感受中华文化的绝对魅力。多创作一些影视作品，用影视作品激发大学生对祖国的情感共鸣，使大学生在观看影视文化作品的同时，加深对我国文化的理解和认同，增强对我国文化的信心。新时代下重塑国民信心就应该关注此类能够引发情怀共振的优秀影视文化作品，大力推行、传播、扶植此类作品，也要努力指引大学生在休闲娱乐时对我国文化的思考，加深文化的理解。

与此同时，规范有关的法律条文，强化文化管控机构的监督管理行为，推进文化市场的合理竞争。由于市场本身存在的盲目性与延后性，使我国的文化氛围遭受某些恶劣的侵害，部分文化作品一味贪图经济收益，背弃社会公德，扰乱文化市场。要保证文化市场的经营活动正常有序进行，为大学生提供更多有益的文化产品，国家要尽快出台法律法规，文化监管部门也应提高监管水平，为文化市场的繁荣营造和谐氛围，重点抨击，严格查处无视我国相关法律法规的文化产业。同时，我国也要对文化的创新性予以重视，塑造文化品牌，颁布相关政策扶持文化创新机构，推行创新激励计划。这些年属于我国的原创文化产物一直保持上升态势，质量也得到了很大提升，给受众带来了更高层级的文化体验，大大增强了民族自豪感和文化自信。

2. 建设校园文化环境

大学生的学习以及生活更多地都在高校进行，高校也就成为思想和文化资源比较集中的地方，对目前大学生的成长来说，校园文化在无形中发生着重要作用。为了更好地提升大学生在文化方面的自信心，强化当下校园文化的建设、提升校园文化的生命力、搭建积极向上的校园文化氛围，这样大学生也可以完整地体现自身价值来充分表现文化自信就显得十分必要。

第一，要进一步提高教师群体的文化素质，高校教师应以为人师表为信条，持续不断地提高自身的知识素养和文化自信。在日常的教学中，不仅要向大学生传授专业知识，更要重视引导和培养他们对我们国家的革命斗争历史以及现阶段社会主义文化的好奇心与探索欲。此外，教师应当把践行文化自信、推行文化自信落到实处，自发遵循职业操守的有关约束，坚定立场抵制恶劣行为。与此同时，要深化我国民族精神的影响，以当下大学生对优秀传统文化与历史的了解为前提，对独具中国特色的社会主义文化进行大力的宣传和弘扬，引导大学生积极热情地投身到社会主义文化的建设中来，把我们的文化自信内化于心、外化于行。

第二，加强校园精神文化建设。对一所学校来说，好的校风以及校训无疑是校园文化精神最核心的内容，也是组成校园文化建设的重要部件，同时也存在相当的规范和约制。随着大学生的精神文明建设不断强化，更应注重好的学风、校风和教风的创建，良好校园文化氛围的营造同样能够更好地促进大学生文化自信的树立。除此之外，学校的整体氛围和学习氛围的建设里，教师总体的教学习惯风格和学校领导的工作风格，都会对大学生产生潜移默化的影响，所以加强学校校风以及学风的建设对培育大学生的文化自信尤为重要，学校领导干部务必保持民主和高效的作风，教师要以提高自己的文化修养水平、丰富自身的知识储备为基础，秉持无私奉献、敬业爱岗以及关怀学生的高尚品格。总而言之，校园优秀的精神文化氛围能有力促进大学生养成文化自信的意识，由此从根本上提升大学生对于文化的自信。

第三，在思想政治教育中，要最大限度地推行网络化技术的深入渗透，利用最新的科学技术支撑大学生建立文化自信。现下阶段，网络科技已经普及了我们生活的方方面面，在娱乐、学习与最新的信息渠道方面都获得了很大的效率提升。作为大学生日常生活、学习重要窗口的校园网，也是网络思政的重要平台。随着网络的发展，大学生在思想上也发生了巨大的改变，我们要更新传播媒介来开展思想政治教育工作，使高校的网络思想政治教育得到显著增强。

3. 深化家庭文化的熏陶

家庭是社会最基本的组成部分，是大学生培养文化自信最开始的场地，人的生长离不开家庭环境。只有健康的家庭氛围才有利于促进学生的个人发展，反过来则会妨碍学生的全方位成长。所以，我们要营造良好的家庭文化环境。

第一，最重要的是培养良好的家风家训。因为家庭是一个人出生后接受教育的第一个场所。在大学生成长发展中，家庭文化对大学生的影响无疑是不可替代的。有了良好的家庭文化才会有自身对文化的自信，并且这种文化自信会一直影响着大学生的成长与发展。同时，家风家训也是一个家庭文化的真实写照，并且还能看出一个家庭对我国文化的认知和继承发展的状态，对大学生也会产生深远持久的影响。现在我们国家的家庭文化已然传承了许多中华民族优良的传统美好德行，包括热爱祖国、诚实自信、与人和谐相处、热爱劳动、勇于面对、自立自强、尊重老人、关爱儿童，这些优良传统已经刻入我们每一个人的心中，对我们中华儿女产生了不可磨灭的影响。

第二，要时刻树立家庭榜样的先锋模范带头作用。有了榜样，才有进步的动力，而进行思想政治教育的方式方法多样，树立榜样就是其中之一，同时这也是大学生培育文化自信的重要方式方法。子女对这个世界最初的认识来自父母，不管是对社会的看法还是自己形成的人生态度，一定程度上都有父母的原因。所以，我们应该十分注重父母教育孩子的方法，并时刻注意自身的行为，为孩子树立榜样。因此，父母应注重以下几点：第一，努力提升父母的文化素质。父母不能只要求孩子，更应注重自身文化的提升，主动阅读并学习新的知识，加深对中国相关优秀文化的认知，这样才能帮助子女树立正确的文化观。第二，对文化情感要有正确的认知。如若遇到中华民族优良的传统文化或者与之相关的文化，父母首先应该保持热情的态度，这样才能引起孩子对文化的兴趣。此外，父母还要支持孩子们主动参加对中华民族优良传统文化的保护与宣传，这样才可以更好地感受和理解文化。

4. 提高大学生自我教育

在互联网技术和经济飞速发展的今天，多种思想文化不断碰撞，呈现了较为复杂多样的文化环境。而对身处其中的大学生而言，要想在多种文化中提高自己的文化素养和文化自信，就必然需要进行不断的自我教育。

（1）提升大学生文化素养

其一，自主学习文化知识。我们要积极自觉地学习、吸收并发展优质的文化，不断地促进文化素养提升。要培养大学生充分利用课堂资源提升自身文化素养的能力。同时我们也要培养大学生积极读书的习惯，让大学生养成热爱读书的生活状态。

其二，大学生要培养对文化的鉴别能力。经济的快速发展，开放的世界必然迎来更加多样化的产品和元素，随之而来的必然也有西方多种的文化思想和价值观念，需要更高的辨别和筛选文化的能力。因此，在日常的生活中，大学生要更加重视思想政治理论课程的学习，在马克思主义和中国特色社会主义的引领下培养自己的文化根基，在正确的方向引领下去面对多元文化的冲击，这样才能更好地判别文化的真伪和优劣，选择优质文化去完善自己的文化认知，提升自己的文化修养。此外，积极主动地学习中华民族的传统文化，是每个大学生甚至每个人都应该去做的事情和选择。

（2）需要培养一定的文化主体意识

只有增强了大学生的主体意识，才能使其为我国的文化发展添砖加瓦。大学生是社会主义文化传承的建设者，而作为中国优秀文化的忠实弘扬者，作为我们民族文化自信和文化素养建立之路上的力量之一，就更加要明白意识在自身的文化建设中的中坚地位。

此外，经济的迅速发展，文化的多元化激烈碰撞，新的时代对于大学生在多方面都提出了更高的要求，所以为了更好地响应新时代的号召，承担起传承文化和弘扬文化的重大使命，大学生就更加应该注重学习意识的培养，忧患意识的树立，以及创新意识的学习，不断地培养具有深度和宽度的文化自信和文化素养。先有文化认同感，才会让人有了解新文化的动力，而文化认知必然会带来不同程度文化自信的提升，因此想要培养大学生的文化自信，就需要完善学生的文化认知，加大学生对于中华民族优秀的文化认同感。当然，我们也不可以一味地闭门造车，还是要吸收借鉴外来的优质文化，这样才能让自己在文化自信培养和文化素质建立上更好地进步，不断扩充自身的文化资源储备，为更高阶的文化自信添砖加瓦。

（3）在实践中提高文化认知

大学生要自觉传承中华文化，要积极调动自身在文化学习方面的主动性和积极性，踊跃地接触优秀的文化，储备自身的文化知识，提升文化素养。在文化建设的道路上，大学生可以选择的途径有很多，例如在课余时间通过阅读经典的作品去了解文化，丰富自己的文化知识储备。还可以通过一些兴趣爱好的培养进行文化的渲染沉淀，其中书法、剪纸、刺绣、二胡等都非常具有文化代表性。此外，通过了解和传承一些传统的节日也是一种十分有效的学习和弘扬优秀文化的途径。

（五）创新文化自信培育路径

新时代背景下，大学生的文化自信培育不应只是停留在对思想政治理论课的教育表面，而是应该通过各种不同的方法来开展培育工作。实现浅层次教育和深层次教育的结合，并将思政教育融入其他课程。

1. 深化实践教学

要培养大学生形成文化自信，不仅需要利用课堂教学向学生传授理论文化知识，同时也需要开展实践教育来推动理论知识教育的内化。实践教育学习有助于改变大学生缺乏文化认知的现状，这是培育文化自信的好的途径。在整个教育过程里，学校应当把一些优秀的传统文化、社会主义先进文化以及红色文化作为育人的核心，加强思政课实践教育学习，更好地表现出实践教育学习所要彰显的文化主题。

例如，打造特色文化基地，充分利用文化资源，搭建起良好的校外实践教育学习平台；学生在教师的带领下，参观红色革命教育基地；充分整合多样化的优秀文化资源，形成独具特色的专业教育体系；通过四种主要的思政课，开展专门的实际教育论坛，更好地向社会展示实践教育学习效果。

除此之外，理科专业的教学探索应该引起学校的重视，在组织学生进行实践的过程中，在注意专业知识的同时也要注意在实践中发挥文化主题的作用，这可以让大学生在实践中感受到文化的魅力。举个简单的例子，在学校中，教师可以引用相关的人物对大学生进行指引，除了让大学生学习专业知识外还可以让其思想更上一层楼，这样就可以对现代大学生进行思想上的指导，做到思想政治教育实践和理念上的一致。把思想政治的小课堂和整个社会上的大课堂相连接，从而鼓励大学生建立起文化上的自信。

2. 推动课程思政

在深化实践教学的同时，我们还应该加强思政课程的建设，从而实现全方位培养人才的目标，同时这也是高校对现代教育的深入探索。教育工作人员第一步要做的是把思想政治课程融进专业课中。专业课是高校为了培养大学生技能和知识所设立的，而它的主要任务是让学生增长专业知识、提升专业技能，通过专业课的学习进一步了解自己所学的专业，分析专业的发展前景和未来趋势，最后培养大学生解决实际问题的能力。从长远角度来看，因为专业课程和思政课程有一定的不同，不能有效解释专业课程和思想政治课程之间的联系，故而让思想政治理论课程看起来和专业课程相差较大，这样的教育思想误差是由于其他的课程缺少对学生价值观念的引领与指导，所以思想政治课程不可缺失，必须以教育培养人才为目的，一方面要传授知识，另一方面也要加强对学生价值观念的影响，提升思想政治课程的效果。

3. 加强隐性教育培养

当代大学生的文化自信要与隐性教育相结合并融合应用。当代大学生的文化自信结合环境、理念、路径为战略对策，并且及时将隐性中的感性因素与显性教育中的理性因素相融入。事实证明，可以循序渐进地运用隐性教育对大学生文化自信进行陶冶。社会上鼓励关于文化自信方面电影、节目的开展，用娱乐的方式灌输文化自信的理念，让大学生在不知不觉中增强文化自信。学校方面根据当代高校生的需要，准确利用高校生感兴趣的事物开展各项活动的宣传与实施，从而让高校生的文化自信得到更有效的培育。

4. 重视新媒体的应用

现在是互联网的新时代，文化自信培养受大媒体时代快速传播信息的影响，快速扩展积极影响，降低消极影响成了现在新媒体运用的关键点。

第一，要建设新媒体的主导文化平台，打造出最有利于社会舆论的气氛。伴随当代大学生对各类文化信息接受方式的多元化，已不能只将文化自信教育放在课堂上，更要注重利用通过媒体传导而产生的影响力感染大学生。

第二，合理安排多媒体文化传播，壮大文化传播体系。新媒体在文化自信教育方面更新内容有着及时性，在传播模式上也应当努力避免部分文化传播的负面影响。在及时进行新媒体文化传播的同时，有序安排传播文化内容，同时进行适当调整。现通过新媒体进行文化传播的途径多是以一段承载有限的内容小视频模式呈现。所以，每个部分所蕴含的信息要注重特点的凸显，并且要重点关注内容间的联系，可以使用连续节目类、文化知识答疑类等多种模式让新媒体在进行内容传播时取得良好的效果。

第三，要在彰显新媒体优点的同时，强化文化教育的能动性、互动性、主观性。文化自信的培养成效也会受到各类社会头条事件的影响。官方媒体回复的实效性，不但可以加快解决事件的速度，还可以推动大学生强化对国情的认知了解程度。现在所应用的大多数新媒体平台通常会采用推送的模式进行多方位传播文化信息。当学生长时间并且有策划地使用进行文化推送的一些特定软件后，会形成关注文化发展的好习惯。

第四，进入新媒体相对便捷简单，当大学生有自我意愿出现时，新媒体是可以将此意愿充分展现出来的，所以其在新媒体渠道上的应用可以让大学生对文化信息创新更感兴趣。当代社会发展到了一个新自媒体时代，所有公民不分高低贵贱，也不分种族，都可以通过自媒体吐露自己的心声。大学生能够在一些文化传播平台上表达自己内心的意愿与观点，这也受到了各大高校或一些文化单位的大力支持与鼓励，高校自媒体发展平台的优越性为大学生提供了展现创新成果的机会。某些大型的组织活动为大学生分享对文化信息的理解、思想动态提供了一个平台，使其对于文化创新的热情度有所提升，同时还增加了大学生对文化信息的获取感和成就感。

（六）加强外语教师的文化自觉

1. 确立文化自觉概念

（1）确立双重角色理念

课堂教学中外语教师的双重角色是指教师本身既是拥有中国文化的非母语教

师，又是外国文化的传播者。由于外语教师的身份有着特殊性，只有让外语教师意识到他们职业角色的重要性，他们才能深刻认识并承担自身的使命。

首先，外语学科除了是语言类学科以外，还与文化、风俗、文学息息相关。所以外语教师在外语教学中，既要传授语言知识，也要把与之相关的文化风俗文学等知识传授给学生，让其在了解异域文化的同时，也能感受到中外文化间的差异，从而培养他们的文化比较能力。

其次，一个人的文化身份是由他的生活环境决定的。在中国本土成长起来的外语教师，他的文化归属，毫无疑问，一定会是中国文化，所以外语教师在文化教学中就有了双重角色，也有了双重任务。他们既是中国文化的传播者，也是外国文化的传递者。他们既要让学生了解目的语文化，也要让学生对相应的中国文化有更深的认识。如在讲到待人接物时，可以把中国的礼仪习惯和外国的礼仪习惯加以比较，并一起教给学生。

外语教师要有正确的双重角色观念，这样才能在教学实践中完成肩负的文化使命，即使中国文化得到传承发展，也让外国文化得到更大范围的接受。

（2）使学生树立文化学习的观念

在研究的过程中，我们发现外语教师没有对学生文化学习需求多加关注，原因主要有以下两点：一是由于教师和学生对文化学习方面的不重视，致使教师在课堂教学中忽略了文化方面的教学，也无从培养自身和学生的文化自觉性；二是学生学习基础薄弱、认知能力的欠缺以及课时不足导致教师无法在课堂教学中进行文化知识的学习。

学生文化基础薄弱并不代表学生对文化学习没兴趣。课堂教学是外语教师进行文化传播、文化比较的主要平台，所以教师在讲解语言知识的同时，也把文化教学结合进来，在教学设计上也要适当地调整，当学生提出问题后也要积极地为他们答疑解惑。很明显，部分外语教师在教学中面对学生关于文化知识方面的疑问时，让学生在课下通过网络或者书籍来解决问题的方式无法帮助学生对外国文化知识进行系统的学习。所以，外语教师在课堂教学中，除了传授语言知识以外，还要重视学生对文化学习的需要，并且与学生及时沟通，为学生学习文化知识提供有利条件。

2. 培养文化自觉意识

（1）培养跨文化意识

所谓跨文化意识即"不同民族、受不同文化影响的个人或团体之间的交流、交往"。我们通俗地讲，是指"不同文化背景的人在交际过程中所具有的特定思维，或者说是民族文化思维，这种思维能够保证交际者准确地交流"。学生跨文化意识的培养除了通过大量阅读和自身领悟能力以外，还要依靠外语教师正确的跨文化意识的引导，所以教师的跨文化能力就变得至关重要了。教师应该具有较高的跨文化能力，能够把中外文化融会贯通，对其内涵、文化差异的渊源和演进过程有着深刻的认识，如此才能在课堂教学中对学生进行跨文化交际方面的教学，引导学生获得丰富的跨文化知识，养成尊重、宽容、平等、开放的跨文化心态和客观、无偏见的跨文化观念与世界意识，使学生形成有效的跨文化交往、理解、比较参照、舍弃、合作、传播的能力。由于授课教师有着不同的求学、工作和生活经历，他们的跨文化意识也各不相同，所以教师在文化教学的同时，也要加强理论学习和实践探索，做学生的榜样，提高自身对文化的敏感性，做到在课堂教学中顺利开展文化教学。

（2）培养文化反思意识

培养文化自觉的必备条件之一是要有反思意识，外语教师如果有了反思意识，就会对其以往的教学生涯和教学行为进行回顾、审视与检查，从而剖析自身在教学中出现的问题以及形成的原因，以第三方的角度观察自身的教学过程，对自己的教学风格和需要改进的方面有清晰的认识。判断一个教师是否是研究型教师，根本标志在于他是否对自身的教育教学实践进行反思。

由此可见，反思是当代教师应该具备的基本素质。如何去反思并不是一件很容易的事，不是对过往的教学行为的简单回顾与总结，而是正视问题、究其原因、寻求解决策略、加以改正的过程。在结束日常教学之后，外语教师不仅要对语言点和语言技能的传授过程进行反思，而且还要在自身是否具有文化教学的理念、是否能在课堂上精准地将文化精华传递给学生、学生能否正确理解所学到的文化等方面进行反思。对文化进行反思既是外语教师对自身教学经验的梳理总结，也是将文化教学从实践上升到理念的过程。在实际教学活动中，一些教师在文化教学方面有着不合理、不正面的理念。如果教师不能认真反思自身在教学中存在的问题和不当行为，那么必然会给跨文化教学带来负面影响，使其不能健康发展，既会误导学生的跨文化学习，阻碍其文化自觉的形成，也会使教师文化自觉能力的发展停滞不前。因此，外语教师应该对文化反思加以重视，这既是开展跨文化教学的重点，也是教师增强自身文化反思意识、培养文化自觉能力的基础。

3. 践行文化自觉

（1）做到本土文化与西方国家文化相得益彰、相辅相成

长期以来，在外语学习过程中，很多人都达成了一个共识，即本土文化会干扰外语文化的学习。很多教师也没有意识到本土文化在外语教学中起到重要的作用，认为学外语要忘掉母语才能学好恐怕比较片面，如果正确，也只是在初级阶段。实际上一个人如果母语不好，就很难真正学好外语。

由此可见，一个人对母语文化的热爱程度决定着他对外语国家文化的理解程度。在外语教师群体中，也存在一些教师对西方文化的过度崇拜，从而轻视本土文化，过度夸大本土文化在外语学习与教学中的作用，而忽视外语国家文化的两极分化现象。所以，教师不但要着力培养学生的文化自觉意识，还要消除自身对本土文化与西方文化的浅显臆断，在教学实践中，正面引导和配合学生学习了解中外民族文化发展演变史、文化传统和各种表现形式。

（2）积极借鉴国外文化自觉培养模式

进入 21 世纪以来，世界多元化发展非常迅速。在这个时代形势下，如何能让中国本土文化保持自我，不被"西化"，又可以将外国文化的精髓融入中国文化里，这既是一个时代的命题，也是一个迫切需要研究的问题。在外语教学中，如何将本土文化与外语教学结合起来，这个命题既是中国的教育者要思考的问题，也是全球各国外语教学工作者值得探讨的问题。而他们探讨问题的过程和结果，能为我国的外语教育工作者在实践文化教学和培养文化自觉方面提供多方位、多角度的答案。由于各国国情和风俗习惯的不同，我国外语教师可以理性地借鉴国外的跨文化教学模式，从而丰富自身的跨文化教学内容，多角度、多层次、多方位地帮助学生培养跨文化意识，教师的文化自觉能力也得到相应的提升，建设带有中国文化特色的跨文化教学模式，并让这种高效的教学模式在中国的土地上落地生根。

第四节　新时代大学外语教学的文化自信建设策略

一、以文化自信为引领，修订外语教学大纲

新时代高校外语教育要始终服务文化强国，始终坚持"四个自信"，按照"双一流"建设要求，修订高等学校外语教学大纲，补充以中华民族文化为对象的教学目标和教学内容。在培养目标与教学内容的设置上，各高校的外语教育要主动适应国家发展战略布局，主动对接"一带一路"倡议，依据国家标准、行业标准、各校的办学特色来制定自己的培养方案和教学大纲，对接学生日益增长的"价值观、伦理道德、民族精神"等方面的心理需要，在以往注重外语知识结构、跨文化交际能力的基础上，侧重社会主义办学底色、践行社会主义核心价值观、继承和发扬中华民族文化、民族精神，侧重强势外语与非通用语种协调发展，侧重中华民族文化国际表达，推动中华民族文化走向世界的中外兼通型人才或融通中外型人才培养。

大学外语要改变为等级考试而教、为等级考试而学的功利性倾向，全面转向，走出应试教育的老路，瞄准一流大学、一流学科、"一带一路"建设、面向国家重大战略需求、世界科技发展前沿，着力培养高层次国际化创新人才。

为此，完善大学外语教学大纲，适当调整原有的课程设置，在"处理好通用外语与专门用途外语、跨文化交际教学的关系"之外，处理好中华民族文化与外国文化的关系，引导中华民族文化参与国际交流，扩大中国的国际话语权；自觉抵御西方文化扩张与文化霸权，培养中华民族文化自觉与文化自信，强化学生中华民族文化身份认同，维护中华民族文化安全。

二、坚持中外文化兼修，修编新时代外语教材

新时代的外语教育，是国家的一项文化建设工程。国家文化建设要求"推动中华文化走向世界，积极吸收各国优秀文明成果，切实维护国家文化安全"。新时代高校外语教育，站在与外国文化交流与交锋的前沿阵地，正是宣传中华民族

文化、推动中华民族文化走进世界的力量之一。其中，作为文化传播的直接载体，外语教材的功能与作用要充分挖掘和重视，要切实推动中国特色社会主义理论体系进教材、进课堂、进头脑。因此，中华民族文化元素如果被排斥在外语教材之外，自然在外语课堂上就会鲜有触及，这不利于培养学生的民族文化自觉意识和对外传播意识，就不易有民族文化的自信心。

在新时代，在适当甄别筛选引进西方原版教材的同时，应强化中国民族文化元素融入外语教材，从只强调目的语文化向中外文化双向交流与互动转变，注重中外文化有效融合、互补与对比，着力培养中国大学生多元文化价值观，保持和认同中华民族文化身份。

三、坚持以文化人，强化外语教师文化自觉意识

教师，是教书育人活动的主体。外语教师对中华民族文化的认知水平和文化素养的高低直接影响学生社会主义核心价值观的塑造以及中华文化自信。为此，作为高校外语教师，首先，要提高站位，牢记使命。外语教育教学的最终目的是促进各种文化之间的相互交流与沟通，连通外部的"国际化"与内部的"本土化"，理性辩证保持他文化与中华民族文化的优势互补、互利共生，尊重世界文化的多样性与差异性，相互借鉴，推陈出新，确保中华民族文化在继承中走向发展，走向世界，其次，高校外语教师要主动适应新时代新要求，与时俱进，更新教学思路与理念，培育文化自觉意识，从价值上意识到中华民族文化参与世界治理的关键地位，全面贯彻落实党的教育方针，通识中西，争做中华民族文化走向世界的引领者与弘扬者，新时代文化自信的倡导者与践行者，与其他课程形成社会主义核心价值观教育的"同向相行"和"协同效应"。

四、坚持外语课程思政，拓展教学内容

"课程思政"，就是学校教育的各类课程都要与思想政治教育、与社会主义核心价值观教育同向同行，与之形成协同效应。高校外语教育，更应当如此，要求做到把外语知识传授与价值观教育、价值引领结合起来，发挥外语课程的育人价值，把显性的外语语言教学与隐性的价值观教育融会贯通，彰显语言之外的力量。培育新时代高校大学生的文化自觉与自信，必须扭转高校外语教育长期以来

的重知识轻文化倾向，挖掘外语课程的德育内涵和元素，强化价值观教育，实现外语知识传授与社会主义核心价值观教育同频共振。

为此，各高校可以思考设立外语课程思政指导委员会，开展外语课程思政试点工作与研究工作，落实专项经费，激励外语教师探索并改革，促进外语教育的"工具性"理念向"人文性"理念的转向。在教学内容的组织上，在讲授外国文化时，不失时机地导入中华民族文化，并对二者进行对比与比较。加大专业必修及选修课中中外国家历史文化比较等内容的比重，引导学生正确对待中外文化差异，引导学生读懂中国、了解世界，增强"四个自信"，强化中华民族文化身份认同。鼓励并支持外语教师面向全校开设有关中国及地方传统文化的全英文选修课，开设中国文化的英文讲座，结合中国传统节日举办丰富多彩的以外语进行表达的民族文化活动，引导学生坚守中华民族文化的同时，树立多元文化理念。

五、坚持融通中西，优化测试评估体系

教学评估和考核测试体系是教育教学的风向标与指挥棒。新时代，外语测试与评估应有一套新体系。

一是在侧重点上，要从传统侧重考评语言知识、语言技能向侧重考评中外跨文化运用能力转变。把教师和学生的注意力从听、说、读、写、译的技能型训练聚焦到提高外语综合运用能力、思辨能力及中国故事、国际表达的能力上来。

二是在内容把握上，要以考评目的语语言文化为基点，适当加大中华民族文化教学目标和内容的考评力度，培养学生提炼中华民族文化中一脉相承的、前后贯通的文化内核、价值观念和民族美德的能力，提升师生融通中外的文化素养，塑造中华民族性格，增强民族自尊心、自信心和民族自豪感。

三是在考核方式上，在考评知识、技能、能力、素养之外，适当加大中外文化差异认知辨析考评力度，适当增加中华民族文化题材比重，最终培养师生的爱国主义意识，维护国家的国际形象、国际尊严和国际利益。

参考文献

［1］ 姜帆. 外语词语听觉内隐记忆研究［M］. 上海：上海交通大学出版社，2022.

［2］ 王海波，魏元喜. 信息技术与外语实验教学［M］. 北京：北京邮电大学出版社，2022.

［3］ 周杰，龙汶. 外语教育与课程思政［M］. 贵阳：贵州大学出版社，2022.

［4］ 周冰. 教育科技进课堂——高校外语课堂的翻转应用［M］. 上海：上海交通大学出版社，2022.

［5］ 毕鹏晖. 大学英语混合式教学的多元融合与评价研究［M］. 秦皇岛：燕山大学出版社，2022.

［6］ 梁乐乐. 话语分析与外语教学［M］. 长春：吉林人民出版社，2021.

［7］ 熊文熙，范俊玲，肖玲. 大学英语教学与跨文化交际能力培养研究［M］. 北京：华文出版社，2021.

［8］ 陶晓莉. 大学英语跨文化教学实践探索研究［M］. 北京：华文出版社，2021.

［9］ 王永祥，朱有义. 主体间性教学模式视阈下的大学英语教学改革［M］. 苏州：苏州大学出版社，2021.

［10］ 魏鑫余. 现代大学英语多元智能理论与实践［M］. 北京：北京工业大学出版社，2021.

［11］ 李明. 大学外语课堂创新设计实证研究［M］. 郑州：黄河水利出版社，2020.

［12］ 刘重霄. 外语网络教学研究与实践［M］. 北京：首都经济贸易大学出版社，2020.

［13］ 张文忠. 外语课程改革与实践新论［M］. 天津：南开大学出版社，2020.

［14］牛忠光，杨惠芳. 外语教育探索与研究（第2辑）［M］. 武汉：武汉大学出版社，2020.

［15］李利芳，郭小华. 信息时代高校外语教学理论与实践创新［M］. 北京：北京工业大学出版社，2020.

［16］郑春伶. 多元社会文化与大学英语教学研究［M］. 北京：北京工业大学出版社，2020.

［17］陆丹. 大学创新创业教育与应用型人才培养［M］. 上海：上海交通大学出版社，2020.

［18］刘乃美. 地方高校大学外语教师专业自主发展探究［M］. 厦门：厦门大学出版社，2019.

［19］王勃然. 二语与外语能力发展研究［M］. 北京：光明日报出版社，2019.

［20］柴改英，邬易平，张莉娅. 主体间性外语教学行动研究［M］. 杭州：浙江工商大学出版社，2019.

［21］骆洪. 外语教学与语言研究［M］. 重庆：重庆大学出版社，2019.

［22］尹大家. 外语教育与应用（第5辑）［M］. 重庆：重庆大学出版社，2019.

［23］徐珺. 商务外语研究15［M］. 北京：对外经济贸易大学出版社，2019.

［24］周晓航. 大数据时代外语教师发展研究［M］. 北京：现代出版社，2019.

［25］王冬梅. 大学英语教学的跨文化教育探析［M］. 长春：吉林科学技术出版社，2019.

［26］柴海彬，刘硕，徐育新. 大学英语模块化教学模式构建［M］. 长春：吉林大学出版社，2019.

［27］张茂君. 当代大学英语教学与文学的融入探究［M］. 长春：吉林大学出版社，2019.

［28］刘婕. 大学英语跨文化教育模式研究［M］. 长春：吉林出版集团股份有限公司，2019.

［29］郭江虹. 大学英语的多维教学理论研究［M］. 长春：吉林大学出版社，2019.

［30］谢小苑. 大学英语新课程体系探索［M］. 北京：光明日报出版社，2019.

［31］张德禄. 多模态与外语教育研究［M］. 上海：同济大学出版社，2018.

［32］刘友春. 外语教学与二语习得的关系研究［M］. 延吉：延边大学出版社，2018.

［33］郭敏，余爽爽，洪晓珊. 外语教学与文化融合［M］. 北京：九州出版社，2018.

［34］柯宁立. 大学英语教学分析研究［M］. 天津：天津科技翻译出版公司，2018.

［35］梁天柱，李海勇，鞠艳霞. 外语翻译与文化融合［M］. 北京：九州出版社，2018.

［36］丁丽红，韩强. 当代大学英语教学的认知研究［M］. 北京：中国书籍出版社，2018.

［37］徐春娥，郑爱燕，杜留成. 跨文化理论对大学英语教学的影响研究［M］. 长春：吉林人民出版社，2018.

［38］王珊，马玉红. 大学英语教学的跨文化教育及教学模式研究［M］. 武汉：武汉大学出版社，2018.

［39］任梅. 新时代大学英语教育教学理论与实践研究［M］. 成都：四川大学出版社，2018.